贵州财经大学经济学研究文库

绿色、融合与共享：
贵州产业转型与发展研究

李顺毅 / 著

中国社会科学出版社

图书在版编目（CIP）数据

绿色、融合与共享：贵州产业转型与发展研究/李顺毅
著 . —北京：中国社会科学出版社，2017.9
ISBN 978 - 7 - 5203 - 1144 - 1

Ⅰ.①绿…　Ⅱ.①李…　Ⅲ.①区域产业结构—产业结构升级—研究—贵州　Ⅳ.①F127.73

中国版本图书馆 CIP 数据核字（2017）第 239085 号

出 版 人	赵剑英
责任编辑	卢小生
责任校对	周晓东
责任印制	王　超

出　　版	中国社会科学出版社
社　　址	北京鼓楼西大街甲 158 号
邮　　编	100720
网　　址	http：//www. csspw. cn
发 行 部	010 - 84083685
门 市 部	010 - 84029450
经　　销	新华书店及其他书店
印　　刷	北京明恒达印务有限公司
装　　订	廊坊市广阳区广增装订厂
版　　次	2017 年 9 月第 1 版
印　　次	2017 年 9 月第 1 次印刷
开　　本	710 × 1000　1/16
印　　张	15
插　　页	2
字　　数	207 千字
定　　价	86.00 元

凡购买中国社会科学出版社图书，如有质量问题请与本社营销中心联系调换
电话：010 - 84083683

目　　录

导　言

一　研究背景

近年来，贵州经济社会发展取得了显著成绩。"十二五"时期，贵州地区生产总值年均增长 12.5%，增速位居全国前列。到 2016 年，贵州人均 GDP 已接近 5000 美元；贵州人均 GDP 从 2010 年仅相当于全国人均 GDP 的 42.5%，提高到 2016 年的 61.4%，贵州经济发展水平与全国的差距正在缩小。贵州交通条件明显改善，"十二五"时期，贵州步入"高铁时代"，成为西部第一个县县通高速公路的省份，通航机场实现贵州 9 个市（州）全覆盖。城乡居民生活明显改善。2016 年，贵州城镇、农村常住居民人均可支配收入分别为 26742.62 元和 8090.28 元，是 2011 年的 1.62 倍和 1.95 倍。"十二五"时期，贵州减少贫困人口 656 万。生态环境进一步改善。2016 年，贵州获批建设国家生态文明试验区，年末森林覆盖率 52.0%，全省 9 个市（州）空气质量优良天数比例总体达到 97.1%。这些成绩为贵州今后的发展奠定了良好的基础，也为进一步转型升级提出了更高的要求。

"十三五"时期，是贵州与全国同步全面建成小康社会、确保现行标准下贫困人口全部实现脱贫的决胜阶段，也是推进供给侧结构性改革，加快培育新动能、发展新经济、促进经济转型升级的关键时期。区域经济的发展要以产业为基础，产业的转型与发展是支撑贵州经济实现赶超、提升质量的基本动力。

发展和生态是贵州产业转型与发展必须坚守的两条底线，也是贯穿于产业转型发展全过程的基本要求和目标。贵州产业转型与发展应选择绿色发展路径。这不仅是对中央提出的"绿色发展"理念的具体落实，也是基于贵州自身生态环境条件的现实需要。贵州的重要优势在于生态环境良好，但是，在喀斯特地貌条件下，生态环境又是十分脆弱的。贵州可持续发展的根基在于生态环境，产业发展只能走人与自然和谐共进的道路。冲破贫困与生态环境破坏恶性循环的怪圈，探索一条产业绿色发展的新路是贵州产业转型与发展的基本方向。

从产业发展的模式来看，近些年来，国内外产业融合发展的趋势十分明显。充分利用产业融合这种新兴的产业发展方式，对贵州发展具有十分重要的意义。从农村经济发展的角度来看，农业与第二、第三产业的融合，一方面，有利于综合利用贵州农村特色资源，将良好的自然生态环境、丰富的少数民族文化与现代农业发展结合起来，通过农业与休闲旅游、健康养生等产业融合发展可以盘活这些资源；另一方面，通过产业链上的互动，根据市场需要引导农业结构升级，发展特色农产品，同时与农产品深加工相结合，进一步提高农产品的附加值，不仅增加了农业收入，也可以扩展农业剩余劳动力就地转移的空间。从贵州工业和服务业转型升级的角度来看，服务业发展是促进经济结构调整的重要动力。发达国家和地区的经验表明，服务业特别是生产性服务业与工业融合发展是支持产业升级必不可少的支撑力量，是实现工业现代化和信息化、提高工业效率和竞争力的关键因素，同时也是拓展服务业发展市场空间的重要机遇。而在贵州，生产性服务业长期以来发展相对滞后，生产性服务业与工业的融合程度较低，还没有充分发挥出带动产业转型升级的作用。因此，在贵州新型工业化进程中，加强服务业尤其是生产性服务业与工业的融合发展就成为一个不容忽视的问题，对贵州经济提质增效具有重要的战略意义。

当前，贵州发展中最艰巨的任务是脱贫攻坚。贵州是全国脱贫攻坚任务最为繁重的省份，是全国脱贫攻坚的主战场和决战区，到

2015 年年底，贵州尚有 493 万建档立卡贫困人口，占全国贫困人口的 8.8%。在这样的背景下，贵州的产业发展不仅要发挥促进区域经济发展的支撑作用，更需要担负起产业扶贫的历史使命。这就要求贵州的产业转型与发展不仅要有总量的扩大、结构的升级，而且还要具备高度的普惠性和共享性，能够让最广大的人民群众尤其是贫困群众在共建中充分共享产业发展带来的收益。

绿色是贵州产业转型的总体方向，是产业可持续发展的基本前提；融合是贵州产业升级的有效动力，是产业高质量发展的重要途径；共享是贵州产业发展的民生担当，是产业转型与发展的根本要求。因此，本书选择绿色、融合、共享三个关键词作为基本线索，在三者的有机统一和互动共进中探讨贵州产业转型与发展的新思路、新做法、新模式。

二　相关研究综述

（一）我国产业转型与发展的总体思路与驱动因素

"十三五"时期，我国产业发展进入了一个新的阶段，姜长云（2016）认为，在新的发展阶段中，服务业成为国民经济中的最大产业，培育制造业与服务业"双引擎"亟待引起重视；经济增长速度下行的压力依然较大，结构性因素对产业发展的影响值得高度关注；推进供给侧结构性改革的重要性迅速凸显；准确把握其内涵、科学选择其推进方式更为关键。从产业转型与发展的总体思路来看，王岳平（2014）认为，新阶段产业升级的战略方向，就是以追求更高增长质量和效益为核心，由要素驱动向创新驱动转换，由价格竞争向质量技术品牌服务竞争提升，由高碳模式向低碳模式转型，推动我国产业由价值链低端向中高端跃升，实现创新发展、高效发展、绿色发展。赵昌文（2016）强调，应加快构建"产业新体系"，发挥传统产业与新兴产业的联动作用，促进服务业与制造业的深度融合，积极发展战略性新兴产业。

对于我国产业结构调整的方向，文宗瑜等（2015）认为，与新产业组织形态相适应，在产业升级路径设计上，有以下四个重点：（1）以互联网尤其移动互联网作为产业升级的载体；（2）以第二产业支持第三产业加快发展并打通第二产业和第三产业连接的通道；（3）以技术创新加快与吸收新一轮世界工业革命成果，助推产业升级；（4）以"一带一路"投资战略与加大对欧美经济发达体投资力度支撑产业升级。李文军（2015）提出，经济新常态下加快产业转型升级的路径，一是加快培育和发展战略性新兴产业；二是推进传统产业转型升级，推进信息化与工业化的融合，加强产品创新，提高产品附加值，加强技术创新，推动技术升级，提升企业核心竞争力，倡导精益生产，实现精细化管理。

对于产业转型升级的驱动因素，刘秉镰和刘勇（2006）认为，经济全球化程度、外商投资、国际贸易、社会需求结构、创新能力、供给因素、制度因素影响着产业升级能力。王利华和许树辉（2014）以广东韶关为例，提出要素禀赋条件、产业基础、集群状况、创新能力、劳动力、外商直接投资是产业升级的主要驱动因子。赵丽芬（2015）通过美国和日本产业转型升级的经验分析多方面的因素，认为国家战略的顶层设计、政府调控与市场机制有机结合、以企业为主体的技术创新驱动、行业协会协调性、高层次创新型人才等因素是产业转型升级的重要资源。对于产业转型升级中的政府作用，刘志彪（2015）从产业政策角度认为，推动中国经济转型升级，首先要让横向的产业政策和竞争政策逐步替代现行传统的产业政策，从产业政策的"重点扶植"向竞争政策的"一视同仁"转型，从部门倾斜的政策向横向协调的政策转移，同时以市场规制政策与其他政策和制度相结合，来促进竞争、鼓励创新、促进产业国际竞争力提升。

此外，处理好政府与市场的关系也十分重要，李广瑜、赵子健、史占中（2017）提出，只有将政府功能与市场功能之间的边界清晰化，明确"有效市场是基础，有为政府为保障"，促使政府将消耗于直接干预微观经济事务的时间和精力转移到加强市场监管、增强公共服务和维护社会公平正义上来，才能真正实现我国产业的转型升级。

（二）我国农业转型与现代农业发展

在我国农业转型与发展方面，张立承等（2015）认为，"十三五"时期，农业和农村发展面临以下五项重大任务：一是在新的高度上保持农业和农村平稳健康发展；二是在新的时期更好地满足居民农产品需求；三是在新的阶段上更好地发挥农业支持体系的效能；四是在新的对外开放形势下借力助推农业发展；五是推动农村小康社会建设。面对我国农业发展的新形势和新任务，钟真和孔祥智（2016）认为，构建新型国家食物安全体系、推进农村集体产权制度改革、统筹城乡一体化发展、促进农民持续增收将是"十三五"时期农业改革发展的四大重要领域。蓝海涛等（2016）提出，推进我国现代农业进一步发展的主要任务是稳定和保护粮食综合生产能力，优化农业产业结构和布局，着力提升农业科技和物质装备水平，积极推进农村第一、第二、第三产业融合发展，加快构建新型农业社会化服务体系，大力发展生态友好型农业，健全农产品质量监管体系，提升农业对外开放水平，加快农业走出去步伐，着力完善农业支持保护政策体系，健全农村土地承包经营制度。

对于农村经济转型的路径，孙百红（2013）认为，农村经济转型可以因地制宜，依托当地资源优势，充分挖掘本村内部丰富的自然资源，从而带动与该资源相关的行业的发展，全面拉动农村经济的发展；对于靠近经济发达的大城市的农村，可以为大城市提供辅助性配套支持，能够从大城市的经济结构调整中得到发展机遇，能够利用到大城市的陆路、水路等交通优势；农村经济发展要宜农则农、宜工则工、宜商则商、宜游则游，注重发挥比较优势，突出重点产业，打造具有区域特色的竞争优势；通过农业产业化发展，形成一条区域化布局、专业化生产、企业化管理、社会化服务的产业链，实行生产、供给、销售、工业、农业一体化经营的社会化大生产组织形式。李米龙（2016）提出了长江经济带农村经济发展范式转型的策略，深化相关领域的体制改革，强化财政投入制度改革，优化区域发展格局，积极引导农村创新创业和切实强化乡村建设。

在现代农业发展方面，沈贵银和张雯丽（2016）认为，面对我国农业发展的新常态、新趋势，应通过增加农业投入、提高生产效率、降低经营风险、增加农业经营收入、保护生态环境和有效利用两个市场两种资源等推动现代农业发展。孙中华（2016）认为，发展现代农业一定要以农业转型升级为中心，更加注重数量、质量、效益并重，更加注重提高竞争力，更加注重技术创新，更加注重可持续发展，努力走出一条产出高效、产品安全、资源节约、环境友好的社会主义现代农业发展道路。杨殿闯和严苏桐（2016）根据苏北地区的调查发现，当前现代农业发展中呈现出"政府主导、资本主体"的特征，认为地方政府在推进现代农业发展的实践中，应深化对农业多功能和小规模农业优势的认识，降低小农直接参与现代农业的门槛，完善农产品基地建设的发展机制，做好工商资本的合法权益保护工作。

在农业供给侧结构性改革方面，孔祥智（2016）认为，当前农业领域的供给侧结构性改革主要包括三方面的内容：一是通过土地制度改革，形成适应市场经济要求的、生机勃勃的新型农业经营主体；二是通过结构调整，实现农业领域去产能、降成本、补短板；三是通过粮食价格体制和补贴制度改革，形成具有国际竞争力的粮食产业。宋洪远（2016）认为，推进农业供给侧结构性改革，要紧紧围绕市场需求组织农业生产经营；要优化农业资源要素配置结构；要坚持市场化改革与保护农民利益并重的原则；要统筹农产品内外需和进出口协调；要从各地实际出发，使生产和供给有利于农业资源优势的发挥，有利于农业生态环境保护，形成更有效率、更有效益、更可持续的农产品供给体系。王红梅（2016）认为，由于高投入、高能耗、高污染的粗放农业生产方式使生态环境承载能力越来越接近极限，因此，在农业供给侧结构性改革中，需要通过完善法律法规，制定绿色农业生产标准，加强技术创新，推动绿色农业发展。

（三）我国工业转型升级

"十三五"时期，中国工业发展的动力机制、产业组织形态和参与全球竞争的方式都将呈现新的趋势性特点。吕铁和贺俊（2015）认为，供给性因素对工业增长的制约作用将更加突出，重化工业高速增长周期逐渐结束，对于国际投资的区位吸引力不断下降，企业对外投资的规模和水平显著提升，产能过剩问题变得更加突出。黄群慧和李晓华（2015）认为，"十三五"时期，工业在国民经济社会中的核心功能正逐步由过去的促进经济增长和扩大就业向通过促进新技术的创新和扩散，提高国民经济可持续增长能力，解决重大民生问题和提升全球竞争力转变；与这种转变相适应，工业发展战略的重点是提高传统产业的发展质量和水平，积极贯彻落实《中国制造2025》，培育壮大战略性新兴产业，推进工业化和信息化的融合与制造业和服务业的融合发展，促进工业的绿色低碳转型，推动工业增长由人力资本和物质要素总量投入驱动向知识、技能等创新要素驱动转型，构建产业结构合理、技术水平先进、生态环境友好、附加价值高、创造高质量就业的现代产业体系。

我国工业发展的核心是制造业的转型升级。沈坤荣和李震（2015）认为，"十三五"期间，我国制造业转型升级的基本思路是：紧抓新一轮科技革命和产业变革与我国加快转变经济发展方式形成的历史性交汇机遇，坚持在发展中谋转型、在转型中求升级，全面优化产业结构、技术结构、产品结构、企业结构和布局结构，完善政策顶层设计，推动制造业结构的动态优化升级和发展方式的阶梯式转型。胡迟（2016）认为，我国制造业持续转型升级主要对策是把智能制造作为转型升级的主攻方向，用先进标准倒逼"中国制造"升级，继续化解产能过剩，充分发挥服务业对制造业升级的助推作用。

对于促进工业转型升级的主要因素，金碚（2011）认为，中国工业的转型升级涉及技术、体制、利益、观念等各个方面，最关键的因素是要形成自主创新，特别是有利于实现核心技术创新的体制机制。洪联英等（2013）在实证研究的基础上提出，通过制度创新，突破国际生产组织安排，并借助外源式开放、创新激励和产权保护等措施，是破解中国制造业产业结构升级陷阱和技术技能升级陷阱的有效路径。王玉燕等（2016）基于1999—2014年23个工业行业的面板数据，认为影响中国工业转型升级效果的主要因素依次是技术创新、结构优化、绿色驱动、经济效益；分行业来看，转型升级效果最高的是高技术工业，其次是劳动密集型的传统工业，最后是技术密集型与资本密集型的传统工业。

互联网和信息技术的应用也是制造业升级的重要动力。王德显（2016）认为，未来中国工业发展过程中需要加强工业互联网等基础设施建设，突出先进企业基于信息物理系统智能化生产的示范效应，加强对我国信息物理系统的整体布局；推动我国制造业向智能制造转型，实现信息技术和制造技术的深度融合；建立一套完善的技术标准体系，为建立基于信息物理系统的人、生产设备、生产资源等的万物互联奠定基础。邵安菊（2017）指出，"互联网＋"背景下的中国制造转型升级主要应厘清互联网与制造业融合发展的认识误区，有序推进互联网与制造业融合发展，培育互联网与制造业融合发展新方式，以互联网思维重构制造业价值链，推进产品个性化智能定制生产模式，构建完善的制造业产业链生态圈。

面对日益加大的生态环境压力，中国工业迫切需要加快绿色转型。中国社会科学院工业经济研究所课题组（2011）认为，中国工业绿色转型需要加快机制创新，以政府战略法规为支撑，市场化推进，鼓励产业界积极响应、企业自主行动和公众广泛参与，建立涵盖环境规制、节能减排机制、绿色技术研发和产业化应用机制、国际协调机制的综合性、开放式绿色转型机制创新体系。蓝庆新和韩晶（2012）提出，促进工业绿色转型的措施是：依靠科技，推动传统产业绿色转型；开发利用新能源，促进低碳化；建设生态工业园，实现清洁生产；采取经济措施，激励绿色转型；发展绿色就业培训，适应工业绿色转型。景维民和张璐（2014）的实证研究表明，合理的环境管制能够转变技术进步方向，有助于中国工业走上绿色技术进步的轨道。徐建伟和付保宗（2016）提出，引导推进企业节能减排，提高工业绿色发展水平，是"十三五"时期我国工业转型升级重要内容。

（四）我国现代服务业发展

服务业已占据国民经济的"半壁江山"，其在我国产业结构中的地区日益重要。夏杰长（2015）认为，未来我国服务业的主导地位将进一步巩固，有望迎来"服务经济时代"，"十三五"时期，应以"激励创新，跨界融合，空间集聚，双向开放"的战略思路引领我国服务业的发展。郭怀英（2016）提出，研发设计等生产性服务业、互联网信息服务业、旅游业、文化产业、生命健康产业、养老产业、现代金融业和现代物流业是支撑"十三五"时期经济增长的八大高成长性行业。陈庆修（2016）认为，"十三五"时期，要抓住以现代服务业推动经济转型升级调结构这个"牛鼻子"，通过深化改革，完善制度，让市场发挥配置资源的决定性作用，更好地发挥政府的作用，加大人力资源开发，以创意创新创造的活力，推动服务业持续健康发展。

从服务业发展的影响因素来看，江小涓和李辉（2004）的实证结构表明，人均 GDP 对服务业发展水平的作用不明显，人口规模和人口密度对服务业增加值比重的影响最大，城市化水平是影响城市服务业增加值比重的重要因素。韩德超和张建华（2008）对我国生产性服务业发展影响因素的实证研究表明，专业化程度加深、效率提高、非国有产权比重的增加与各地区生产性服务业发展显著正相关。陈建军（2009）实证研究表明，知识密集度、信息技术水平、城市和政府规模对生产性服务业集聚有显著的影响。董万好和刘兰娟（2012）认为，财政科技和教育投入对于第三产业的影响最大，特别是对劳动密集型产业的投入推动了产业转型，使我国的产业结构和就业结构更加合理。卢云卿等（2015）从需求、供给和制度创新三个维度构造模型，以2001—2012年的长三角地区为样本，实证分析发现，总体来看，服务业的需求、供给、体制和制度创新这三个变量的综合作用对服务业发展的影响作用明显；从各个变量单独作用来看，仅有需求变量对服务业的发展作用较为显著，供给变量、体制和制度创新对服务业发展的作用则不太显著。杜传忠和杜新建（2016）运用1978—2012年我国服务业细分行业数据分析表明，人均GDP水平、城镇化水平、市场化程度和固定资产投资等对我国服务业结构升级的就业效应具有明显影响。程翠凤和陈海军（2017）实证研究发现，各省以及东部、中部、西部地区服务业运营效率不均衡的关键原因在于专业化水平、产业融合度、产权结构和市场化进程不一致。

从供给侧结构性改革的角度来看，刘志彪（2016）认为，服务业发展是供给侧结构性改革的核心内容，提出要把浪费在"僵尸"企业、过剩产能中的实物资源、信贷资源和市场空间，通过供给侧结构性改革的行动，逐步转移到目前还处于短缺状态的生活性服务业和社会公共服务业上来。李辉（2017）提出，现代服务业应以供给侧结构性改革为契机，在加快制造业和现代服务业的互动发展、消除现代服务业市场准入壁垒、改善现代服务业发展的基础设施和配套设施、推动现代服务业的差异化发展等方面补齐短板，推动现代服务业提质增效。

（五）产业绿色发展

发展生态产业是产业绿色化转型与发展的重要内容。王如松和杨建新（2000）将生态产业定义为：按生态经济原理和知识经济规律组织起来的基于生态系统承载能力、具有高效的经济过程及和谐的生态功能的网络型进化型产业。陈效兰（2008）认为，生态产业是依据产业生态学原理、循环经济理论及五律协同原理组织起来的基于生态系统承载能力，并具有较高的自然、社会、经济、技术和环境五律协同的产业。鲁伟（2014）认为，生态产业是基于生态系统承载能力并在社会生产消费活动中，应用生态工程的方法，模拟自然生态系统，具有完整的生命周期、高效的代谢过程及和谐的生态功能的网络型、进化型、复合型产业，具有可持续、循环经济生态效率等特征。

近年来，绿色产业发展问题得到越来越多的关注。绿色产业的本质是可持续发展经济的实现形态及形象概括（李宝林，2005）。陈飞翔（2000）认为，绿色意识的全球范围的兴起带来了绿色产业的发展，作为可持续发展战略的具体化，绿色产业对于中国经济的未来成长具有重大的战略意义。对于发展绿色产业的必要性，兰竹虹（2008）认为，中国在21世纪背景下要实现经济增长和环境保护的"双赢"，就必须走一条新的绿色发展道路。姜明生（2008）认为，实现传统工业化"黑色发展"到生态文明"绿色发展"的转变，是深入贯彻落实科学发展观、建设生态文明的必然选择。发展循环经济是产业绿色转型的重要途径。陈德敏（2004）认为，循环经济的内涵为资源的循环利用。王国印（2012）认为，循环经济是针对传统线性经济模式而言，"资源—产品—再生资源"的物质循环利用模式是循环经济的本质特征。

随着绿色浪潮在世界范围的兴起，产业的生态化转型成为一种趋势。李树（2000）认为，我国产业的生态化发展具有必然性，通过生态农业、循环性的工业生产系统以及着眼于"绿化"的第三产业，提供涵盖全行业领域的绿色服务，从而实现产业的生态化、绿色化。张文龙、邓伟根（2010）认为，要解决传统经济发展模式所带来的资源、能源和环境问题，必须推行清洁生产、发展生态产业和传统产业的生态化改造等产业生态化路径。

关于产业生态化的内涵，在不同视角下，研究者提出了各自的看法。从生态系统的角度看，黄志斌（2000）认为，产业生态化的关键在于把产业活动纳入地球生态系统的大循环中，以求经济效益与生态效益的统一。厉无畏（2002）认为，产业生态化为循环经济，不同类别的产业之间形成类似于自然生态链的关系，从而最大限度地利用资源，提高经济发展规模和质量。郭守前（2002）从产业系统角度提出了产业生态化创新，将产业系统视为生物圈的有机组成部分，在生态学、产业生态学等原理的指导下，按物质循环、生物和产业共生原理对产业生态系统内和各组分进行合理优化耦合，建立高效率、低消耗、无（低）污染、经济增长与生态环境相协调的产业生态体系的过程。樊海林（2004）从企业层面定义产业生态化，认为其是在操作层面上对可持续发展理念的一种深度拓展，并将产业生态化的内涵分为两个层次：一是适用于所有企业的广义生态化，主要是为了优化资源生产效率；二是模仿自然生态系统构建产业生态系统，优化物质和能量的消费，以实现废弃物的最小化。产业生态化转型也需要一套支持系统。董岚（2008）认为，生态产业系统的发展必须在法律、政策、技术以及文化等方面强有力的支撑下，才能得以实现。吴航（2009）认为，我国产业的生态化转型，需要通过不断健全循环经济法律法规体系，完善绿色 GDP 政绩考核制度，推行生态化转型的产业政策。

在产业绿色发展过程中，除了产业发展方式的绿色化转型，推进生态资源、自然资源的资本化对于资源的可持续利用也有着十分重要的意义。胡滨（2011）从理论和实践角度论证了生态资本化，在"合理利己主义"和"生态人假设"的前提下，既可以满足人类对物质财富的追求，同时也可以实现对生态环境的有效保护，从而达到人与生态的和谐共生及可持续发展这一终极目标。沈振宇（2001）认为，对自然资源进行资本化，通过建立可持续发展下自然资源价值的计量模型，改变自然资源的无偿使用体制，实现国家对自然资源所有权更好地控制，也可以从根本上解决我国资源可持续利用问题。严立冬等（2009）认为，生态资源是社会经济发展的基础，生态资源并不能直接资本化，只有转化为生态资产，通过生态市场转化为生态资本，才能把价值货币化，在生态市场中真正地实现其价值。潘哲琪（2014）认为，生态资源资本化是契合绿色消费理念，也是增长方式转型之必需；通过市场引导，加快生态资源资本化，可以把潜在的资源优势转化为现实的产业优势。高吉喜等（2016）依据生态资产资本化运营的客体类型，探讨了深度开发生态产品增殖、优化配置生态资产共生增殖、交易生态资产权属、交易生态服务和产业化运营五大生态资产资本化模式，并结合我国生态环境状况与经济社会发展形势，从构建激励保障机制、建立监管约束制度和提升科技支撑能力三方面提出推进我国生态资产资本化运营的政策需求，以规避生态资产"过度资本化"的生态风险，实现经济社会与生态环境保护可持续、协同发展的目标。

（六）产业融合发展

产业融合最初由罗森伯格（Rosenberg，1963）从技术角度提出，后逐渐转向从经济学角度进行研究。格林斯坦和卡纳（Greenstein and Khanna，1997）认为，产业融合是一种为了适应产业增长而发生的产业边界收缩或消失的一种现象。周振华（2003）认为，产业融合是指传统产业边界模糊化和经济服务化趋势，产业间新型的竞争协同关系的建立和更大的复合经济效应。从产业融合与生产服务业发展来看，Vandermerwe等（1988）分析了制造业通过其价值链逐渐前移或后移向服务转型，并将这一过程称为"服务化"。綦良群、李庆雪（2013）从社会分工、价值链和生态群落等角度分析装备制造业与生产性服务业融合发展的动因；从分立、互动和融合三个层次分析装备制造业与生产性服务业的互动发展过程。张洁梅（2013）分析了专业分工与外包、价值链、生态群落等方面对现代制造业和生产性服务业互动的内在机理。刘纯彬、杨仁发（2011）认为，生产性服务业的产业融合过程实质是产业价值链分解和重构整合过程，产业融合可以通过提升产业竞争力、降低企业生产成本以及交易成本来促进生产性服务业发展。

在产业融合现象中，生产性服务业与制造业的融合发展最为典型。吕政等（2006）认为，在现代分工条件下，生产性服务业与制造业的关系日趋紧密并互相促进。不少实证研究表明，发展生产性服务业有利于提升制造业效率和竞争力（顾乃华等，2006；江静等，2007）。高觉民、李晓慧（2011）对资本要素和劳动要素在产业视角下进行了分解与重构，构建了生产性服务业与制造业互动机理模型，并运用2000—2007年中国省际面板数据进行实证检验，结果表明，生产性服务业的发展促进了制造业的增长，同时，制造业的增长显著促进了生产性服务业的发展，而且生产性服务业内部各部门与制造业均呈现互动发展关系。

三次产业融合发展也是我国农村经济转型发展的重要途径。马晓河（2015）认为，农村第一、第二、第三产业融合发展指的是以农业为基本依托，通过产业联动、产业集聚、技术渗透、体制创新等方式，将资本、技术以及资源要素进行跨界集约化配置，使农业生产、农产品加工和销售、餐饮、休闲以及其他服务业有机地整合在一起，使农村第一、第二、第三产业之间紧密相连、协同发展，最终实现了农业产业链延伸、产业范围扩展和农民增加收入。王兴国（2016）提出，推进农村第一、第二、第三产业融合发展，需要统筹利用农村的自然、生态和文化资源，进一步提升农产品加工业，不断加强农村生态文明建设，深入发掘农业多种功能，推动农村产业环节和资源要素的融合互动，不断增加生态和文化产品供给，以满足城乡居民日益增长的多元化、个性化的消费需求。姜长云（2016）将农村第一、第二、第三产业融合发展的主要路径归结为按顺向融合方式延伸农业产业链、按逆向融合方式延伸农业产业链、农业产业化集群型融合、农业功能拓展型融合和服务业引领型融合五条路径。在农村三次产业融合发展中，也要注意处理好农业与第二、第三产业发展的关系。苏毅清等（2016）提出，在推行农村"三产"融合发展之前，必须先打牢农业的基础，稳定农业的地位，在农业发展到具有一定竞争力时再进一步推行农村"三产"融合发展，这样可以减少下游高利润产业对农业投资的挤压，从而实现让农民在土地上增收，让农业在融合中发展的最终效果。

（七）产业发展与扶贫

产业发展是贫困地区摆脱贫困的基础，产业扶贫作为扶贫开发的重要战略一直被研究者所关注。在扶贫产业的选择上，罗莉和谢丽霜（2016）认为，对于贫困地区来说，只能依托区域经济条件发展具有比较优势的产业，才能够在以市场作为基础性资源配置方式和机制的社会里，获得区域经济成长，从效益最大化原则的角度来看区域经济的成长最终必须依赖于其区别于其他区域的特色。在具体发展方式上，雷崇民和贺钧（2012）认为，只有既重视扶基地，又重视扶企业的模式，才能使农产品增值，解决好产品的销路问题，形成一条科学高效的产业链，提升产业的抗市场风险能力，确保农户与企业的"双赢"。张跃平（2013）以武陵山区的三个村为例，介绍了产业扶贫在农村基础设施改善、农民收入水平、职业转变等方面的功能，并认为应该支持企业与贫困农户建立产销连接机制，进一步推进"合作社＋公司＋农户"的产业化经营模式，扶持一批农民专业合作示范社，对带动贫困农户发展产业的优先安排贷款贴息。白丽（2015）以河北省易县食用菌产业发展为例，通过对贫困地区产业扶贫模式选择和参与主体利益联动机制的分析，提出了龙头企业带动型的扶贫模式，认为政府在龙头企业和农户之间要发挥黏合剂的作用，重点在政策、项目、资金等方面支持龙头企业发展，鼓励龙头企业采用"非市场安排"，主动吸纳广大贫困农户参与产业化经营。

产业扶贫效果的充分发挥离不开必要的政策及其配套支撑体系。徐志明（2008）认为，产业扶贫重在激发贫困农户的内生动力，要从改善农村金融服务、扶持农村经济组织、建立产业风险基金等方面完善产业扶贫的一系列政策。黄承伟和覃志敏（2013）基于重庆市涪陵区的经验，提出农业产业扶贫在建立土地流转机制基础上，以园区为平台，推动农业产业化发展；以扶贫责任书为纽带，建立扶贫对象由"返租户"向新业主转变的扶贫新机制，较好地实现了农业产业化发展与扶贫对象自我能力提高的有机结合。李博和左婷（2016）在案例分析的基础上认为，在产业扶贫中，政府需要建立完善、严格的产业项目申请、考核、验收与监督体系，引入产业扶贫的第三方评估机制，彻底打破地方依托产业扶贫而谋求权力"寻租"的诉求；在扶贫开发过程中，通过各种财政奖补和激励的方式，提高地方政府参与扶贫治理的积极性。易文昱（2017）认为，国家统一组织攻关，扶持相关企业、科研院所尽快推出工艺成熟、简单实用、工效较好的机械，解决机械化生产问题，并将购买这种农业初级加工机械纳入国家财政补贴范围，以此解决扶贫产业发展的难题。

随着精准扶贫方式的普遍推广，产业扶贫的精准化问题也日益受到关注。全承相等（2015）提出，产业化扶贫中实现精准化目标的基本思路是：有针对性地开展贫困农民产业技能培训，充分利用当地产业条件扶贫；利用积极有效的财税金融政策，有针对性地促进产业化扶贫事业的发展；健全科学的产业扶贫绩效考核奖惩机制，精准推动产业扶贫深入发展。余欣荣（2016）提出，特色产业扶贫要在精准识别扶贫对象的基础上做到"四精准"，即特色产业选择精准、经营方式精准、支持方式精准和贫困人口受益精准。莫光辉（2017）认为，精准扶贫进程中产业扶贫路径的优化策略是注重政策规划对产业发展的协调作用，建立有效的利益捆绑机制与精准共享机制，重视风险保障机制的建设及研究，通过绩效考核有效监督生态绿色与产业发展的结合，积极利用"互联网＋"和大数据推动产业扶贫。

产业扶贫存在的不足与目标偏离问题也需要得到重视。马良灿（2014）发现，在产业扶贫中，部分基层领导干部不正确的政绩观会使他们选择容易出政绩、直观且立竿见影的项目，而避开那些会使农民真正获益但是需要投入精力多、时间长，却不容易出政绩的项目。胡振光（2014）认为，当前产业扶贫在践行参与式理念的过程中出现了目标偏离和实践变形，多元主体的互动参与异化为政府主导下的被动参与，包括龙头企业、农村经济合作组织和贫困农户在内的多元主体难以与地方政府进行平等对话和协商，主体间地位不平等及互动不足是当前遇到的主要"瓶颈"。陆汉文（2016）认为，特色产业做大做强并不必然惠农利贫，例如，资本和技术密集型农业产业化有可能导致资本和技术对劳动的大规模替代，进而出现农业产业化但普通农民也随之边缘化的现象，即农业产业化的益处主要为资本所占有。许汉泽和李小云（2017）在对华北李村产业扶贫项目的案例分析中发现，从精准扶贫的要求来看，产业扶贫中的具体工作如果处理不好则会出现一系列偏差，在产业项目申请阶段容易出现"精英捕获"与"弱者吸纳"；在产业进行中，容易遭遇由逆向软预算约束带来的"政策性负担"以及规模化经营不善等问题；最终在产业完成之后又面临着后续维护的缺失与农民生计系统的损害问题。

（八）贵州产业转型与发展

从优化产业结构角度来看，李会萍和申鹏（2015）围绕贵州产业结构优化的路径，分别从区域产业发展规划、现代农业、产业园区、新型工业化、现代服务业、劳动力就业结构、产业投资环境等方面提出了相应的政策建议。徐海锋和郑军威（2017）对贵州省少数民族地区的产业转型升级提出了建议，认为应强化基础，大力发展高效农业；改造传统工业，布局新兴产业；加快服务业发展，促进消费结构升级。对于贵州产业转型与发展的方向，不少研究都聚焦于绿色发展。汪霞和汪磊（2013）认为，贵州省作为经济欠发达的喀斯特山地省区应着力建设生态产业链。胡晓登（2014）提出，必须将贵州资源型经济及其加工业明确定位为经济发展方式转变的重点领域和重点产业，构建以严格控制"三高"为突破口，以循环经济为抓手，以延长产业链为重点，以淘汰、拒绝落后产能为源头控制的"四管齐下"实施体系。费继东（2016）认为，大生态是贵州一块长板，围绕这块长板，可以建构以特色的"酒、水、茶、健康新医药、旅游、食品、民族文化、养老养生、林下经济、大数据应用服务"为核心的大生态产业体系，着力发展特色生态产业，推动贵州经济提质转型升级。

在农业和农村经济方面，刘超和朱满德（2013）针对贵州生态环境脆弱，基础设施薄弱，产业发展滞后、农民素质偏低、贫困面广、程度深，农业生产专业化和标准化差以及龙头企业和农民合作组织结合度不够等问题，提出了加快特色农业发展体制机制创新，加强农业基础设施建设，提升特色产业可持续发展能力，推动农业结构优化升级的对策。滕明雨等（2013）认为，原生态农业是一种与贵州农业自然资源非常匹配与契合的农业形态，是贵州农业的发展方向。杨成（2015）认为，多业态经营本身就是因地制宜、高效利用多样化资源结构的产物，也是贵州各民族适应特有文化生态共同体的成功范例。在贵州积极推进大数据产业发展的背景下，张攀春（2016）关注到贵州大数据农业的发展，根据资源禀赋差异，认为贵州大数据农业主要有三种模式：一是依托特色农产品种植基地的"互联网＋智慧农业"模式；二是整合民族文化、农耕风情、健康养生资源、旅游资源等多种资源的"O2O＋农业景观消费"模式；三是"生态农业庄园"模式。

在工业方面，吴兰书和萧远庆（2011）认为，贵州省工业加快发展要以优势资源和技术创新为依托，实现结构完善和产业阶段，以发展生态产业为特色，加快发展能源、优势原材料工业和优势轻工业发展步伐，振兴和发展装备制造业，积极发展高技术重点产业，积极承接发展地区产业转移，优化产业布局，强化优势产业集聚和集群化发展，构建合理的产业发展体系。李更生（2014）提出，加快贵州省工业转型升级的主要路径是：加快做大总量，提高工业产业集聚力；坚守生态底线，强化工业转型引导力；加强科技创新，提升工业企业竞争力；扩大对外开放，吸引先进工业生产力；营造良好环境，增强人才队伍保障力。陈英葵和丁伟（2016）在实证分析的基础上提出了加快贵州省制造业技术升级的建议：建立完善的人力资本机制，增加创新人才储备；创造良好的金融环境，拓宽融资渠道，为技术创新提供资金保障；企业应树立技术创新意识，制定技术创新激励机制，打造企业创新文化；企业应寻求外部对技术创新的支持，提高技术创新协同能力。彭亚黎（2017）提出了贵州创新型工业的路径选择：一是保护贵州宝贵的生态是一切的前提；二是依据内外动力大力寻求发展；三是调整结构，优化升级；四是不断增强创新动力，利用大数据发展高位起步；五是创新与投资并重；六是城乡协调发展。

在服务业方面，姚旻和胡波（2012）在生态文明视角下，提出贵州省需要大力发展现代服务业，并对传统服务业进行生态化改造，促进贵州服务业的生态化发展，需要通过体制改革，法律、法规建设，引进和培育人才，加强技术支撑以及实施绿色供应链管理等措施实现。袁仕海（2014）在分析贵州产业结构的基础上，认为贵州急需加快生产性服务业发展，推动第三产业结构转型。旅游业是近年来贵州服务业中发展较快的产业。旅游与农村经济相融合是贵州旅游业的一个重要特点。王茂强（2012）认为，乡村旅游业与农村各产业协调互动是乡村旅游可持续发展的核心，农村劳动力就地转移是其可持续发展的重点，旅游经济收入合理分配是其可持续发展的关键，也将成为山区内部消化"三农"问题的择优之策。王子超等（2017）以位于湘桂黔交界处的贵州省从江县岜沙苗寨为典型案例，阐释了地域文化、心理防御和农业经济生活"边界"效应对乡村旅游产业的影响。肖远平和龚翔（2016）在"互联网＋"背景下，提出以大数据平台为支撑，突破产业边界融合发展，整合旅游优势资源，促进旅游产业由粗放式向精细化运营方式转变等途径来促进贵州"互联网＋旅游"的智慧化发展。

三　本书的主要内容

本书以绿色、融合、共享为主线，探讨贵州产业转型与发展的背景、思路与对策。全书除导言外，共八章，分为四个部分。

第一章为本书的第一部分，主要介绍贵州产业发展现状。首先从经济总量、增长速度、居民收入、产业结构、生态环境等方面概括贵州宏观经济发展状况。其次分析近年来贵州农业、工业和服务业的发展现状，总结贵州产业发展的成绩与不足。

第二章和第三章是本书的第二部分。主要从理论上分析贵州产业绿色转型和产业融合发展两个问题。

第二章探讨生态文明建设与贵州产业绿色转型。贵州产业发展过程中的绿色转型是适应贵州自然生态条件和积极推进生态文明建设的必然选择。对于贵州产业绿色转型的基本路径，可以从产业生态化和生态产业化两个方面积极推进，在全面转型中，拓展产业发展新空间；同时也要注重将产业绿色转型与贵州新型城镇化和脱贫攻坚有机结合，发挥产业绿色转型的带动作用和共享效应。

第三章以生产性服务业与工业融合发展为中心探讨贵州产业融合发展的机理与路径。首先从理论和一般经验上梳理生产性服务业与工业融合发展的条件、过程和主要模式，进而分析产业融合助推产业发展的作用机制；在此基础上，提出了贵州推进产业融合发展的路径选择。

第四章至第七章是本书的第三部分。具体提出推进贵州产业转型与发展的思路和对策。

第四章是对贵州产业转型与发展的思路、特征与动力的分析。

第五章探讨贵州农村产业转型与发展的背景、思路和对策。主要从构建绿色生态农业体系、推进农村产业融合、完善农村经济发展共享机制等方面提出进一步促进贵州农村产业转型与发展的具体路径。

第六章关注贵州工业转型与发展。在分析贵州工业转型与发展面临的新形势的基础上，从加快结构调整，优化空间布局，推进工业信息化、智能化、服务化，促进产业园区提质增效，加快工业绿色发展，深化对外开放，突出行业发展重点等方面提出推进贵州工业转型与发展的具体路径以及一系列保障措施。

第七章着眼于贵州现代服务业转型与发展。面对贵州现代服务业发展的新阶段和新要求，提出了"展长、补短、促融合、能共享"的贵州现代服务业转型与发展的基本思路，并对生产性服务业和生活性服务业中重点行业的发展路径做了较为详细的探讨。

第八章是本书的第四部分。针对贵州产业发展与脱贫攻坚这个当前贵州经济社会发展中的首要任务，从产业发展促进社会共享的角度，探讨产业发展如何有效地助推贵州脱贫攻坚的问题。提出绿色产业是贵州贫困地区产业发展的主要方向，是贫困人口摆脱贫困的可持续支撑；并论述贵州扶贫产业发展与精准扶贫联动推进的具体机制。

第一章　贵州产业发展现状

产业转型与发展是一个历史演进过程。近年来，贵州经济社会发展取得了显著的成就，产业结构不断优化，产业发展质量明显提高，但也存在一系列亟待解决的问题。这些都将构成贵州产业进一步转型与发展的现实基础。

第一节　贵州宏观经济发展现状

近年来，贵州经济发展迈上新台阶。从总量来看，2015 年，贵州地区生产总值首次突破 1 万亿元，为 10502.56 亿元；2016 年，全省地区生产总值达到 11734.43 亿元，与 2011 年相比，翻了一番（见图 1 - 1）。贵州地区生产总值占全国 GDP 的比重也有所上升，从 2011 年的 1.21% 逐步提高的 2016 年的 1.58%。当然，从贵州地区生产总值占全国 GDP 的比重也可以明显看出，目前贵州的经济总量仍然较小。从贵州人均地区生产总值来看，2011 年为 16413 元；2016 年达到 33127 元，比 2011 年翻了一番多。但从横向比较来看，2016 年，贵州人均地区生产总值仅相当于全国平均水平的 61.4%，由此说明目前贵州的经济发展水平仍然相对较低。①

---

① 本章中相关数据来自《2011 年贵州省国民经济和社会发展统计公报》《2015 年贵州省国民经济和社会发展统计公报》《2016 年贵州省国民经济和社会发展统计公报》《贵州统计年鉴（2016）》和《中华人民共和国 2016 年国民经济和社会发展统计公报》等，后文中对出自上述资料的数据不再——注释。

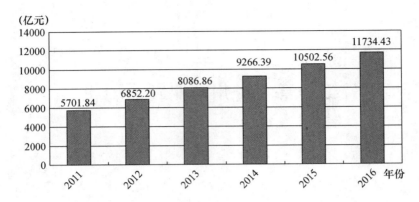

图 1 - 1　2011—2016 年贵州地区生产总值

资料来源：《贵州统计年鉴（2016）》和《2016 年贵州省国民经济和社会发展统计公报》。

　　贵州经济增长仍保持较快的速度。在我国经济增速放缓的大背景下，贵州地区生产总值增长速度仍然较快，2016 年达到 10.5%，比同期全国平均增速高出 3.8 个百分点，增速连续六年居全国前三位。在人均地区生产总值增速上，2016 年，贵州人均地区生产总值增长 11.0%，比全国增速高出 4.9 个百分点。2016 年，贵州全年固定资产投资 12929.17 亿元，比上年增长 21.1%，增长率高出全国平均水平的 13.2 个百分点；贵州常住居民人均可支配收入比上年增长 10.4%，增速高出全国平均水平的两个百分点。从上述主要经济指标的增速可以看出，目前贵州经济发展的总体态势十分有利，发展速度较快，正在逐渐缩小与全国平均水平的差距。

　　贵州城乡居民收入持续增加，脱贫攻坚取得显著成效。2016 年，贵州城镇和农村常住居民人均可支配收入分别为 26742.62 元和 8090.28 元，分别比上年增长 8.8% 和 9.5%，分别是 2011 年的 1.62 倍和 1.95 倍。城乡收入差距有所缩小，城乡收入比从 2011 年的 3.98∶1 减小到 2016 年的 3.31∶1。贵州是全国贫困人口最多的省份，2015 年，贵州有 493 万贫困人口，占全国贫困人口总数的 8.77%。①

---

　　①　数据来自贵州省统计局《贵州省贫困现状分析》，贵州省统计局网站，2016 年 10 月 11 日发布。

2016 年，贵州全年减少贫困人口 120.8 万，6 个贫困县、60 个贫困乡镇"摘帽"，1500 个贫困村退出。

贵州城镇化水平正在不断提高。2016 年，贵州全省年末常住人口 3555.00 万，其中，城镇人口 1569.53 万，贵州全省常住人口城镇化率从 2010 年年末的 33.80% 提高到 2016 年年末的 44.15%，累计提高约 10.35 个百分点，年均提高约 1.73 个百分点。但与全国平均水平相比，贵州的城镇化率仍然相对较低。2016 年年末，全国常住人口城镇化率为 57.35%，贵州低于全国 13.3 个百分点。近年来，贵州城镇化增速较快，差距正在逐步缩小。2012—2016 年，贵州城镇化率提升幅度均超过全国平均水平，分别高于全国 0.15 个、0.26 个、1.14 个、0.69 个和 0.89 个百分点，与全国差距由 2010 年的 16.14 个百分点缩小到 2016 年的 13.2 个百分点。

从产业发展来看，2016 年，贵州第一产业增加值 1846.54 亿元，增长 6.0%；第二产业增加值 4636.74 亿元，增长 11.1%；第三产业增加值 5251.15 亿元，增长 11.5%。第一、第二、第三产业增加值占地区生产总值的比重分别为 15.8%、39.5% 和 44.7%。同期全国三次产业增加值占 GDP 比重分别为 8.6%、39.8% 和 51.6%，与之相比可以看出，目前贵州的产业结构层次仍然较低，贵州第三产业的发展明显滞后。近年来，贵州产业发展也展现出许多新气象。新兴产业加速发展，引领产业转型升级。以大数据为引领的电子信息产业发展迅速，2016 年，全省计算机、通信和其他电子设备制造业增加值 93.38 亿元，是 2011 年的 8.9 倍，近五年来年均增长 46.7%，增速高于规模以上工业增加值增速 34.5 个百分点。贵州电子商务迅猛发展，积极通过淘宝贵州馆、京东贵州馆、贵农网等电子商务综合平台，推动黔货走出大山。2016 年，贵州限额以上企业（单位）通过公共网络实现商品零售额 51.81 亿元，比上年增长 100.7%。以汽车制造、电器机械制造为主的贵州装备制造业较快发展。2016 年，全省装备制造业增加值 389.83 亿元，是 2011 年的 4.1 倍，近五年来年均增长 21.3%，增速高于规模以上工业增加值增速 9.1 个百分点。装备制造业增加值占规模以上工业的比重为 9.7%，比 2011 年提高 3.9 个百分点。大众创业、万众创新进一步激发了市场主体活力。贵州通过举办数博会、众筹大会等活动，积极搭建创新创业平台，2016 年年末，贵州各类市场主体 220.12 万户，比上年末增长 15.2%，其中，小微企业 35.28 万户，比上年末增长 35.8%。

在经济发展的同时，贵州的生态环境也在不断改善。2016 年，贵州获批建设国家生态文明试验区；年末森林覆盖率 52.0%，比上年末提升 2.0 个百分点，全年营造林面积 35.20 万公顷，比上年增长 25.4%；城市建成区绿地面积 4.13 万公顷，比上年增长 12.3%，建成区绿地率 27.2%，比上年提高 2.0 个百分点；全省 9 个市（州）空气质量优良天数比例总体达到 97.1%；污水处理厂处理能力比上年提高 30.2%；万元 GDP 能耗比上年下降 7.0%，下降幅度高于全国平均水平两个百分点。

第二节　贵州农业发展现状

近年来，贵州农业经济平稳发展。2016 年，贵州第一产业增加值为 1846.54 亿元，是 2011 年的 2.54 倍（见图 1-2），6 年间，农业增加值增长倍数超过了贵州地区生产总值的增长倍数。从增长率来看，2015 年，贵州第一产业增加值比上年增长 6.5%，2016 年比上年增长 6.0%。可见，目前贵州农业增长速度有所放缓，与贵州整体经济增速相比，农业增速相对较慢，2016 年落后 4.5 个百分点。但与全国平均水平比较，2016 年全国第一产业增加值增长率为 3.3%，贵州高出 2.7 个百分点，从横向比较来看，贵州农业的增长速度仍然是较快的。

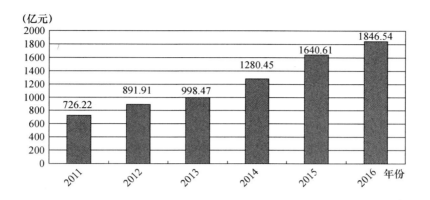

图1-2 2011—2016年贵州第一产业增加值

资料来源：《贵州统计年鉴（2016）》和《2016年贵州省国民经济和社会发展统计公报》。

从农业内部结构来看，2015年，种植业增加值1189.20亿元，增长6.8%；林业增加值133.32亿元，增长8.3%；畜牧业增加值480.16亿元，增长2.9%；渔业增加值43.86亿元，增长15.6%。从结构来看，种植业仍占绝对优势；畜牧业在整个农业中的比重略有上升，从2015年的25.3%增加到2016年的26.0%；渔业比重从2.1%增加到2.4%。这反映出贵州农业内部结构在基本稳定的状态下，畜牧业、渔业等产业的地位正逐渐上升。此外，2016年，贵州农林牧渔服务业增加值98.12亿元，增长3.7%，仅占第一产业增加值的5.3%，其增长速度和所占比重都说明，目前贵州农业生产性服务业的发展还相对滞后。

贵州农业生产中，土地利用结构正在逐步调整。2015年，贵州全年粮食作物种植面积3114.91千公顷，比上年下降0.8%；油料作物种植面积591.85千公顷，比上年增长1.7%；烤烟种植面积181.67千公顷，比上年下降16.1%；蔬菜种植面积996.29千公顷，比上年增长7.8%；中药材种植面积155.81千公顷，比上年增长6.3%；年末实有茶园面积418.89千公顷，比上年增长13.5%；年末果园面积299.89千公顷，比上年增长14.4%。2016年，全年粮食作物种植面积 3113.26 千公顷，比上年减少 0.1%；油料作物种植面积 594.50 千公顷，增长 0.6%；烤烟种植面积 160.09 千公顷，减少 12.1%；蔬菜种植面积 1050.44 千公顷，增长 7.2%；中药材种植面积 168.30 千公顷，增长 8.0%；花卉种植面积 8.55 千公顷，增长 39.9%。2016 年采摘茶园面积 262.17 千公顷，增长 20.3%；年末果园面积 352.57 千公顷，增长 17.3%。2016 年，贵州绿色优质农产品种植面积占比提高到 32.6%。① 综合近两年的数据不难看出，目前贵州农业用地结构正在优化调整，粮食作物种植面积略有下降，烤烟种植面积连续较大幅度减少；而茶叶、中药材、水果、蔬菜、花卉等经济效益较好、附加值较高的农产品种植面积快速上升。2016 年，贵州茶园、辣椒种植面积位居全国第一，火龙果、刺梨生产规模位居全国第一，马铃薯种植面积位居全国第二，薏仁米产量占全国总产量的 80% 以上。②

贵州农作物产品结构也在不断优化。2015 年，贵州粮食总产量 1180.00 万吨，比上年增长 3.7%，创历史最高水平；茶叶、水果、蔬菜、中药材产量，分别比上年增长 35.6%、15.7%、11.1%、10.7%。2016 年，贵州全年粮食总产量 1192.38 万吨，比上年增长 1.1%。茶叶、水果、蔬菜、中药材产量分别为 17.4 万吨、254.47 万吨、1896.6 万吨和 43.85 万吨，分别比上年增长 47.5%、13.2%、9.5% 和 9.8%。近两年的数据表明，贵州在保证粮食生产的同时，着力扩大茶叶、水果、蔬菜、中药材等贵州特色农产品的生产，这些农产品产量持续较快增长。其中茶产业的发展尤为突出，2014 年以来，贵州启动茶产业提升"三年行动计划"，全面推进贵州茶产业提升转型，集成推广整套标准园技术，在万亩乡镇全面推广茶园管护机械化综合配套技术，提升生产专业化水平，有效

---

① 数据来自贵州省省长孙志刚 2017 年 1 月 16 日在贵州省第十二届人民代表大会第五次会议上作的《政府工作报告》。

② 数据来自樊园芳《贵州农业书写绿色传奇》，《贵州日报》2017 年 1 月 16 日第 16 版。

地促进了贵州茶产业保持快速发展的良好态势。

农业与第二、第三产业融合发展加快，贵州农产品电商销售快速增长，乡村旅游出现井喷式增长，黔货出山、网货下乡成为新常态；2016 年，全省规模以上农产品加工业总产值增长 15% 以上，休闲农业经营主体收入增长 10% 以上。[①]

新型农业经营体系建设稳步推进。2016 年，贵州省级以上农业产业化经营重点龙头企业达 711 家，农民专业合作社 4.7 万户。基层供销合作社达到 1348 个，基本实现乡镇全覆盖，依托供销合作社组建市州级农合联 8 家、县级农合联 64 家、乡镇级农合联 125 家。建立农村合作金融组织 105 个，创建生产合作、供销合作、信用合作"三位一体"新型基层供销社 133 个，带动农户 82495 户，其中，贫困农户 40482 户，实现助农增收 8.66 亿元。积极推进"贵农网"电商渠道建设，建成 43 个县级运营中心、5083 个村级服务站，开辟末端物流线路 800 余条，服务覆盖 1380 万农民，2016 年实现"黔货出山"16 亿元。[②]

农业产业园区建设积极推进，取得了较好的成效。截至 2016 年 9 月，贵州农业产业园区总数达到 1014 个，其中，省级农业示范园区发展到 385 个，市县乡级农业园区达到 629 个。园区种植业、养殖业规模不断壮大。建成高标准生产基地 1200 万亩，存栏牲畜 650 万头、禽类 6850 万羽、鱼类 5.12 亿尾。以第一产业为基础，农产品加工、现代物流、休闲农业与乡村旅游为主的农村第二、第三产业快速发展，积极探索农业产业园区内多业态、多功能、多模式的融合发展路径，有效地推动了贵州农业产业结构调整和发展方式转变，加快了农业产业化、市场化、现代化进程，促进了贵州农业和

---

① 数据来自樊园芳《贵州农业书写绿色传奇》，《贵州日报》2017 年 1 月 16 日第 16 版。

② 贵申改：《创新农村产权制度激发"三农"发展活力》，《贵州日报》2017 年 3 月 25 日第 3 版。

农村经济的转型与发展。①

第三节　贵州工业发展现状

近年来，贵州工业总体呈现平稳较快的发展态势。2016 年，贵州规模以上工业增加值4032.11 亿元，是 2011 年的 2.46 倍（见图1－3）。在增长速度方面，从纵向比较来看，近年来，贵州工业增速有所放缓。"十二五"时期，贵州规模以上工业增加值年均增长率为14.3%，到"十二五"期末的 2015 年增长率下降到 9.9%；到 2016 年，工业增长趋于稳定，增速与上年持平，仍为 9.9%；从横向比较来看，2016 年，全国规模以上工业增加值增长 6.0%，贵州与之相比高出3.9 个百分点，可见，贵州工业增速目前仍保持较快的水平。从各行业的增速来看，贵州煤、电、烟、酒四大传统支柱行业有增有减，酒、饮料和精制茶制造业增长 12.8%，电力、热力生产和供应业增长 9.7%，而煤炭开采和洗选业、烟草制品业增加值分别比上年下降 0.9% 和 8.9%；新兴产业则呈现高速增长态势，计算机、通信和其他电子设备制造业，汽车制造业，医药制造业增加值分别比上年增长66.6%、38.4% 和 12.3%，反映了贵州新兴产业正在加快发展的良好态势。此外，2016 年，贵州高技术制造业增加值272.58 亿元，比上年增长 27.2%，占规模以上工业增加值的比重为6.8%。同期，全国高技术制造业增加值增长 10.8%，占规模以上工业增加值的比重为 12.4%。可见，在高技术制造业方面，贵州发展势头迅猛，但目前规模仍然较小，贵州高技术制造业在工业中的比重仍然较大幅度地落后于全国平均水平。

① 贵州省统计局：《2016 年前三季度贵州农业经济运行情况》，贵州省统计局网站，2016 年 11 月 14 日发布。

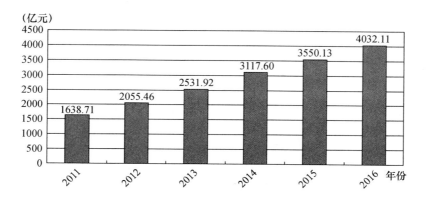

图 1 - 3　2011—2016 年贵州规模以上工业增加值

资料来源：《2015 年贵州省国民经济和社会发展统计公报》和《2016 年贵州省国民经济和社会发展统计公报》。

工业内部的产业结构进一步优化。从轻、重结构来看，2011年，贵州轻工业与重工业增加值比例为 1∶2.00，到 2016 年，这一比例调整为 1∶1.59，轻工业比重有了显著提升。从行业结构来看，呈现以下特点：一是制造业比重进一步上升。2016 年，贵州制造业占规模以上工业的 68.21%，比上年提升 1.85 个百分点，比 2011年提升 10.09 个百分点。① 二是第一支柱产业发生变化。煤炭开采和洗选业在 2010 年成为全省第一大行业后，在 2015 年被酒行业超过，退居第二位。2016 年，贵州煤炭开采和洗选业规模以上增加值为 675.30 亿元，占规模以上工业增加值的 16.7%；酒、饮料和精制茶制造业规模以上增加值为 815.09 亿元，占规模以上工业增加值的 20.2%，比重高出煤炭开采和洗选业 3.5 个百分点。三是新兴产业的比重有所提高。2016 年，电子、汽车、医药等新兴产业比重提升，分别比上年提高 0.83 个、0.65 个和 0.27 个百分点；而传统支柱产业中煤、烟占比下降，分别比上年下降 2.58 个、1.59 个百分

---

① 数据来自贵州省统计局工交处《2016 年贵州工业经济运行情况及 2017 年预判》，贵州省统计局网站，2017 年 2 月 16 日发布。

点。从产业结构的变化可以看出，目前，贵州新兴产业的发展势头良好，其比重正在不断上升，有利于贵州工业的多元化发展和结构转型升级。但也应该看到，目前，煤炭、烟草等传统支柱产业发展面临一定的困境；新兴产业目前尽管增速较快，但规模仍然较小，还没有成为支柱产业，未来仍然需要着力推进其发展。

从所有制结构看，2016 年，贵州国有企业增加值 720.34 亿元，增长 8.4%；占规模以上工业增加值的 17.9%；非公有控股企业增加值 2212.97 亿元，增长 13.8%，占规模以上工业增加值的54.9%。目前，贵州非公有制经济在工业中的比重已超过一半，其增速也高于工业平均水平，已成为拉动贵州工业增长的重要力量。

新企业、新产品成为推动贵州工业发展的重要因素。2016 年，全省新建投产达到规模以上的企业 642 户，累计实现工业增加值182.91 亿元，对规模以上工业的贡献为 42.0%，拉动规模以上工业增长 4.2 个百分点。此外，贵州工业中的新产品也不断丰富，2016 年，全省规模以上工业比上年新增广播电视设备制造等 5 个中类行业，中类行业达 170 个，覆盖率 84.6%，比上年同期提高 1.5个百分点。与此同时，纳入规模以上工业产品产量目录中的产品比上年同期新增 42 种，涵盖食品、医药、建材、装备制造等行业，其中，工业机器人、新能源汽车、发点机组、地面通信导航定向设备等产品均由非公有企业生产。①

工业投资稳定增长，投资结构有所调整。2016 年，贵州工业投资 3076.5 亿元，比上年增长 12.0%，其中，制造业投资 2019.23亿元，增长 12.5%。主要行业中，医药制造业，有色金属冶炼和压延加工业，电力、热力、燃气及水生产和供应业分别投资 109.76 亿元、98.18 亿元和 525.32 亿元，分别比上年增长 25.0%、15.8% 和15.4%。在投资结构上，高技术产业投资快速增长，而高耗能行业

① 数据来自贵州省统计局工交处《2016 年贵州工业经济运行情况及 2017 年预判》，贵州省统计局网站，2017 年 2 月 16 日发布。

投资逐步减少。2016 年，贵州高技术产业投资 249.74 亿元，比上年增长 56.7%；生物制药投资 27.45 亿元，增长 26.1%。而对于高耗能行业，2016 年，全省投资 875.76 亿元，比上年下降 7.9%；高耗能行业合计投资占全省固定资产投资的比重为 6.8%，比上年下降 2.1 个百分点；高耗能主要行业中，非金属矿物制品业、有色金属冶炼和压延加工业、化学原料及化学制品制造业等行业投资增速均比上年有所回落，增速分别回落 11.2 个、3.5 个和 1.6 个百分点。①

工业企业经营效益有所改善。2016 年，贵州规模以上工业企业主营业务收入 10840.60 亿元，比上年增长 12.9%；实现利润总额 669.80 亿元，比上年增长 5.6%；工业产销率 97.5%，比上年提高 1.1 个百分点；每百元资产实现主营业务收入 83.1 元，比上年提高 3.1 元。2016 年 1—11 月，资产利润率为 5.1%，提高 0.16 个百分点；全省规模以上工业亏损企业数比上年同期减少 8.7%，亏损企业亏损总额下降 13.7%。②

贵州工业供给侧结构性改革取得初步成效。以"降成本"为主要突破口，在企业生产要素供给上不断降低成本，用电费、物流费等下降，减轻企业负担。大工业用电直供普遍惠及高耗能行业，盈利空间释放，生产形势较好，2016 年，六大高耗能行业完成增加值 1216.70 亿元，比上年增长 12.0%，增速比上年同期加快 2.5 个百分点，对规模以上工业贡献率比上年同期提升 7.8 个百分点，拉动工业经济增长 3.6 个百分点。"去库存"方面，2016 年 1—11 月，工业产成品存货平均周转天数为 6.9 天，比上年少用 0.9 天。一些主要行业产成品库存下降明显，到 2016 年 11 月底，煤炭开采和洗选业下降产成品库存下降 16.9%，黑色金属矿采选业下降 11.1%，

---

① 数据来自贵州省统计局投资处《2016 年贵州投资情况分析》，贵州省统计局网站，2017 年 2 月 16 日发布。

② 数据来自贵州省统计局工交处《2016 年贵州工业经济运行情况及 2017 年预判》，贵州省统计局网站，2017 年 2 月 16 日发布。

烟草制品业下降 31.8%，医药制造业下降 19.7%，黑色金属冶炼和压延加工业下降 29.5%。"去产能"方面，贵州全面完成国家下达的 2016 年各项去产能指标任务，压减钢铁产能 220 万吨；压减煤炭产能 2107 万吨，超任务数 210 万吨；关闭煤矿 121 处，超任务数 21 处。[①]

第四节　贵州服务业发展现状

近年来，贵州服务业规模不断扩大，保持了较快增长的势头。2016 年，贵州第三产业增加值 5251.15 亿元，与 2011 年相比接近翻了一番（见图 1－4）。在增长速度方面，从纵向比较来看，近年来，贵州服务业保持平稳较快增长的态势。2014 年，贵州第三产业增加值增长 10.4%；2015 年增长 11.1%；2016 年增长 11.5%，高于全省地区生产总值增速 1 个百分点，在三次产业中增速最快。在宏观经济增速总体放缓的背景下，贵州服务业仍然能够保持稳定略升的增长速度，反映出近年来贵州服务业发展的良好状态。从第三产业对贵州经济增长的作用来看，2016 年，第三产业对贵州经增长的贡献率为 49.0%，拉动经济增长 5.1 个百分点，其对经济增长的促进作用达到 50% 上。从横向比较来看，2016 年，全国第三产业增加值增长 7.8%，贵州第三产业增速高出全国平均水平 3.7 个百分点，反映出目前贵州第三产业增长仍处于国内较快的水平。从第三产业在国民经济中的比重来看，2016 年，贵州第三产业占 GDP 比重为 44.7%，而同期全国平均水平的这个比重为 51.6%，这说明贵州服务业在国民经济中的地位仍然低于全国平均水平，未来仍需要大力推进贵州服务业的发展。

---

① 数据来自贵州省统计局工交处《2016 年贵州工业经济运行情况及 2017 年预判》，贵州省统计局网站，2017 年 2 月 16 日发布。

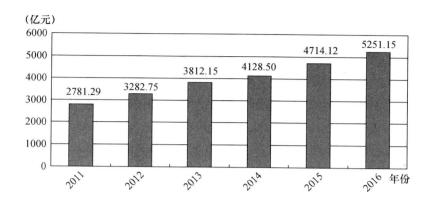

图 1 - 4　2011—2016 年贵州第三产业增加值

资料来源：《贵州统计年鉴（2016）》和《2016 年贵州省国民经济和社会发展统计公报》。

　　从服务业内部具体行业来看，金融业、旅游业快速发展，在服务业中的占比略有提升。2011—2016 年，贵州金融业增加值年均增长 15.5%，高于同期地区生产总值年均增速 3.9 个百分点，占地区生产总值的比重由 2011 年的 5.2% 提高到 2016 年的 5.9%。[①] 近年来，贵州着力加快推进旅游业发展，旅游业呈现"井喷式"增长现象。2016 年，贵州全年旅游总人数 5.31 亿人次，比上年增长 41.2%。其中，接待国内旅游人数 5.30 亿人次，增长 41.3%；接待入境旅游人数 110.19 万人次，增长 17.1%。实现旅游总收入 5027.54 亿元，比上年增长 43.1%。此外，随着大数据产业和互联网经济的发展，贵州信息服务、电子商务、邮政快递等领域也得到了迅猛发展。2016 年，贵州软件和信息服务业收入增长 35%；电子商务交易额增长 30%；[②] 邮电业务总收入 839.27 亿元，比上年增长 63.0%。其中，电信业务总收入 796.58 亿元，增长 65.8%；邮政

①　数据来自贵州省统计局综合处《近年来贵州经济结构变化情况分析》，贵州省统计局网站，2017 年 3 月 28 日发布。

②　数据来自贵州省省长孙志刚 2017 年 1 月 16 日在贵州省第十二届人民代表大会第五次会议上作的《政府工作报告》。

业务总收入 42.69 亿元，增长 26.4%；快递业务总量 11260.13 万件，比上年增长 60.1%；快递业务收入 21.79 亿元，比上年增长 64.6%。此外，随着交通条件的改善和电子商务的发展，贵州交通运输业增长速度也有所加快。2016 年，贵州交通运输、仓储和邮政业实现增加值 987.47 亿元，比上年增长 10.1%；公路运输总周转量增长 11.0%，水路运输总周转量增长 19.3%，民航货邮吞吐量增长 10.0%，旅客吞吐量增长 19.9%。① 而批发零售业、住宿和餐饮业等传统服务业的地位则有所下降。2016 年，贵州批发零售业增加值 732.71 亿元，占地区生产总值的比重为 6.2%，与 2011 年相比，占比下降 1.7 个百分点；住宿和餐饮业增加值 400.93 亿元，占地区生产总值的比重为 3.4%，比 2011 年下降 0.5 个百分点。② 由此反映出，目前贵州服务业的结构层次正在加快升级，旅游、信息服务、电子商务、邮政快递、交通运输等领域已成为推进贵州服务业转型发展的重要增长点。

投资对服务业发展的支持力度不断加大。2016 年，贵州第三产业投资 9563.13 亿元，增长 23.8%，高于全省投资增速 2.7 个百分点；第一、第二、第三产业投资结构为 2.2%、23.8%、74.0%，第三产业投资已占据三次产业投资的绝对优势。从投资方向来看，与大数据、旅游、教育、医疗、科技、商贸服务等领域相关的投资增长迅速。2016 年，与大数据相关的信息传输、软件和信息技术服务业投资 107.95 亿元，比上年增长 48.1%，高于全省投资增速 27.0 个百分点；与旅游相关的住宿和餐饮业、批发零售业分别完成投资 171.05 亿元和 198.91 亿元，增长 47.8% 和 21.8%，分别高于全省投资增速 26.7 个和 0.7 个百分点；教育、卫生和社会工作分别完成投资 292.11 亿元和 106.05 亿元，分别比上年增长 43.7% 和

① 数据来自贵州省统计局核算处《2016 年贵州服务业发展报告》，贵州省统计局网站，2017 年 2 月 16 日发布。

② 数据来自贵州省统计局综合处《近年来贵州经济结构变化情况分析》，贵州省统计局网站，2017 年 3 月 28 日发布。

67.9%，增速分别高于全省投资增速 22.6 个和 46.8 个百分点；科学研究和技术服务业投资 42.23 亿元，增长 47.5%，高于全省投资增速 26.4 个百分点；租赁和商务服务业投资 192.35 亿元，增长 70.2%，高于全省投资增速 49.1 个百分点。[①]

但是，贵州服务业发展中仍然存在生产性服务业发展相对滞后的问题。生产性服务业是指向商品和服务的生产者提供具有中间投入性质服务的各类行业或部门。根据现有研究的普遍做法和数据可得性，本书在对生产性服务业进行数据分析时主要采用交通运输、仓储及邮政业，信息传输、计算机服务和软件业，金融业，租赁和商业服务业，科学研究、技术服务和地质勘查业五个行业的城镇单位就业人数。由此可以看出，近年来，贵州生产性服务业发展具有以下特点：一是增长速度相对较慢。2011—2015 年的五年间，从上述五个行业的城镇就业总人数来看，贵州增长 31.3%，而同期全国平均的增长幅度为 37.1%，可见，贵州生产性服务业增长速度仍然低于全国平均水平。二是生产性服务业在第三产业中所占比重较低。从 2015 年生产性服务业就业人数占第三产业总就业人数的比重来看，贵州为 18.5%；西部地区其他省份中，甘肃为 21.3%，青海为 27.5%，宁夏为 26.9%，新疆为 24.3%，广西为 24.4%，云南为 20.9%；而全国平均比重为 30.0%，这反映出贵州生产性服务业在第三产业中比重不仅低于全国平均水平，而且也低于许多西部省份。因此，未来贵州服务业转型升级中需要更加注重推动生产性服务业加快发展。

---

① 数据来自贵州省统计局投资处《2016 年贵州投资情况分析》，贵州省统计局网站，2017 年 2 月 16 日发布。

第二章 生态文明建设与贵州产业绿色转型

产业转型与发展的方向，既受到发展目标的引导，也要充分考虑自然生态环境的客观要求，在人与自然的和谐同进中探寻可持续发展之路。贵州产业发展过程中的绿色转型是适应贵州自然生态条件和积极推进生态文明建设的必然选择。

第一节 产业绿色转型：自然条件与生态文明建设的要求

一 喀斯特生态环境对贵州产业发展的影响

贵州是全国唯一没有平原支撑的内陆山区省份，全省面积 17.6 平方千米，其中，山地、丘陵面积占 92.5%，喀斯特岩溶出露面积占 61.2%，贵州喀斯特地貌分布广泛、类型多样，是西南喀斯特生态脆弱区中心。[1]

喀斯特（karst）在地貌学上主要是指通过水对可溶性岩石的溶解侵蚀作用，在地表形成的各种奇峰、柱石、洼地、谷地、大泉，在地下则发育成各种溶隙、通道、溶洞、暗河等现象的地形区。在生态学含义上，喀斯特又可指那种具有高效的喀斯特剥蚀（溶蚀）、

---

[1] 贵州财经大学中国减贫与发展研究院：《贵州省农村扶贫开发报告（2013）》，贵州人民出版社 2014 年版，前言第 1 页。

以大气降水的地下排泄为主、脆弱性显著的地区（李玉辉，2000）。喀斯特地区的独特地貌特征使该地区的生态环境十分脆弱，这在很大程度上会对产业发展和产业项目的选择产生影响。

首先，土地贫瘠，而且易流失、难恢复。在喀斯特地区，同样条件下，土壤层厚度比非碳酸盐岩类岩石土壤层薄、分布面积小，而且具有富钙、营养成分不高的土壤成分特点。溶蚀形成各种孔穴、裂隙又为土壤提供流失通道，造成土壤不易保持。而且，与非碳酸盐岩类岩石相比，喀斯特地区碳酸盐岩的成土速率慢20多倍，土壤一旦流失，恢复十分困难。此外，土层薄又使水及所含污染物的过滤时间较短，从而又使喀斯特的自净能力较差（李玉辉，2000）。这样的土地资源条件给喀斯特地区的产业发展造成了人口和环境的双重压力。一方面，土地贫瘠使农业产量低下，土壤易流失、难恢复导致农耕开垦后土地石漠化，可用耕地面积不断缩小，农业能够容纳的人口有限，由此产生了大量农业剩余人口，他们往往又是处于严重的贫困之中，要解决这样的问题，就对人口向城镇第二、第三产业转移提出了很高的要求。另一方面，大规模的工业开发造成的水土流失，对生态环境的不利影响更突出。

其次，水资源分布不均，地表大多呈"喀斯特干旱"。喀斯特地区溶蚀作用使喀斯特水文存在地上、地下两套系统。中国西南的喀斯特地区虽然气候湿润，降水丰沛，但因岩层漏水，大部分地表水渗入地下，造成地表径流不发达，加之土层浅薄、保水力差，更加剧了地表缺水程度，进而造成许多地方成为干旱和半干旱地区。这样的水资源条件，不仅使城镇规模扩大过程中面临缺水风险，而且一旦管理不当，生产污水通过地下径流的扩散将造成大面积难以治理的水污染。

再次，森林资源脆弱。由于喀斯特地区土壤形成困难、水分层较深，对植被的发生和保护具有很大的限制。喀斯特地区植被大多具有喜钙、旱生和石生性特点。不少喀斯特地区的植被从裂隙处发生，通过发达的根系吸收深部水分，而在低洼季节集水地（洼地或斗淋、喀斯特盆地等）又难以生长乔木林，只能有季节性草本群落。植被消失后，自毁性复活，植被再生困难（李玉辉，2000）。在喀斯特环境生态系统中，森林是维持系统平衡和良性发展的重要因素。因为森林中形成的枯枝落叶层具有良好的吸水功能，形成良好的滞留水层，因而大大减轻了水土流失的可能。如果森林遭到破坏，就会造成水土大量流失，生态系统平衡被打破，环境进一步逆向退化，一旦出现石漠化，恢复起来相当困难。因此，大规模产业开发一旦对脆弱的森林资源造成破坏，对于整个区域的生态系统将造成难以修复的负面影响。

最后，地形条件也在空间上给贵州产业发展造成了制约。喀斯特地区的地形崎岖，以山地为主，平坝、河谷地带所占比重低，而且单位面积较小。这不仅限制了城镇的发展规模，而且在城镇范围内往往也会受到山地、坡地对内部空间结构的分割和限制。因此，降低了产业集聚能力和辐射带动能力。

总之，喀斯特地区脆弱的生态环境和崎岖的地形条件，决定了贵州产业发展面临着生态环境承载力低、地域扩张的空间较为有限的制约因素。同时，贵州由于历史和地理条件等原因，目前，城镇化水平仍然很低，经济发展水平还处于相对落后的阶段，在农村，还有大量贫困人口和农业剩余人口需要转移。另外，生态环境的脆弱性要求贵州的产业发展必须以充分保护生态环境为前提。因此，贵州在经济社会发展中需要更加重视生态产业的发展。

二 生态文明建设对贵州产业绿色转型的要求

目前，推进生态文明建设受到全社会的高度关注，已经成为国家发展的重要战略。党的十八大报告明确指出："建设生态文明，实质上就是要建设以资源环境承载力为基础、以自然规律为准则、以可持续发展为目标的资源节约型、环境友好型社会。"具体来说，生态文明是指以人与自然、人与人、人与社会和谐共生、良性循环、全面发展、持续繁荣为宗旨的文明形态，是人类遵循人、自然、社会和谐发展规律而取得的物质与精神成果的总和。人类生态系统是一个社会—经济—自然复合的生态系统（马世骏、王如松，1984），生态文明建设需要遵循这种复合系统的特征，既不能盲目追求经济发展而破坏人与自然的平衡，也不能片面地强调保护生态环境而忽视经济社会的发展。要建设好生态文明社会，就需要树立尊重自然、顺应自然、保护自然的理念，以资源环境承载力为基础、以自然规律为准则、以可持续发展为目标，更加自觉地推动绿色发展、循环发展、低碳发展，把生态文明建设融入经济建设、政治建设、文化建设、社会建设各个方面和全过程，形成节约资源、保护环境的空间格局、产业结构、生产方式和生活方式。

贵州产业绿色转型需要与新型工业化、农业现代化和新型城镇化有机结合。在新型工业化中，通过信息化，可以更好地提升经济发展效率；在工业发展中更加注重资源高效利用和污染控制。通过农业现代化，提高土地综合利用水平，为生态功能区腾出空间。在新型城镇化中，大力加强生态环境保护，守住发展和生态两条底线，因地制宜地选择好发展产业，抓好城镇绿化、大气污染防治、水资源综合利用和保护、城乡环境综合整治，精心呵护好、发展好贵州的生态优势，让城乡环境天蓝、地绿、水清。

从生态文明建设的要求看，生态产业将成为未来平衡经济发展与生态环境保护的重要支撑点。对于生态产业的含义，许多学者从不同角度做了阐释，一般来说，生态产业主要是指按照生态系统运行规律组织起来的，基于生态系统承载能力，具有高效的经济过程与和谐的生态功能的产业（傅沂，2004）。生态产业是一种新的产业发展模式，它通过对工业文明时代传统生产方式的改造和提升，最大限度地减少生产和消费过程中对自然资源的消耗和对生态环境的破坏，形成生态环境保护与经济效益提升的长期可持续互动。

贵州不仅具有崇尚自然、保护生态的悠久历史和灿烂文化，而且近年来更是将生态文明建设置于十分重要的地位。2012 年，国务院《关于进一步促进贵州经济社会又好又快发展的若干意见》将贵州定位为长江、珠江上游重要生态安全屏障，明确提出，扎实推进生态保护与建设、突出抓好石漠化综合治理和加强环境保护等重要任务。为了更好地推进生态文明建设，从 2009 年起连续举办了四届生态文明贵阳会议，并于 2013 年升格为生态文明贵阳国际论坛，成为我国目前唯一以生态文明为主题的国家级、国际性论坛。目前，贵州省明确提出打造生态文明先行区的目标，在全社会已经形成了建设生态文明的良好氛围。

在经济发展思路上，坚持将转型发展作为建设贵州生态文明的重中之重，坚持把结构调整作为转变经济发展方式的根本途径，追求有质量的经济增长，努力将资源优势转化为经济优势，推进绿色发展、低碳发展、循环发展，确保经济增长与生态环境相互协调（赵克志，2013）。在发展规划上，《贵州省主体功能区规划》明确了重点开发区域、农产品主产区、重点生态功能区和禁止开发区域鼓励、限制和禁止的产业；并在贵州省工业布局及重点产业发展专项规划、贵州省发展循环经济和节能减排专项规划、贵州省生态建设和环境保护专项规划等相关规划中加快发展生态产业的要求和部署。2014 年 7 月 1 日，《贵州省生态文明建设促进条例（草案）》正式施行，成为我国首部省级生态文明建设条例。从贵州省内各地区看，已经建立了多个实验区，如 2009 年贵阳市被批准为全国生态文明建设试点城市，2009 年毕节被批准建设国家可持续发展试验区，黔东南州获批建设生态文明建设试验区，这些地区各具特色、相互促进，进行了扎实有益的探索。这些都为贵州生态产业的发展奠定了坚实的基础。

当然，贵州的生态产业发展也面临着一些制约因素亟待解决。一是人均经济水平相对落后，现有产业的生态化改造面临着较大的资金缺口。二是从产业结构看，农业生产方式仍然较为粗放；工业中矿产、能源、化工等行业所占比重偏高。2016 年，贵州煤炭开采和洗选业，非金属矿采选业，化学原料和化学制品制造业，非金属矿物制品业，黑色金属冶炼和压延加工业，有色金属冶炼和压延加工业，电力、热力生产和供应业合计占规模以上工业增加值的48.7%。第三产业中运输、餐饮、批发、零售等行业所占比重大，而金融、信息服务等行业发展相对不足。这样的产业结构使生态产业发展面临着巨大的提升和改造任务。三是在空间布局上，由于贵州城镇结构不完善，大城市数量偏少，中小城市发育不足。一方面，少数大城市第二、第三产业空间密度过高，带来较大的生态环境压力；另一方面，中小城市规模小、功能不全，制约了当地产业的规模化发展和产业链形成，加大了企业环保投入的压力和发展循环经济的难度。这些制约因素的存在也更加迫切地要求"十三五"时期进一步加快贵州产业的绿色转型的步伐。

第二节　贵州产业绿色转型的基本路径

一　产业生态化与生态产业化

贵州产业绿色转型应包括产业生态化和生态产业化两个方面。产业生态化的重点是对现有产业进行生态化改造，有效地控制其对生态环境的破坏，节约资源、降低能耗、减少排放，实现产业绿色发展；生态产业化就是要在可持续发展和永续利用的前提下，依托贵州的优势生态环境资源，发展相应的产业，实现生态环境保护收益的价值化、货币化。

在贵州生态产业发展中，产业生态化是基本要求，是保护和改善生态环境的前提；而生态产业化应作为下大力气长期培育的重要领域。生态产业化对于贵州之所以重要，是因为它可以成为生态环境保护与经济发展的有效联结枢纽。生态产业化主要通过提供生态产品和服务或生态资源的资本化来获得经济效益，这种经济效益产生的前提就是生态环境的不断改善，因此，它具有经济导向与生态环境保护导向的内在一致性，同时也是从经济上激励生态环境保护和改善的重要手段。

在现有产业生态化转型方面，工业处于首要位置，重点是矿产、能源、化工等行业，这些行业都是贵州的传统支柱产业，规模以上增加值占整个贵州工业近一半。它们在贵州不仅具有重要的经济影响，而且其行业性质也决定了它们对生态环境具有重要影响。目前，瓮福集团、开磷集团、赤天化集团等国家循环经济试点单位的试点工作已经取得了一定成效；贵阳市开阳循环经济型磷煤化工生态工业基地、黔西南州循环经济型安龙重化工基地等也在加快建设，为贵州重化工业的生态化转型进行了很好的探索。贵州矿产、能源、化等工行业的生态化转型要进一步向规模化、集约化发展，有效整合中小企业和分散的资源，积极推进煤、电、化、铝、冶金、建材等一体化联产联营的产业体系建设，形成规模、清洁、循环、经济、安全的可持续生产方式。轻工业方面，重点是优质白酒、民族制药等贵州优势特色产业，这些领域贵州已经在全国具有较强的竞争力，不仅茅台品牌在国内外享有盛誉；而且早在2013年苗药已经超过藏药、维药和蒙药三大民族药之和，成为全国销售额最大的民族药。白酒、制药等行业涉及食品药品安全，生态化转型的核心问题是保护好原料产地的生态环境，控制好生产、销售环节的污染风险，建立生态环境友好型产业链，提高企业在整个生产环节的生态环境责任，提供绿色安全的高品质产品。对于农业的生态化转型，一方面，要加强农业的集约化、高效化程度，严防粗放式开发对生态的破坏，避免占用生态功能区的土地资源，通过减少化肥、农药的使用逐步改善土壤环境；另一方面，要以保障食品安全为底线，加快发展无公害和有机农产品生产，以建设生态高效设施农业示范基地为龙头，围绕畜牧养殖、茶叶、中药材、粮食、蔬菜、精品水果等重点农牧产品，逐步形成规模化的生态农业体系。对于服务业的生态转型，一方面，要着重发展服务于绿色生产、低碳运输、循环经济等领域的生产性服务业，为各行业的生态化转型提供充足的服务保障；另一方面，生活性服务业要进一步加强节能减排，同时提高排放物的无害化处理和循环再利用水平。

在生态产业化方面，未来应将其作为扶持的重点。这些产业的核心内容是以生态资源的保护和改善为基础，通过生态资源本身的增值或增加其他产业的生态附加值，获取稳定收入流的产业。这类产业可以有生产性和服务性两类，也可以将两类产业融合在一起。生产性生态产业主要是通过保护和改善生态环境来促进生态资源的价值增值。例如，可以在石漠化、水土流失的治理项目中，利用市场机制引入社会资本，在到达治理目标后，明确建立该企业在被治理区域的长期收益制度。企业可以依托治理好的生态环境自营或出租土地、山林、湖泊，向下游发展生态农业、生态旅游业等。这样，通过将生态环境治理的收益与其投入相对应，激励企业进入生态产业。服务性生态产业主要依托贵州已有的良好生态环境通过提供服务来实现生态附加值，典型的就是生态旅游业。此外，贵州的生态服务业中还应大力推进生态金融的发展。在当前生态资源明显稀缺、价值凸显的条件下，各类生态资源只要有效保护和不断改善，就能获得价值增值，从而形成收入流，以收入流为基础完全可以实现生态资源的证券化或信托融资等。这些服务性生态产业要以良好的生态环境为基础，其需求也会向上游引导生产性生态产业的发展，由此形成联动效应。在促进生态资源产业化的过程中，需要注意的是，生态环境改善具有明显的外部性，要尽量避免由此产生的市场失灵。一是要对生态治理后的收益权进行明确界定，并且具有长期的稳定性；二是企业对合同区域的生态治理义务和收益权可以在市场上转让（严立冬等，2011）；三是政府通过减免税收或补贴形式补偿生态企业的一部分社会贡献。在生态资源的产业化探索上，典型案例如内蒙古亿利资源集团发展沙漠生态修复、生态城镇化、清洁能源等产业，长期致力于沙漠生态修复，到2013年，绿化库布其沙漠6000平方千米，创造了305.91亿元的生态系统生产总值（GEP），改良了1000多平方千米的沙漠土地；其控股的上市公司内蒙古伊利能源股份有限公司2013年年末净利润达2.5亿元，比上年增长 15.48%①，实现了生态效益与经济效益的"双赢"。在生态金融方面，西方发达国家已逐渐建立起的环境基金和生物多样性基金、债务—环境交换机制、森林证券化、气候金融衍生品、碳基金和碳互换机制等（王慧、魏圣香，2010）；在我国，早在 2004 年上海世华科技投资公司与上海中泰信托投资公司合作发行的速生杨林木财产信托优先信托权益投资计划，成为林业首次通过信托方式进行融资的大胆尝试（薛艳，2006）。这些其他地区的经验都可以作为贵州生态资源产业化的很好借鉴。

贵州产业绿色转型要围绕生态产品的供给积极调整产业结构。目前，贵州的产业发展必须考虑生态脆弱、地形不便、科技基础相对薄弱的约束条件，这使重工业、大规模进出的制造业不宜发展，高新技术产业又很难在短期聚集起来。相比较而言，贵州的自然景观、植被覆盖、气候条件、污染程度、空气质量等在全国还是有优势的；而且贵州民族众多，有绚丽多彩的民族文化。因此，产业发展的核心是创造生态附加值、文化附加值。建立生态产品体系，包括青山绿水、清新空气等自然生态产品；意蕴绵长、精美独特的文化生态产品和安全放心的农业生态产品等。第一产业以生态农业为主，生态破坏的土地恢复林地或草地，重点发展高质量特色农产品，就地发展深加工。在第二产业中，应培育更多的精细制造业、民族手工艺加工业等；第三产业以旅游业为龙头，向上游带动发展自然生态环境保护产业，向下游带动文化产业和环保型服务业。这些产业有利于保护生态环境，又把生态资源经济化，同时也是劳动密集型产业，能够吸纳更多就业，提高居民收入。

二 产业绿色转型与新型城镇化和脱贫攻坚有机结合

产业绿色转型要与贵州新型城镇化相互配合、同步推进。

---

① 数据来自亿利资源集团官方网站的简介及上市公司《内蒙古伊利能源股份有限公司 2013 年年度报告摘要》。

　　首先，新型城镇化要通过提高土地集约利用率、完善城镇体系的手段，为生态功能区腾出更多的空间，以此奠定贵州生态产业发展的基础。贵州目前的许多生态风险都与人地关系紧张造成的自然生态空间日益狭小有关。要改善生态，需要留出更多的自然生态功能区，还这些地方生态环境自我发育的原本状态，让人为因素退出。要实现这样的要求，就需要对人类活动空间进行更加集约式的整合。在新型城镇化过程中，产业园区的建设不仅可以节约用地，而且有利于进行环境污染管控和循环经济产业链的构建；农村居民集中居住在腾出发展用地的同时能够更便利地处理生活排放污染；示范农业园区带动农业生产向集约化、生态化转型，缓解了粗放式农业对土地和生态的破坏。这一系列措施都为生态环境的保护和改善提供了更充足的空间，进而也为贵州利用良好的生态资源发展相关产业提供了保障。

　　其次，贵州生态产业的发展也需要与人口城镇化相协调。人口城镇化的核心是农村居民通过在城镇中第二、第三产业的稳定就业，获得平等的市民身份，在城镇享受公平的公共服务。一方面，生态产业发展会产生大量的就业机会，尤其是植被恢复等生态工程可以与农业原有的农林生产技能衔接，是一条吸纳农村剩余劳动力就业的很好途径；另一方面，新型城镇化可以通过有效转移农村人口，缓解人地矛盾和贫困带来的生态风险，为生态资源更多地积累及其价值的提升创造条件。

　　在实践中，遵义市"人、地、钱"三统筹的城镇化模式就是一种很好的探索。在人的统筹上，通过建设返乡农民工创业园、失地农民安置小区，引导农民离土进镇就近就业，保持农民原有土地、住房宅基地等权益不变，使之同等享受城镇居民的基本公共服务。在地的统筹上，着力破解城镇建设无地、农村发展无钱的困境，通过"增减挂钩"集中农民居住，将节约的土地指标挂牌出让，所得资金用于完善基础设施，配套发展特色产业。在钱的统筹上，通过组建农村资产评估委员会，建立农村产权交易平台，有序推进土地承包经营权、林权、房屋和宅基地、茶园的确权、登记、颁证，推动农村产权流转、抵押贷款和市场交易，把农村沉睡的资源变成"活"的资产和资本。① 这些经验都可以与贵州各地生态产业发展的实际需要更好地融合。

产业绿色转型要与贵州脱贫攻坚有机结合。积极推进现代山地特色高效农业、扶贫特色优势产业、扶贫产业园区，积极发展种养业、加工业、旅游服务业等扶贫产业，增加贫困人口的就业、创业机会和收入。目前，贵州确定的十大特色扶贫产业是核桃、生态畜牧、中药材、蔬菜、茶叶、精品水果、马铃薯、油茶、乡村旅游、特色养殖等，这些产业仍以农牧也为主，借助城镇化建设的契机，产业扶贫的领域和方式还可以有大量的拓展。扶贫产业以特色农业和生态环境、民族文化优势资源为基础向第二、第三产业延伸，打造从生产到加工、包装、储运、销售、服务的扶贫产业链条。

积极发展农产品加工业。依托丰富的无公害绿色有机农产品，帮助贫困地区引进壮大一批农产品精深加工企业，培育一批外向型企业，大力发展特色食品、特色手工艺品等劳动密集型产业，不断延伸产业链，提高附加值，推动农产品加工转型升级，带动农产品深度开发，帮助贫困农户就近就业增收。

积极发展农产品流通业。将农产品市场营销作为产业化精准扶贫的重要方向和重点工作。加快实施电商扶贫，对贫困家庭开办电商业务给予网络资费补助和小额贷款支持，实现贫困地区行政村电商网店全覆盖，促进"黔货出山"。在城镇交通物流网络建设中，加大对贫困地区物流体系建设的帮扶力度，在城镇功能完善中，支持建设一批农产品批发市场和商业服务网点。

实施企业对口帮扶措施，鼓励引导区域内外各类龙头企业支持帮扶对象加快特色产业发展，增强"造血"功能。整合部门涉旅资

---

① 资料来源于 2014 年贵州全省第二次城镇化推进大会交流材料中，中共遵义市委、遵义市人民政府《统筹城乡综合配套改革推进"四化同步"发展》。

源，提升城镇的旅游服务能力，把城镇旅游服务功能提升与乡村旅游目的地建设有机统一。乡村旅游体验质量的提升和多样化需求的满足，也需要城镇建设中提供配套的服务功能，由此培育一批高质量的生态游、乡村游、观光游、休闲游、农业体验游、保健养生游等旅游产品。在城镇建设中，加强对旅游资源开发、旅游设施建设、旅游服务配套、旅游品牌打造等方面的帮扶力度。通过配套发展保洁、治安、护林、接待、导游、售货、驾驶、服务、管理、餐饮等产业扩大就业机会。

　　贵州产业绿色转型与新型城镇化和脱贫攻坚有机结合，需要政府发挥有力的引导作用。一方面，要通过专项规划形成贵州产业绿色转型与新型城镇化和脱贫攻坚联动发展的顶层设计，起到指引性、稳定性、规范化、制度化作用，明确行动目标和责任要求，提出系统的具体措施，以便于指导和约束各项工作的开展。通过专项规划整合推进区域发展、城镇化建设和扶贫开发的各项政策、资金、工作，建立高效有序、协同推进的工作机制，统筹协调，整合资源，提出各类相关政策在程序、管理、部门上的有序衔接途径，形成规范稳定、责权明晰、协调顺畅的工作运行体系。另一方面，政府要建立强有力的推动机制。一个地区的发展方式在很大程度上具有路径依赖性，在过去较长的时间里，贵州以往产业发展方式已经形成了固有的模式或路径，具有相当的"黏性"。要改变原有状态，外生冲击的力度要大于经济系统内生的约束力，如果新出台的政策的力度小，往往难以改变原有经济运行模式。因此，在产业绿色转型的启动阶段，除市场力量外，政府需要在遵循市场规律的前提下发挥更加有力的作用，在产业规划、政策支持、基础设施建设、税收调节等方面进行积极引导。

第三章 贵州产业融合发展的机理与路径

——以生产性服务业与工业融合发展为中心

生产性服务业发展，对于提高工业生产效率，推动新型工业化具有重要意义，这也是贵州实现产业升级，加快转型和发展的重要基础。产业融合作为一种新兴的产业发展形态，对生产性服务业与新型工业化的良性互动具有十分积极的作用。本章首先从理论和一般经验上梳理生产性服务业与工业融合发展的条件、过程和主要模式，进而分析产业融合助推产业发展的作用机制。在此基础上，提出贵州推进产业融合发展的路径选择。

第一节 生产性服务业与工业融合发展的条件、过程与模式

一 生产性服务业与工业融合发展的基本条件

对于产业融合的含义，Greensteina 和 Khanna（1997）认为，主要是指为了适应产业增长而发生的产业边界的收缩或消失。我国学者也多沿袭这种观点，于刃刚等（2006）在其《产业融合论》中也提出，产业融合是指产业间的边界出现模糊甚至消失的现象。刘纯彬、杨仁发（2011）在梳理已有研究的基础上总结道："目前，比

较一致的观点认为，产业融合是一个动态演变过程，是指不同产业间的传统边界趋于模糊，甚至消失的现象。"那么，产业间的边界之所以能够趋于模糊，实现融合，当然，在于它们之间具有一定的关联性。哈克林（Hacklin，2005）等认为，产业融合是现有价值链的解体、产业边界的变化及新竞争空间的创造。胡永佳（2008）认为，产业融合是产业间分工内部化，或者是产业间分工转变为产业内分工的过程和结果。

生产性服务业是指向商品和服务的生产者提供具有中间投入性质的服务的各类行业或部门。在已有的研究中，生产性服务业包括的具体行业有交通物流、信息传输、计算机软件、金融保险、租赁和商务服务、科技服务等。从产业关联和价值链的角度来看，生产性服务业可以为工业企业提供更加专业的服务，而且这些服务可以遍及生产、销售、研发、投融资等各个环节。因此，生产性服务业与工业这种密切的关联为两个产业的融合发展提供了可能性。但同时也需要看到，生产性服务业和工业从两个独立的行业走向融合是一个动态过程，在市场机制引导下，实现两个产业的融合发展也需要一定的基础条件。

（一）要供求匹配

从工业中融进生产性服务业的角度看，工业企业在生产、销售、研发、投融资等各个环节都需要服务，但服务业能不能融合进去需要看它是否可以满足工业企业各环节的需要，能不能更好地促进工业企业各流程的效率提升和产品的价值增值。从生产性服务业向工业领域拓展以实现融合的角度来看，生产性服务业的现有优势必须能够为其提供的工业产品或工业活动流程提供独特的竞争力。从工业与生产性服务业通过长期合作逐步走向融合的路径来看，得以合作的前提也是两者在发展所需的核心资源的供给和需求方面相匹配。在产业发展过程中，往往是资金密集型产业与金融业相融合，装备制造业与物流业相融合，技术密集型产业与科技、培训产业相融合（厉无畏，2002）。上述产业之间的融合，无不体现了供求匹配、优势资源互补的内在联系。

（二）产生更高的生产效率和经济效益

企业作为以营利为目的的经济主体，在市场机制引导下，实行产业融合，需要以有利于生产效率和经济效益的提升为前提。产业融合本身是具有明确目的性的战略行为，要使产业融合具有意义，就必须能够有效提升企业的竞争力，通过在技术、业务、市场某个方面或几个方面的融合节约交易成本、发挥范围经济的效益，来提升技术水平，优化业务流程，拓展市场领域。

（三）形成有效的治理机制

在产业融合中，涉及不同的利益主体，这些利益主体有不同的行业背景、掌握不同的优势资源、面临不同的市场特征，因而也有不同的利益诉求。在信息不对称的现实条件下，这就难免出现利益冲突和道德风险问题。因此，要保证产业融合后的可持续健康发展，离不开有效的治理机制。通过建立一套能够使各利益主体激励相容的治理结构和机制，协调利益关系，促进决策的科学性。

二 生产性服务业与工业融合发展的过程

产业融合是产业结构演化的结果，两个相对独立的产业到边界逐渐模糊最终实现融合必然要经历一个相互作用的发展过程。生产性服务业与工业也不例外，从分立到融合需要经历一个"融合动因出现—渗透与合作—共生结构动态稳定"的基本过程。

（一）第一个阶段：融合动因的出现

从产业价值链来看，生产性服务业与工业具有紧密的供求关系。在工业运转的各个环节，不同类型的生产性服务业都可以提供专业化的技术、管理咨询、物流、金融等服务，从而提高工业的竞争能力和生产效率，从而实现工业企业利润水平的可持续提升；而生产性服务业也因为工业的需求而获得利润维持自身的发展。因此，这种供求关系使两个产业紧密地联系在一起，构成了两者相互融合的重要动力起点。

在紧密的供求联系下，促进融合的直接动因是融合的边际收益大于因融合而产生的边际成本。在实际中，产业融合还是分立主要表现为在一个企业或集团内经营相互关联的多种产业还是经营单一产业。因此，这样的产业融合过程，一方面，将不同产业的企业间进行的市场交易转化为企业内容活动，从而减少交易成本；另一方面，随着产业融合，企业边界扩大，在企业内部不同产业部门间的协调、管理的复杂化等问题也将导致管理成本的增加。其中，交易成本的减少可以看作产业融合的收益，管理成本的增加则是产业融合的成本。如果产业融合的边际收益小于边际成本，则会推动不同产业的独立经营。而在产业融合的边际收益大于边际成本时，企业就有动力促进产业融合。可见，产业融合是有前提和有边界的。按照这种分析，生产性服务业与工业融合的过程也需要在融合的边际收益大于边际成本时才能开始。

（二）第二个阶段：渗透与合作

在企业经营活动的价值链上，产业融合带来的边际收益大于边际成本的环节形成了价值链上通过产业融合实现增值的增长点。从融合过程采取的方式来看，主要有三种类型：一是从工业向生产性服务业渗透；二是从生产性服务业向工业渗透；三是两个产业密切相关的环节重组合作。

具体融合点和融合方式的选择，取决于融合净收益最大化的决策。可供选择的融合点主要是生产性服务业和工业具有密切供求关系的环节，如技术研发、维修、物流、管理咨询、广告、财务、金融等。在融合净收益最大化的原则下，供求关系上的依赖程度和专用性特征是融合点选择的重要因素。现代经济中，市场个性化和企业个性化的趋势日益明显，企业专用性特征对供求链条中某个环节的特定依赖性也在加强。这种依赖性导致企业对强化供求关系稳定性和规避"敲竹杠"风险的要求明显增加。如果在依赖性强的环节实现产业融合将有助于解决上述问题。在这种动力下，选出融合点后，工业企业将向为其提供服务的生产性服务领域渗透，把自己依赖性强的专用化服务融合进来；生产性服务业企业立足自身具有较强优势的服务领域向相关的工业领域渗透，形成稳固的服务需求；对于不具备自身跨行业扩展的企业，可以将两个产业的密切相关环节以资产重组、股权联合的方式实现长期稳定的合作。沿着以上三个路径，产业融合则从动因进入了实质性推进阶段，融合程度将逐渐加强。

（三）第三个阶段：共生结构动态稳定

不同产业实现融合，需要形成一个动态稳定的共生结构，这也是产业融合进入成熟阶段的标志。产业融合过程中的渗透与合作阶段，是两种产业相互作用、整合、调整、适应的过程。这个过程既包括生产技术和流程上的，也包括管理结构和治理结构及其机制上的。经过反复的调整与适应，最终只有形成了生产经营过程中的技术与流程共生和管理决策中的各利益相关者共生，才能有效地降低产业融合带来的成本，进而获得更高的融合净收益，这才是产业融合能够持续的根本保证。

在现实中，市场需求是不断发展的，技术是不断更新的，产业融合的利益点也必然随着变化。因此，即使形成了一定的产业共生结构，这种结构也不能僵化。融合净收益是产业融合的基本动力，随着融合净收益来源指向的调整，产业融合点与共生结构的具体形式也需要随着调整。因此，产业融合的成熟形态是一种动态稳定的共生结构与协调机制。

三　生产性服务业与工业融合发展的主要模式

生产性服务业与工业融合所形成共生结构的具体模式，在很大程度上是由两个产业的融合方式决定的。根据融合方式的不同，主要有工业主导型、生产性服务业主导型和合作重组型三种融合模式。

工业主导型融合模式是工业向生产性服务业渗透延伸的结果。这种模式主要是在工业企业中直接开展与自身紧密需求的生产性服务业，进而向相关生产服务业扩展的经营模式。融合的核心环节是工业企业主营业务发展所需要的具有依赖性强、专用性高的生产性服务业。通过这种融合达到增强工业主营业务竞争力和盈利能力的目的。工业企业的需要是融合过程的主要导向，在最终形成的共生结构中，工业需要也是决定性因素。这种融合模式是企业应对工业产品市场竞争日益激烈、创新要求不断提高的现实而产生的，主要出现在大型现代制造业尤其是高新技术制造业与技术研发、信息服务、物流服务等领域的融合。

生产性服务业主导型融合模式是生产性服务业向工业渗透延伸的结果。这种模式是生产性服务业企业将其核心优势项目所服务的工业领域纳入企业内部的经营模式。这使融合模式有利于生产性服务项目获得稳定的需求，有利于避免生产性服务项目由于信息不对称而遭遇的"逆向选择"损失，使优质的服务项目能够更稳定和充分地发挥促进工业效益提升的作用，同时使生产性服务业自身的价值也实现最大化。这种融合模式要以核心竞争力突出的生产性服务业为前提，工业在这里是对生产性服务进行价值实现和增值的过程，主要出现在科技研发企业、金融业等向工业领域的扩展。

合作重组型融合模式主要是工业和生产性服务业企业通过资产重组、股权联合等合作方式将两个产业的密切相关环节加以整合而形成的融合共生结构。主要特点是围绕具有较高市场潜力或新盈利增长点的领域，两个行业的企业将优势互补的资源整合在一起，以满足两个行业单独无法提供的市场需求。这种融合模式以市场需求为导向，针对性和灵活性强，而且为自身不具备跨行业扩展的企业提供了一个有效捕捉市场时机的便利，因此，主要出现在特色鲜明的中小型或创业期企业之间的融合。

第二节　产业融合助推产业发展的作用机制

一　产业融合促进供求匹配

从上文对产业融合动因和过程的分析可以清楚地看到，生产性服务业与工业融合之所以能够实现，其基础是高度相关的环节打破产业界限，形成共生结构。因此，产业链上下游的供求高度匹配，是产业融合的基本前提，也是重要特点。在融合形成的共生结构中，融合性与共生性决定了生产性服务活动能够尽可能地满足工业需要。对于工业需求的高度匹配，为生产性服务业提供了更广阔的市场，而且，融合形成的共生结构有利于减少需求信息传递的障碍，有利于降低市场需求的不确定性。这些使生产性服务活动有更充分的信息调整发展方向，实现服务供给能力升级，同时也能够获得更稳定的市场环境。

二　产业融合增强自生能力

产业融合实现的利益基础是它能够带来融合净收益。融合净收益尽管直接体现在经营利润的提升上，但背后则在于生产效率的提升和创新能力的增强。从工业方面来看，与生产性服务业的融合，为其提供了更有效的技术、物流、管理咨询、金融等服务，促进了资源利用效率的提高和生产成本的降低，进而推动了工业规模的扩大、产品多样性和技术含量的增加，推动了工业的持续升级。工业的升级必将提出对生产性服务需求的升级，从而开拓了生产性服务业的市场。从生产性服务业方面来看，更密切地与工业融合，能够更准确地把握工业未来发展的走向及其未来对生产性服务的需求方向，使生产性服务业不仅仅是被动地适应工业需求，而且可以创造条件，以更有吸引力的供给引领需求，形成供求交替升级的良性循环。在这种良性循环中，生产性服务业将盈利能力与创新动力有机结合起来，从而真正具备了发展的自生能力，避免了对工业的被动依赖，是生产性服务业可持续发展的基础，由此也带动了产业的升级。

三 产业融合降低交易成本和信息不对称

生产性服务业与工业的分工通过专业化可以带来效率的提升，但在获得服务的市场中也存在大量交易成本，随着生产的专业化和个性化程度不断提高，交易成本可能还将进一步提升。产业融合形成的共生结构将市场交易转化为经济主体内部的产业链协作，一方面，减少了信息搜寻、谈判、沟通、调整等成本；另一方面，融合共生结构形成了一种长期重复博弈的环境，在这种环境下，能够大大降低信息不对称而产生的"逆向选择"和"道德风险"问题。因此，产业融合降低了交易成本和市场失灵对生产性服务需求的不利影响，为产业发展提供了更大的利润空间和业务空间。

第三节 贵州生产性服务业与
工业融合发展路径

前面两节分析了生产性服务业与工业融合发展的条件、过程、基本模式以及产业融合对产业发展的促进机制。而贵州的经济基础和发展环境又有其自身特点，在这样一个具体经济环境的约束下，产业融合与生产性服务业的发展也需要从理论上进一步做出更有针对性的分析。

一 贵州经济条件与产业融合"瓶颈"

贵州具有自身的经济条件和经济发展环境，其中一些因素制约了生产性服务业与工业的融合。为了突破这些"瓶颈"，首先要对这些问题进行梳理和分析。

（一）工业生产经营方式以传统为主，对生产性服务的创新性需求不足

贵州的工业结构中，高新技术产业比重较低；在传统工业企业中，技术水平相对落后，受到资金和人才不足的限制，技术更新较慢。工业增长方式以往主要依靠物质资本投入的传统模式。这种生产经营模式造成产业链处于相对僵化的状态，缺乏活跃的新兴增长点来激发对生产性服务的创新性需求。同时，工业中这种相对僵化的技术条件和经营模式对高度专业化的生产性服务依赖性较弱。这就到导致维修、技术、管理、销售的服务内容相对一般化和简单化，工业企业内部的辅助部门能够完成，而且这些部门的扩张性较弱；对生产性服务业较大规模的需要主要是物流和金融方面，而这些方面的需求模式也较为一般化，因此，通过外包和市场交易形式一般就能解决问题，从而弱化了将生产性服务业融入的动力。

（二）生产性服务业发展不充分，整体产业层次偏低

生产性服务业的发展是现代工业发展特别是高新技术产业和个性化生产发展的结果，贵州工业由于在上述几个方面相对薄弱，对生产性服务的需求较小，生产性服务业自身的发展也受到制约。这导致生产性服务业主要集中在基础性的维修、物流、租赁、劳务等领域，专业化的科技服务、管理咨询、金融服务等领域比重较低。使生产性服务业不仅规模小，而且产业层次和技术含量较低。低层次和低技术含量又导致生产性服务业缺乏核心竞争优势，它们主要在维护工业正常运行和产品价值实现方面发挥作用，在促进价值增值上的能力有限。由此使生产性服务业从供给上降低了融合的吸引力。

（三）产业链短，融合利益增长点少

由于区位条件、基础设施、资金和人力资本水平等因素的制约，贵州的产业往往仅占有生产链条环节上很短的部分。在现实中，欠发达地区利用自然资源相对丰富和劳动力成本低廉的优势，主要从

事产业链中的资源开发和粗加工、劳动密集型的加工或装配等环节。按照"微笑曲线"所描述的情形，位于产业链中游的生产环节附加值最低。欠发达地区的工业多处产业链中游；而上游的技术研发、高新装备制造和下游的深加工等环节多在相对发达地区。这使贵州的产业链不仅较短，而且附加值低，盈利拓展空间被压缩在较小的范围内。在较短的生产链条上，生产性服务业与工业可供合作的结合点相对要少，而且较低的盈利拓展空间使产业融合能够带来的收益空间缩小，加大了融合利益增长点的获取难度，抑制了产业融合的积极性。

（四）经济地理格局分散，基础设施相对薄弱

总体来说，贵州以典型的山区省份，没有面积较大的平原支撑，这种自然地理条件导致经济地理格局较为分散，产业集聚程度相对于发达地区较低。经济地理格局分散、产业集聚程度低，一方面限制了市场规模和潜力，另一方面难以获得经济集聚带来的技术溢出和创新活力。此外，受到地方财力和自然环境等方面的制约，贵州交通、信息、城市建设和公共服务等基础设施条件仍有许多薄弱环节，这也进一步加剧了产业集聚的难度。这样的环境，不仅存在较为严重的空间阻隔，而且降低了生产性服务业与工业融合发展的需求动力。

（五）市场环境不完善，政府引导力度不足

生产性服务业与工业从独立走向融合必然需要经历大量的信息搜寻、商业谈判、服务产品交易、资本重组等，是一个漫长的合作、渗透、协调的过程。在相对完善的市场环境下，信息更加充分、法制更为健全、政府行政效率较高，这样，外部环境都有利于产业融合过程中减少交易成本。但在欠发达地区，市场环境往往不够完善，使产业融合的成本和不确定性更高。

此外，政府也是促进产业发展与融合的重要力量。根据王晓红等（2013）的研究，美国、欧盟、日本、韩国等发达国家政府实施了一系列促进生产性服务业发展的政策，有力地推动了制造业与服务业融合，主要包括税收优惠和财政补贴、扶持专业教育和培训、

融资支持、放松管制和反垄断等方面。但是，在欠发达地区，地方政府受到财政资金短缺和行政管理能力不足等的制约，在促进产业融合的资金支持、公共服务供给、人才培养等方面所发挥的作用仍然比较小。

二 推动贵州产业融合的路径选择

生产性服务业与工业的融合发展至少具有三个方面的效应：价值链升级效应、产业结构升级效应和创新优化效应。从价值链角度来看，产业融合使工业与生产性服务业的结合更加稳定，服务供求能够更有针对性地对接，两个产业的竞争力和附加值都能更好地得到提升。从产业结构来看，生产性服务业与工业的融合是两者相互渗透、相互扩散形成的，不仅促进技术结构和生产方式的升级，而且导致了企业内部组织结构的创新。从促进创新的角度来看，产业融合过程中产生的新技术、新产品、新服务在一定程度上满足了消费者的需求，并取代了某些传统技术、服务或产品，改变了传统产业的生产与服务方式，促使技术创新进而带动产品与服务创新（綦良群、赵龙双，2013）。

产业层次偏低、经济活动处于价值链低端、创新能力不足是制约贵州产业发展的重要方面，而生产性服务业与工业的融合发展对于突破这些制约具有十分积极的作用。大量研究已经表明，两个产业的融合能够有效地提高制造业的生产效率（江静等，2007；宣烨，2012），从而也带动生产性服务业进一步发展，实现良性循环。这一过程对于贵州产业实现转型和发展具有重要意义。因此，促进贵州生产性服务业与工业的融合发展也很有必要放在关键性的战略位置上。

目前，贵州已经进入新型工业化推动经济社会转型发展的新阶段，转变经济发展方式、加快结构调整是保持又好又快发展的重要手段。产业融合作为近年来方兴未艾的产业发展模式，在贵州新型工业化中应该积极推进产业融合发展。新型工业化是通过推进产业结构优化升级，形成以高技术产业为先导、基础产业和制造业为支撑、服务业全面发展的产业格局。为此，需要优先发展信息产业和高新技术产业，并以此改造传统产业，促进工业升级。在工业化进程中，引入信息化，改变传统经济模式，推动技术的变革、业务流程的重组和企业组织管理模式的创新。此外，新型工业化本身就是全方位、立体化、协同性推进的过程，这一过程必然包含着工业与生产性服务业的相互促进。新型工业化的创新性、变革性和协同性特征，对生产性服务业产生了前所未有的需求，这种需求不仅领域广、层次高，而且密切结合的要求高，这不仅可以通过提供广阔的市场空间为生产性服务业发展奠定基础，而且也为两个产业加强互动、最终走向融合提供了条件。

贵州推进生产性服务业与工业的融合发展的总体思路是：充分利用比较优势和后发优势，夯实产业基础，培育自生能力；抓住区域产业转移机遇，通过精准性和配套性策略，形成产业融合的核心竞争力；以市场引导为基础，政府在制度优化、公共服务供给和基础设施改善方面，发挥更大助力。

具体发展路径需要抓好以下三个关键环节：

（一）明确改革方向，政府积极引导

尽管产业演进的基础力量是市场，但是，从国际经验来看，无论是发达国家还是发展中国家，政府在推动产业演进方面都具有重要作用（陈淮，1999）。林毅夫（2012）也认为，在市场机制之外，还内在地要求政府在推动产业结构和基础设置升级的过程中发挥积极的作用。政府行为的效果取决于政府的作用领域和方式。大量理论和经验研究已经表明，政府行为应主要作用于弥补市场机制的不足。在现实中，企业对它们所面临的大部分交易费用往往无能为力，这些交易费用主要取决于政府所提供的硬性和软性基础设施的质量。硬性基础设施主要是指交通、信息、电力和其他公共设施等物质条件；软性基础设施主要是制度、规制、社会资本、价值观体系以及其他社会和经济安排等。

前面的分析已经表明，欠发达地区在硬性和软性基础设施方面都存在很多薄弱环节，增加了产业融合的交易成本，制约着产业的融合发展。因此，在推进产业融合的过程中，首先就要找准欠发达地区在硬性和软性基础设施上的"瓶颈"，抓住我国全面深化改革的机遇，改善软性基础设施质量，消除体制性障碍，减少不必要的行政审批，完善法制环境，提高行政服务效率；加快硬性基础设施发展，特别是在交通和信息两个关键领域投入更多力量，不仅要利用财政资金，更要建立良好的融资环境，充分吸引社会资本进入。在加快改革、完整制度方面，政府先行从理论上和实践上都是可行的，只要有决心、有合适的改革策略，就能够取得成效。同时，随着中国经济实力的增强，资本丰裕度也在增加，面对欠发达地区开放的潜力，吸引更多社会资本与财政资金一起加快基础设施建设也是有很好条件的。政府首先行动起来，建立起良好的制度环境和硬件条件，将为欠发达地区的产业融合发展扫除外部障碍。

（二）夯实产业基础，培育自生能力

从国际经验来看，发达国家在生产性服务业与工业在融合过程中一般经历了三个主要阶段。

第一个阶段是分工深化阶段。20 世纪 70 年代以后，发达国家工业结构进入调整阶段，企业活动集中于生产经营，服务活动逐渐社会化、专业化、外包化，由此形成了各类生产性服务业。

第二个阶段为互动阶段。这一阶段，生产性服务业稳定发展，产业组织形态出现集群化特征；生产性服务业与工业的互动发展开始显现，彼此合作开始稳定，出现双向互动的啮合现象，出现了群对单、群对群的互动模式。

第三个阶段为融合阶段。这一阶段，产业集群不断升级发展，随着集群结构不断优化，形成"横向群集、纵向链集"的工业集群、生产性服务业集群并行的产业簇群，内部形成良性的资源共享机制，生产性服务业与工业呈现交融状态，共同推动经济结构转型升级（王晓红等，2013）。

发达国家的经验表明，良好的产业融合需要以生产性服务业与工业的专业化分工和互动达到一定深度为基础。但是，目前欠发达地区，工业总体上规模较小，产业链偏短，科技含量相对不足，生产性服务业发展滞后，两个产业互动领域单一、层次较低。在这样的条件下，推进产业融合首先要从夯实产业基础着手。

在市场经济中，产业发展要以自生能力的不断增强为基础。充分发挥比较优势是最大限度创造经济剩余、保持和增强产业自生能力的有效途径（林毅夫等，1999）。目前，我国西部欠发达地区的比较优势主要体现在自然资源丰富、土地价格较低、劳动力资源相对充足等方面。发展的关键是不能把这些资源像过去那样用于传统、粗放的低端产业；而是引导这些优势资源更多地向自然资源深加工、现代制造业和战略性新兴产业等高技术、高效益、高附加值产业转移。同时，利用后发优势在起步阶段可以降低技术研发成本，少走弯路。用资源、土地、劳动力的成本优势吸引前景好的成熟技术引进。以工业产业升级为引领，进而带动生产性服务业的发展。工业产业升级是在充分利用比较优势的前提下实现的，具有较强的竞争力和自我发展能力，而且这种发展也能够为自主创新提供长期支持，实现从静态比较优势向动态比较优势转化。可持续的工业升级必然带动生产性服务需要规模和层次的不断升级，生产性服务业也将获得更大的发展空间，加之劳动力和土地成本较低，生产性服务业的发展速度能够明显加快，进而又促进工业的创新与效率提升，由此进入生产性服务业和工业的良性互动过程。

（三）选择融合策略，形成核心竞争力

产业演进尽管有其阶段性，但在技术、信息及其他要素可以高速流动的现代经济环境中，在遵循产业演进基本规律的前提下，产业演进步伐大大较快，后发国家和地区的产业成长并非必然按照产业的一般顺序线性发展，可以是跨越式的。例如，印度就抓住了软件技术的机遇，通过跨越式发展，成为软件出口强国。因此，欠发达地区也可以在夯实产业基础的同时，选择有条件的结合点，加速实现产业融合。这种融合具有很强的引领性，对带动两个产业的发展和升级都具有重要意义，绝不能错过时机。但它也有探索性，各方面的条件还不完全成熟，因此，选择合适的产业融合策略就更加重要。

在产业融合策略上，贵州需要强调精准性和配套性。在总体的产业基础和发展层次条件还不充分的条件下，生产性服务业与工业的融合只能先从竞争力和比较优势最突出的几个方面开始。这些融合点的选择要强调精准性，根据具体情况，可以瞄准资源开发利用的高新技术、现代物流、产业信息化改造与平台建设等环节。以最有竞争力的工业企业为基础，选择企业生产链中最有引领作用、最具发展潜力的节点，通过其生产服务升级，实现加快融合的进程。精细选择的融合点价值增值能力强，由于数量不多，可以尽量减少融合成本。这样，有利于尽量保证起步阶段每个融合性充分发挥效益，为进一步扩大融合范围创造条件。

在融合环节选择突出精准性的同时，在具体推进中，还要强调整体配套。欠发达地区的产业融合环节往往属于产业链上的突进点。由于原有产业基础薄弱，在当地寻找配套可能难以满足需要。因此，生产性服务业与工业的融合需要多个服务行业的综合配套式融合。例如，在资源深加工领域，可以与技术开发、信息服务和专业化金融服务等进行配套融合，其中，以技术开发为核心并且保证信息和资金方面的持续支持。配套式融合在起步阶段如果工业企业实力相对不足，可以更多地探索合作重组的融合模式，将密切关联的业务通过资本重组的方式，建立新的经济主体而实现融合一体，工业和生产性服务业企业按其参与的业务资产估值和合作协议持有股份。精准选择的融合点具有更高的效益增长潜力，综合配套的融合方式进一步保障产业融合后能够顺利、有效地运作，两者结合起来，有利于融合环节形成，有利于不断提升核心竞争能力，实现可持续发展。

第四章　贵州产业转型与发展的思路、特征与动力

　　"十三五"时期，是贵州与全国同步全面建成小康社会、确保现行标准下贫困人口全部实现脱贫的决胜阶段，也是推进供给侧结构性改革，加快培育新动能、发展新经济、促进经济转型升级的关键时期。从贵州自然生态条件、经济社会发展目标和产业发展的新形势、新要求出发，贵州产业转型与发展应坚持绿色、融合、共享有机统一的总体思路。

第一节　贵州产业转型与发展的总体思路

一　基本原则

（一）守住发展与生态两条底线

　　贵州的产业发展既要金山银山，也要绿水青山。确保加快发展丝毫不松懈、生态环境保护丝毫不动摇。合理有序地开发利用资源，提高资源利用效率，加快产业绿色化转型，发展循环经济，严格执行节能减排和生态环保目标。以生态文明建设的理念和要求实现产业发展与生态环境改善的协调互动。

（二）坚持赶超与转型两大主题

　　奋力赶超、加快增长是贵州摆脱落后的基础，继续着力增加总量，扩大规模，提高增速，为稳增长、促就业、支撑全面建成小康

发挥积极作用。同时，以转型推动增长质量提升，加快产业结构优化和技术换代，切实推动贵州三次产业向信息化、智能化、生态化、集约化转型。

突出质量与效益两个关键。把提高产品质量和经营效益作为提升贵州产业竞争力的切入点。推动企业质量管理创新，引导企业开展品牌体系建设，提高品牌产品的质量水平，打造国内外知名品牌，以品牌建设拉动产品创新和产业升级，扩展市场空间，培育新兴增长点。着力从劳动生产率、产品附加值、企业利润率、资源利用率、投入产出率等方面提升经营效益，增强经济主体自生能力，为发展和转型奠定微观基础。

（三）强化创新与开放两大动力

把自主创新作为新时期贵州产业发展的基本动力，进一步深化改革、简政放权，为"大众创业、万众创新"积极搭建平台，营造良好氛围，提供保障措施。完善科技管理和创新激励机制，增强自主创新能力，壮大创新人才队伍，推动成果转化和产业化。进一步扩大和深化开放、合作领域，消除区域壁垒，探索区域合作路径，贵州切实融入国家重大区域发展和对外开放战略之中，积极利用国内、国际两大市场资源，以开放促进改革，以开放带动转型。

（四）抓住"互联网＋"与大数据发展重大契机

信息基础设施建设先行，积极探索"互联网＋"与各类产业深度融合的创新应用模式，推动个性化定制、按需制造、众包众设、异地协同设计等试点，加速以生产者、产品和技术为中心的生产模式向社会化和用户深度参与转变。加快推动大数据在农业、工业、服务业各领域的应用。引导企业应用物联网、云计算、大数据等技术，提供产品全生命周期服务，拓展产业价值链和企业盈利的新空间。加快工业互联网建设试点与规划，为实现智能制造提供必备基础。在重点行业中，条件较好的骨干企业组织实施智能制造单元、智能生产线、智能工厂试点示范专项行动，制定智能制造发展规划，确定发展路线图，明确方向和重大布局。

二 总体思路

贵州产业转型与发展，应坚持绿色、融合与共享的有机统一。绿色发展是贵州产业转型和发展的基本前提，也是基本要求，是贵州生态环境特点所决定的；在产业融合中，实现产业转型升级是贵州产业发展的重要手段，是现代产业发展的内在规律和实践要求所决定的；共享发展是贵州产业转型和发展的根本目的，是落实"以人民为中心"的发展思想、全力助推贵州脱贫攻坚的基本要求所决定的。

贵州产业转型与发展的总体思路是：牢牢守住发展和生态两条底线，坚持在转型升级中加快发展，推动传统产业与新兴产业协调发展，加快产业绿色化转型，强化产业间深度融合，不断提升产业发展质量，扩大和深化开放，注重消化吸收，着力发挥产业发展对贵州脱贫攻坚的支撑作用，是走出一条在"大统筹"中实现第一、第二、第三产业的联动发展的绿色、共享之路。

贵州产业转型与发展要突出绿色发展特征。绿色产业是指按照绿色发展理念和生态系统运行规律组织起来的，基于生态系统承载能力，采用清洁生产技术，低能耗、低污染、高循环利用，人与自然协调发展的产业类型。绿色产业是一种新的产业发展模式，它通过对工业文明时代传统生产方式的改造和提升，最大限度地减少生产和消费过程中对自然资源的消耗和对生态环境的破坏，形成生态环境保护与经济效益提升的长期可持续互动，是平衡经济发展与生态环境保护的重要支撑点。贵州绿色产业的发展应包括两方面内容：一是产业绿色化；二是绿色资源产业化。产业绿色化重点是对现有产业进行生态化改造，有效控制其对生态环境的破坏，节约资源，降低能耗，较少排放，实现产业绿色发展；绿色资源产业化就是要在可持续发展和永续利用的前提下，依托贵州的优势生态环境资源，发展相应的产业，实现生态环境保护收益的价值化、货币化。

面对贵州相对良好但又较为脆弱的生态环境条件，一方面良好的生态环境为绿色产业发展提供了基础，另一方面其脆弱性要求贵州的产业发展必须以充分保护生态环境为前提，贵州在新型城镇化和扶贫开发过程中需要更加注重产业发展的绿色化和生态化要求。发展绿色产业是贵州发挥生态环境比较优势、避免陷入生态环境恶化陷阱的理性选择。只有以绿色产业支撑的城镇化，才能真正实现产、城、景良性互动，才能聚拢人气，才能全面提升居民生活质量；只有以绿色产业为动力，才能跳出贫困与生态恶化的恶性循环，在"绿水青山"中集聚"金山银山"，实现可持续的脱贫和发展。

贵州的产业转型与发展要适应和利用好山地条件。一是在产业发展方向上，要更加突出贵州山地优势资源的利用，在能源、矿产的深加工和高效利用上加快升级，在药材、特色农产品、动植物资源利用和深加工方面形成规模，打造知名品牌，利用良好的生态环境和丰富的文化资源增加产品附加值。二是在空间布局上，要突出基础设施先行的关键作用，采用更加集约的生产方式，减少对土地的依赖，充分发挥中心城市和产业园区的聚集及支撑作用。三是在产业业态上，要加快工业与电子商务、物流、旅游、大数据、大健康、山地高效农业等产业的融合，形成具有特色优势的混合型、一体化的业态模式。

贵州的产业转型与发展要在"大统筹"中实现第一、第二、第三产业的联动。"大统筹"是指在贵州产业转型发展过程中达到人与自然，省内与省外，城镇与乡村，农业、工业与服务业，物理生产过程与互联网信息技术等多方面的统筹与协调。以人与自然的统筹，实现产业的绿色发展；通过进一步深化开放，融入"一带一路"、长江经济带建设、《中国制造2025》等重大国家发展战略，统筹利用省内与省外两种资源，为贵州产业发展补短板、展优势、扬特色；在新型城镇化进程中，通过城乡统筹，促进资源和劳动力的合理流动，扩展产业发展的市场空间；在农业、工业与现代服务业协调互动中，实现贵州产业的结构优化和转型升级；在物理生产过程与互联网信息技术的深度融合中，推动贵州产业向创新驱动、质量效益竞争优势、智能化和服务化转变。

第二节　贵州产业转型与发展的主要特征

贵州的产业转型与发展必须立足贵州自身条件，从当前发展阶段和面临的形势出发，走出一条有别于东部、不同于西部其他省份的发展新路。为此，贵州的产业转型与发展就需要体现出以下八个原则和特点。

一　发展速度与质量统一

注重经济效益和发展质量是我国转变经济发展方式的基本要求，但在贵州经济发展相对滞后、赶超要求迫切、脱贫攻坚和全面建成小康社会任务艰巨的省情下，在保证产业发展质量、加快转型升级的过程中，增长速度也绝不能滑出底线。在全国经济增速放缓的背景下，贵州产业发展要走出高增速与高质量并行不悖的发展新路，这是贵州省情特点的必然要求，同时也是完全可行的。一方面，只要理顺机制、良性互动，速度与质量之间就能相互转化和促进。较高的增长速度可以为转型提质创造宽松的条件和物质基础，提高发展质量、转变发展方式是提供增长新动力的基本保障。因此，赶超与转型"两手抓"，着眼于"赶"，着力于"转"。以"赶"为目标，以"转"为手段，在"赶"中实现"转"。确保产业增长不失速的同时更加注重发展质量，切实完成结构调整和转型升级。高增速发展与高质量发展具有辩证的一致性。另一方面，在转型提质中保持高速增长的基础条件也是具备的。从自身看，贵州传统产业转型加快，大数据、大健康、大旅游等产业快速发展、初见成效，产业结构更加优化，动力来源更加多元；自然资源丰富，深度开发潜力大；区位优势逐渐凸显，交通明显改善；人力资源丰富，劳动力成本较低；国家支持贵州发展政策效应逐渐释放；贵安新区和黔中经济区发展引擎作用日益显现。从外部机遇看，"一带一路"、自贸区建设等国家开放战略和长江经济带、珠江—西江经济带等国家区域战略与贵州独特的资源、区位优势相结合将形成巨大的发展新空间；围绕《中国制造2025》战略展开的"互联网＋"、智能制造浪潮将为贵州产业升级和新增长点培育提供新机遇。这些都为贵州产业在转型升级和质量提升中实现快速发展奠定了基础。

二　传统产业与新兴产业协调发展

要保证贵州产业增长速度，就必须调动一切支撑发展的力量。煤炭、化工、冶金、有色、特色轻工业的传统产业是贵州的优势产业，对贵州经济的支撑作用巨大，目前不能盲目放弃，这是省情所决定的，也是稳增长、惠民生的需要。但是，传统产业的发展不能在延续外延式、粗放式的老路，要切实完成"四个一体化"，推进信息技术深度融合和智能化、生态化改造。让传统产业具有新内涵、新模式、新业态。同时，积极适应产业变革新浪潮，围绕大数据、大健康、生态旅游、现代高效农业、新建材、高端装备制造、节能环保等新兴产业，形成竞争力、抢占制高点，在新一轮国家产业格局中占有不可替代的地位。"十三五"时期，贵州的产业发展格局，必须既顺应产业变革潮流又符合现有省情，坚持"两条腿"走路，加快形成传统产业转型发展、新兴产业亮点凸显的协调发展新局面。

三　牢固坚守绿色发展底线

贵州的独特优势在生态良好，贵州未来发展的根基是生态环境。要将始终坚守绿色发展培育作为贵州工业发展的显著特色。一是切实加快产业生态化改造，不能片面、短视地求发展，不能以生态环境换取短期增长。二是积极开拓生态资源的资本化、产业化发展路径，把保护生态环境的经济价值创造出来，惠及民生。把生态资源与良好的基础设施和服务软环境结合起来，吸引国内外知名企业的新一代生产、研发基地和更多新兴产业落户贵州，用"青山绿水"引来"金山银山"。从未来产业发展的趋势来看，良好的生态环境是高端、高新产业发展的重要基础之一，守住绿色发展底线不仅具有生态环境意义，而且更具有提升经济价值的意义。

四 产业合理聚集，点线面有机结合

缺乏平原支撑的山地自然条件是贵州的基本省情。在这样的条件下，贵州工业发展的空间格局必须与之相适应，产业布局需要更高的聚集程度和更强的专业化分工。为了不占用生态用地，工业用地要尽量压缩，提高土地集约利用程度，增加单位土地的经济密度，避免分散式发展模式。贵州的工业用地单位土地开发强度应高于以平原为主的省份。由于受到空间限制，要发挥聚集效应和规模效应还要进一步提升产业园区的专业化程度，以主要交通线串联高度聚集的专业化园区，以线连点、以线带面，构建分工网络、产业板块和经济片区。因此，形成园区高度聚集、专业突出、分工有序、繁星闪亮、网络顺畅、板块清晰的发展格局，应成为贵州产业发展空间布局上的特点。

五 重点突出，以精、专、深为导向

从贵州产业发展的整体基础看，各领域遍地开花的条件还不够，贵州产业在全国的地位提升依靠规模比拼在短时期内不具优势。因此，贵州产业要更多地在做强、做特上下功夫，集中力量，重点突破，不是铺摊子，而是攥拳头。在煤炭、化工、冶金、有色、装备制造等重化工行业，白酒、茶叶加工、特色食品等优势轻工业，大数据、大健康、新建材、节能环保等新兴产业中，根据比较优势和市场前景，选取重点产品、关键技术，以精、专、深为导向，集中优势资源，在一批重点领域先行突破，形成竞争力、占领制高点，确立贵州标准，打响贵州品牌，再逐步带动相关产业集群发展。

六 产业深度融合，强化联动发展

贵州农村发展的需求迫切，同时特色农业资源又十分丰富，产业化程度低、加工深度不足是突出短板，贵州工业发展需要担负起拉动农业、补足短板的责任，这是贵州省情决定的。同时，工业服务化、工业与现代生产服务业深度融合也已成为明显发展趋势，贵州必须把握时机，加深与三次产业的融合互动，这是时代潮流的要求。因此，贵州的产业发展不是产业内部的自我循环，是在三次产业联动基础上实现深度融合的统筹发展新路。

七 内外互动，"消化式"开放

随着交通基础设施明显改善，贵州的区位优势将更加凸显，抓住"一带一路"、内陆开放型实验区建设、长江经济带、珠江—西江经济带等国家战略的契机，贵州对国外和国内省份的开放将更加广泛和深入。但传统开放模式中，两头在外、依靠廉价劳动力的加工模式和自然资源输出模式都不可持续，不是适合贵州发展的道路。贵州的开放应该探索适应国际形势变化和自身特点的新模式，开放要更加注重内外互动，强调外部因素的消化、吸收和向自生能力的转化。充分发挥贵州区位上的特点，在创新要素领域和中间投入领域，进一步扩大和深化开放。一方面，利用通道优势占据国内外产业分工链条的重要环节；另一方面，加大配套研发和消化吸收投入，瞄准高端、新兴产业的引进，创造条件促进专业人才聚集，着力培育自主发展能力，带动贵州产业结构转型升级。

八 产业发展有效支持脱贫攻坚

贵州是我国"十三五"时期扶贫攻坚的主战场，贵州扶贫脱贫没有"选择题"，只有"必答题"。加快产业发展是减少贫困的基础，贵州的产业转型与发展必须承担起这一重任，产业发展的成果必须落实为能让最广大人民群众普遍享有的获得感。要在产业转型发展中落实"共享"理念的要求，能够让贫困人口在产业发展中获得稳定的就业、增收渠道，培育期贫困人口的自我发展能力，不仅其他们能尽快脱贫，而且建立起保障长期发展的可持续生计基础。

产业发展有效地发挥带动贵州脱贫攻坚的作用，关键需要建立起城乡联动的产业链条。一方面，产业发展要与城镇化过程充分融合、相互支撑，不仅为城镇化提供可持续的产业基础，而且也要借助城镇化的机遇提高产业层次，拓展市场空间。另一方面，产业发展也要连接广大农村地区，通过构建三次产业融合联动的产业链条，激活农村经济潜力，把城乡产业、就业和发展机会充分整理起来，通过城乡联动的产业链，增加农村人口就业，实现精准扶贫的目地。

第三节　贵州产业转型与发展的动力来源

一　以简政放权，激发"改革红利"

党的十八届三中全会强调，经济体制改革的核心问题是处理好政府和市场的关系，使市场在资源配置中起决定性作用和更好地发挥政府作用。政府对微观经济运行干预过多、管得过死，重审批、轻监管，不仅抑制经济发展活力，而且行政成本高，也容易滋生腐败。简政放权激发了市场活力和社会创造力，促进了稳增长、调结构、惠民生，也推动了政府治理能力提升和廉政建设，一举多得。加快简政放权，需要进一步减少不必要的审批事项，精简审批中介评估事项，简化审批流程，清理企业登记注册和办事关卡，取消不合法、不合规、不合理的收费，切实降低创业和创新门槛。

简政放权的同时，要进一步完善政府服务职能。政府要为"大众创业、万众创新"提供必要的税收减免、财政补贴和法律、信息、融资等平台服务。政府推动对大学生的就业创业指导服务和农民工的职业技能培训。这些服务有的政府部门可以直接提供，有的可以向专业机构购买，有的还要鼓励中介组织等积极参与。进一步提高政府服务便捷度，提高政务服务中心和办事大厅的服务效率，实行一个窗口受理、"一站式"审批、"一条龙"服务。

二　以人力资源结构优化，保持"人口红利"

"十三五"时期，贵州在劳动力供给数量上具有保障。1980—1995 年，贵州人口出生率平均值为 22.6‰，高于同期全国平均水平约 2.3‰，这一阶段出生的人口目前在 20—40 岁，保障了未来一个时期内贵州籍青壮年劳动力比重不低于全国平均水平。但贵州人力资源的核心问题是青壮年和受大专以上教育的高素质劳动人口大量外流。贵州工业发展离不开人力资源的有力支撑，在全国总体上劳动年龄人口比例趋于下降、"人口红利"逐渐消失的大背景下，贵州籍劳动人口比例仍具有一定的优势，只要合理优化贵州人力资源结构，贵州还能保持一个时期的"人口红利"。一方面，加快城乡统筹，将工业化与城镇化协调起来，吸引外出工作的青壮年劳动力回贵州就业、创业。在省内加快户籍制度和社会保障制度改革步伐，通过更为稳定和可持续的安置措施引导劳动力回流。另一方面，分层次推进人力资源质量提升工程。加大职业技能培训，提高一线产业工人整体素质；进一步优化人力资源市场化配置机制和人才服务体系，提高大专以上人员留黔、返黔比例；切实创新高端人才管理模式，以贵州发展需求与高端人才工作条件要求合理平衡为基础，以省直管制、项目制、合作制等方式，聚集一批贵州产业发展急需的领军人才。

三　以脱贫攻坚聚人心、鼓干劲

脱贫攻坚是"十三五"时期贵州经济社会发展的重中之重，为了落实国家脱贫攻坚规划，推动大扶贫战略行动，促进科学治贫、精准扶贫、有效脱贫，加快贫困地区经济社会发展，实现与全国同步全面建成小康社会，贵州已经积极建立起了以政府主导、社会参与、多元投入、群众主体为原则的全面、系统的"大扶贫"工作格局。在具体措施上，贵州提出了基础设施建设、发展生产、易地扶贫搬迁、生态补偿、发展教育和医疗、社会保障兜底六大脱贫攻坚战略，其中促进产业发展是脱贫攻坚的重要举措。

脱贫攻坚为贵州产业转型发展凝聚了人心、鼓舞了干劲。产业发展与脱贫攻坚的紧密联系使贵州的产业转型发展具有了更强的使命感，由此也增加了更多的必胜决心。从确保贵州脱贫攻坚任务顺利完成的要求出发，有利于政府和企业提高加快贵州产业转型发展迫切性的认识，有利于调动社会各界参与和支持贵州产业转型和发展的积极性，有利于凝聚改革和发展的共识、化解分歧和矛盾。同时，产业发展与脱贫攻坚的有机统一，能够使广大人民群众扩大就业，增加收入，丰富商品和服务，是真正"以人民为中心"的产业发展，能够得到更加广泛的社会支持尤其是贫困居民的支持，为贵州产业转型发展营造出"人心齐、泰山移"的良好发展氛围。

脱贫攻坚也为贵州产业转型发展提供了巨大的机遇。一是扶贫开发过程为贵州产业发展提供了许多新空间、新领域。一方面，扶贫开发中的基础设施建设、易地扶贫搬迁、生态建设扶贫等项目都为贵州产业发展提供了大量新的空间。另一方面，各地在扶贫开发中因地制宜，积极探索农村生态旅游、农村电子商务、特色农业生产、民族文化产品开发等项目，丰富和拓展了贵州产业发展的新领域。二是用于扶贫产业发展的扶贫资金支持缓解了产业转型升级的资金"瓶颈"。三是技术扶贫与产业发展结合能够有效地提升农业和乡镇小微企业的技术水平。四是精准扶贫过程中的农村贫困人口转移就业、劳动技能培训等措施，为产业发展提供了大量具有一定基本技能的劳动力资源。这里劳动者工资成本相对较低，对工作机会十分珍惜，为保持贵州产业发展的"人口红利"具有积极意义。五是脱贫攻坚中，通过发达地区和大型企业的对口帮扶，促进了人才交流、技术引进和产业转移，有助于推动贵州产业转型升级。

四 以城镇化挖掘产业发展的市场潜能

新型城镇化对贵州产业发展具有至关重要的推动作用。2016年，贵州城镇化率（城镇年末常住人口占总人口比例）为44.15%，同期全国常住人口城镇化率为57.35%，贵州低于全国13.3个百分点。由此看来，目前贵州的城镇化水平还偏低，"十三五"时期将是城镇化快速发展的阶段。此外，新型城镇化作为国家发展战略，国家新型城镇化综合试点已经推开，未来中国各地城镇化步伐都将加快。这个阶段为贵州产业发展带来巨大机遇。

"十三五"时期，贵州产业发展要与新型城镇化统筹协调，充分挖掘和利用好城镇化将给产业发展带来的市场潜能。一是通过人口城镇化，切实解决农村人口向城镇转移后的落户、社保等问题，稳定劳动人口，为第二、第三产业发展提供充足的劳动力，避免"用工荒"和青壮劳动力过度外流，保持相对较低的用工成本。二是通过城镇化拉动工业品消费市场。大量研究表明，城镇居民的消费水平高于农村居民，城镇化蕴含巨大的消费潜力。在需求带动下，进一步增强日用消费品、纺织服装、农副产品和食品加工、电子信息、医药健康等产业的省内自给率，作为提高轻工业比例的重要动力。三是利用大规模城镇建设，发展建材产业和电力、新能源等产业，利用中心城市智慧城市建设，发展信息产业的基础设施和全面应用。四是通过城镇空间布局优化，加强产城依托互动，优化产业布局，强化产业园区主导产业发展，进一步提高产业聚集度；利用城镇化过程中的交通等基础设施建设，为产业发展提供更加便利和完善的外部环境。五是通过城镇化，加快服务业尤其是生产性服务业聚集和升级，利用工业与生产性服务业深度融合，创造新的附加值和增长点。

五 以信息化引领产业发展模式全方位升级

产业发展与信息化深度融合是贵州产业转型升级的重要动力。

国际上，工业互联网与智能制造的充分利用已经显示出其巨大的效能。例如，日本本田汽车通过采取机器人、无人搬运机、无人工厂等先进技术和产品，加之采用新技术减少喷漆次数、减少热处理工序等措施，把生产线缩短了40%，并通过改变车身结构设计，使焊接生产线由18道工序减少为9道，建成了世界最短的高端车型生产线。位于德国安贝格的西门子电子制造工厂，建成一套高度数字化的生产流程，产品和机器可互相交流，自动决定生产节奏以保证最终交付时点；升级后，在场地、员工不变基础上，产量扩大了8倍；自动物料运送系统保证物料在15分钟内从仓库到达生产线；产品合格率99.9988%，同类工厂中，全球最高。通用公司2012年11月发布的《工业互联网——打破智慧与机器的边界》的报告提出，在美国如果工业互联网能够使生产率每年提高1%—1.5%，那么，未来20年，它将使美国人的平均收入比当前水平提高25%—40%。国内一些企业也已经在信息化融合方面进行了积极探索，取得了很好的效果。例如，家电、服装、家具等行业正形成以大规模个性化定制为主导的新型生产方式，青岛红领、维尚家具、小米科技等一批创新型企业通过建立新的生产模式实现了逆势增长。工程机械、电力设备、风机制造等行业服务型制造业务快速发展，三一重工建立了智能工程机械物联网。陕西沈鼓集团建立了物联网远程监控服务平台，实现对机械设备的远程在线监控、诊断和报警。宝钢与供应商之间建立了供应商早期介入（EVI）和及时生产（JIT）体系。海尔集团基于大数据技术不断优化供应链管理，确保实时敏捷响应客户需求。大唐集团与上海电气等设备制造商建立了数据监测平台，借助大数据技术优化发电生产流程，改进电机设备。普天新能源搭建了新能源汽车充电、运营及车网一体智能服务平台，借助大数据为产品优化提供依据。徐工集团基于互联网开展对机械设备的在线、实时、远程和智能服务。北京泵阀基于互联网建立产品快速研发体系，拓展研发设计APP应用服务。在贵州发展中，合理借鉴这些新兴模式，充分利用好这次信息化、智能化浪潮将成为贵州产业跨越式发展的重要机遇。

第一，信息基础设施先行，加快部署高速、宽带、移动、融合的信息网络基础设施，继续推进产业集聚区的光纤网、移动通信网和无线局域网的优化升级。加快推动下一代互联网与移动互联网、物联网、云计算的融合发展，预留新技术应用空间，保证新老技术的兼容转换。

第二，创新生产和经营模式。当前互联网正重新定义制造业的研发设计、生产制造、经营管理、销售服务等全生命周期，以生产者、产品和技术为中心的制造模式加速向社会化和用户深度参与转变。充分利用生产环节与电商平台的交互作用，积极探索个性化定制、按需制造、众包众设、异地协同设计等"互联网＋"与各产业融合创新应用新模式，拓展"交互创造价值"新领域。

第三，充分利用和发掘大数据价值，围绕产品创新、生产线监测与预警、设备故障诊断与维护、供应链管理、质量监测等方面开展集成应用；组织开展大数据在各产业应用试点示范，选取典型行业骨干企业，围绕大数据在智能生产、物流、营销等方面的集成应用开展试点示范。

第四，加快智能制造试点，以航空航天装备、汽车零部件、电子信息、电力、磷化工、新医药、新建材、优质白酒、茶叶制品、特色食品等产业为重点，选择龙头企业建立智能制造（数字工厂）示范样板工程，围绕企业提高生产装备智能化、生产过程自动化、生产管控一体化、产业链协同网络化水平，实现生产全流程的自动化、网络化和智能化。

第五，推动制造业服务化转型。制造业正从以产品为核心到以消费者为核心、以生产为本到以"生产＋服务"或服务为本转变，服务化转型态势明显。鼓励企业发展在线监控诊断、融资租赁、全生命周期管理等新业务，拓展产业价值链和企业盈利的新空间。促进制造业与生产性服务业融合发展，重点发展信息技术服务、科技服务、第三方物流、电子商务、节能环保服务、检验检测认证、服务外包、专业金融、培训教育等生产性服务，形成支撑制造业升级转型的服务体系。

六　以创业、创新提供发展长效动力

"大众创业、万众创新"蕴藏着无穷创意和无限财富，是取之不竭的"金矿"，是新常态下推动经济发展的新引擎，也是未来产业发展的持久动力。目前，产业发展模式正面临着巨大变革，发展动力从要素驱动转向创新驱动，形态从单一行业发展转向多产业融合发展，组织形式从传统的"金字塔"管理结构转向"去中心化"的网络互动结构。在这样的背景下，只有营造起良好的创业、创新环境，真正激发起经济主体内在的创业动能和创新潜能，才能为产业发展提供持久动力。

推动"大众创业、万众创新"核心是消除制约创业、创新的关键性障碍。

一是建立新的流动人才管理办法和社会保障配套机制，消除人才流动中户籍、学历等限制，营造市场引导下人才自由流动的便利条件。

二是政府简政放权、放管结合。一方面精简行政审批，提高政府办事效能；另一方面在完善公平竞争市场环境、深化商事制度改革、加强创业知识产权保护、健全创业人才培养与流动机制改革等方面发挥更大作用。

三是积极搭建创业、创新平台，盘活闲置厂房、物流设施等，为创客空间发展提供低成本场地；加快发展创业孵化服务，大力发展第三方专业服务、"互联网＋"创业服务等配套项目。

四是对众创空间等办公用房、网络等给予适当补贴。对小微企业、孵化机构和投向创新活动的天使投资等给予税收优惠。

五是推动建立协同高效的创新模式。以企业为主体，通过整合政府、高等院校、企业的资源，形成了从应用研究、技术开发到产业化应用的技术创新链条，有效地解决创新中的"孤岛现象"，使

创新主体、创新各环节有机互动。围绕智能工厂和智能制造模式在行业的推广应用，建立跨领域、多层次的网络化、专业化、社会化智能制造创新服务组织，开展成果转化、检验检测、人才培训、标准推广、方案咨询等服务。

六是加快金融支持与金融创新。由财政联合社会资本设立创业基金，为优质创业、创新项目提供资金支持；创新融资方式，开展投贷联动试点，积极利用互联网金融和股权众筹等融资方式；抓住国家推动特殊股权结构类创业企业在境内上市和鼓励发展相互保险的机遇，支持一批优质企业拓展融资渠道。

第五章　贵州农村产业转型与发展

2016 年年末，贵州农村常住人口占全省常住的 55.85%[①]，贵州是我国农村人口比例较高的省份，大量的农村人口决定了贵州发展农村经济具有格外重要的意义。推进农村产业的转型与发展是农民增收的根本，是贵州摆脱贫困、实现城乡协调发展的基础。

第一节　贵州农村产业转型与
发展的背景和思路

一　贵州农村产业转型与发展的时代背景

（一）农业现代化为贵州农村产业转型与发展提供了新方向

农业的根本出路在于现代化，农业现代化是国家现代化的基础和支撑。实现农业现代化是我国农业发展的总体方向。近年来，我国的农业现代化已经取得了令人瞩目的成就，农业综合生产能力有效提升，农业基础设施和技术装备水平明显改善，农村产权制度和经营模式不断创新，农业与第二、第三产业的融合程度更加密切，现代农业发展的空间布局更加集约，发展生态友好型农业的共识更加明确。中国农业整体上正处在一个变革的时代，农业现代化的潮

---

① 数据来自贵州省统计局、国家统计局贵州调查总队《2016 年贵州省国民经济和社会发展统计公报》。

流为贵州农业转型与发展提供了新的方向。

以往贵州的农业发展受到自然和经济社会条件的限制，存在农业基础设施薄弱，农业生产规模小、成本高、效益低，农产品市场体系不完善，农民组织化程度低，农业科技水平相对滞后，农业生产给生态环境造成的压力较大，农民依靠传统农业的增收效果不明显等问题。加快推进贵州农业现代化，为解决上述薄弱环节提供了重要动力。按照"优质、高效、生态、安全"的现代农业发展要求，促进贵州农产品品种结构和质量水平不断优化，引导形成各具特色的农业产业带，推进农产品向优势生产区域集中与农业产业化协调发展；助推农民专业合作经济组织发展，创新农业产业化经营组织模式。把体制机制改革和科技创新作为两大动力，统筹推进贵州农村土地制度、经营制度、集体产权制度等各项改革，着力提升农业科技创新能力。妥善处理好农业生产、农民增收与生态环境保护的关系，大力发展资源节约型、环境友好型、生态可持续型农业，防止水土流失，遏制石漠化生态危机的蔓延；同时减少农药、化肥的使用，积极建设无公害农产品基地、绿色食品基地等。加快现代农业服务体系建设，弥补贵州在农业科技、产品销售、品牌建设等方面的短板。以维护农民权益与增进农民福祉为发展的出发点和落脚点，激发广大农民群众创新、创业、创造活力，让农民成为农业现代化的自觉参与者和真正受益者，切实保证贵州农民能够增收、脱贫。

（二）生态文明建设对贵州农村产业转型与发展提出了新要求

生态文明建设是我国在发展中反思以往不足，为创造更好的未来而提出的战略性发展理念。生态文明是指以人与自然、人与人、人与社会和谐共生、良性循环、全面发展、持续繁荣为宗旨的文明形态，是人类遵循人、自然、社会和谐发展规律而取得的物质与精神成果的总和。因此，要建设好生态文明社会，就需要树立尊重自然、顺应自然、保护自然的理念，以资源环境承载力为基础、以自然规律为准则、以可持续发展为目标，更加自觉地推动绿色发展、循环发展、低碳发展，把生态文明建设融入经济建设、政治建设、文化建设、社会建设各个方面和全过程，形成节约资源、保护环境的空间格局、产业结构、生产方式和生活方式。从人类生态学的视角看，人类生态系统是一个经济—社会—自然复合生态系统，生态文明建设需要包括人与自然相关的各个方面，这就对农业发展方式提出了新的要求。生态文明建设要求妥善处理好农业生产发展与生态环境承载能力之间的关系，坚持人与自然和谐共进的可持续农业发展道路。农业与自然生态环境具有高度密切的关联，生态环境没有替代品，良好的生态环境是农业生产发展和农产品质量安全的基础及前提。发展资源节约、环境友好、生态可持续、绿色无公害农业也是在实践中落实"绿色发展"理念的要求。

农业生产的绿色转型也是贵州资源环境状况的现实需要。一方面，以往由于农村人口增长和农业技术落后，贵州农业发展中存在低水平扩张耕地面积、片面追求农产品数量增长的问题，致使农业过多地消耗了资源，破坏了生态平衡，加剧了水土流失、石漠化和植被退化等，这种农业发展方式已经不可能再持续下去。另一方面，贵州的资源环境条件有其特殊性。贵州是全国唯一没有平原支撑的内陆山区省份，国土面积中山地、丘陵占92.5%，喀斯特岩溶出露面积占61.2%，是西南喀斯特生态脆弱区中心。[①] 在全省耕地面积中，坡度大于10度小于25度的坡耕地占50%，坡度大于25度的陡坡耕地占30%；在喀斯特地区，不仅耕地坡度大，而且土层浅薄、肥力较低、水土保持能力差、生态十分脆弱。这些现实条件决定了传统粗放的、低附加值的农业发展方式，不仅难以有效增加农民收入，而且也不可能持续发展，很容易陷入农业低效益扩张与生态环境破坏的恶性循环。这就要求贵州农业必须转变传统发展方式，探索绿色、高效、多元、优质的发展新路。

---

① 贵州财经大学中国减贫与发展研究院：《贵州省农村扶贫开发报告（2013）》，贵州人民出版社2014年版，前言第1页。

（三）产业融合为贵州农村产业转型与发展指引了新路径

农业与第二、第三产业融合发展已成为我国现代农业产业模式创新的新趋势。贵州以山区为主的地形和分布广泛的喀斯特地貌对以粮食生产为主的传统农业生产具有较大的限制，传统的种植结构与生产方式下，不仅成本高、单产低，而且难以形成规模，同时也对生态环境造成极大的压力。在这种条件下，就必须探索农村产业发展的新路径，通过农业与第二、第三产业的融合发展，拓展农村经济的新空间、新领域。

产业融合发展有利于综合利用农村特色资源。农村不是仅仅能够发展农业，贵州农村还有良好的自然生态环境、丰富的少数民族文化、质朴清静的田园生活，将农业与休闲旅游、健康养生等产业融合发展可以盘活这些资源，使其产生经济价值。农业与第二、第三产业的融合，还会通过产业链上的互动，根据市场需要引导农业结构升级，发展特色农产品，同时与农产品深加工相结合进一步提高农产品的附加值，不仅增加了农业收入，也可以扩展农业剩余劳动力就地转移的空间。产业内容丰富、就业机会的增加、产业链条的完善、增收渠道的拓展，改变了农民单一依靠传统农业粗放式增长的生计模式，这也有利于缓解生态环境压力，提高保护生态环境的自觉性。此外，农业与第二、第三产业融合发展中也对农村社区建设、交通基础设施、社会公共服务等领域提出了新的要求，随着产业发展的配套投入，也有助于这些农村发展短板被逐步补齐。

（四）脱贫攻坚为贵州农村产业转型与发展赋予了新使命

贵州是我国农村贫困人口最多的省份。2015 年，贵州有 493 万贫困人口，全省 88 个县级行政区中，贫困发生率在 10% 以上的有 61 个。[①] 到 2020 年，实现在现行标准下农村贫困人口全部脱贫，贫困县和贫困乡镇全部减贫摘帽，贫困村按国家标准全部退出的目

---

① 本节中贵州贫困状况的统计数据引自贵州省统计局《贵州省贫困现状分析》，贵州省统计局网站，2016 年 10 月 11 日发布。

标，任务十分艰巨，还需要大量行之有效的举措。贵州的贫困人口主要集中在农村，农村贫困人口脱贫离不开农村产业的发展。但传统农业没能使农民脱贫，这就为贵州农业转型发展提出了新要求，赋予了新使命。

在脱贫攻坚的目标下，贵州农村经济发展需要着力促进农民收入持续增长，着力构建机会公平、服务均等、成果普惠的发展新体制，让农民生活得更有尊严、更加体面。通过城乡联动，切实为农村经济发展拓展新出路，为农村经济增添新活力；通过多元化、产业化发展，切实增强贫困农户的抗风险能力，解决好贫困农户的可持续增收问题；通过精准帮扶，有效地解决贫困农户发展中的具体问题；通过基础设施和公共服务均等化，尽快突破制约农村发展的"瓶颈"；通过制度和组织创新，最大限度地激发贫困地区农村发展的活力；通过发展生态高效农业，真正跳出贫困与生态环境破坏的恶性循环。因此，贵州农业的转型与发展必须在脱贫攻坚中承担起应有的重任，必须具备普惠性和益贫性特征。

二 贵州农村产业转型与发展的总体思路

从时代要求和现实条件出发，贵州农村产业转型与发展的总体思路是：牢固树立创新、协调、绿色、开放、共享的发展理念，以科技、体制、组织创新为引领，以推进农业供给侧结构性改革为动力，以绿色生态农业为基本要求，以产业融合发展为主要路径，以促进农民持续增收和摆脱贫困为根本目标，构建集约高效、环境友好、产品安全、多元协同、普惠益贫的现代农村产业体系。

绿色、融合、共享是贵州农村产业转型与发展的关键。发展绿色生态农业，既是生态文明建设和贵州自然生态条件的客观要求，也是反思传统粗放农业发展方式后的主动选择。绿色生态农业，是贵州农业可持续发展的前提；是发挥贵州生态优势，打响贵州绿色农业品牌，开拓市场的核心竞争力；是整合旅游产业、健康养生产业的基础条件。要通过创新推动农业绿色发展，通过产业层次的提升，丰富贵州绿色农业的产品内涵；通过生态农业示范园区建设，构建绿色农业的集约化空间载体；通过合理规划和严格监管，确保农业绿色发展的真正落实。

推进产业融合发展是对国内外农村经济发展潮流的顺应，是提升农产品附加值和拓展农村产业发展渠道的合理选择，更是缓解贵州耕地压力、盘活农村非农优势资源的现实需求。农业与第二、第三产业的融合发展，需要创新产业融合机制和组织模式，协同推进农产品生产与加工业发展，完善农产品市场流通体系；发展农业新型业态，积极探索"互联网＋农业"的有效模式；拓展农业多种功能，依托绿水青山、田园风光、民族文化等资源，整合休闲旅游、健康养生等产业。

以普惠、益贫为特征的共享发展是贵州农村产业转型与发展的根本落脚点。没有广大农民的小康，贵州就不可能实现全面小康；没有农民的脱贫，贵州就不可能摆脱贫困。只有普惠、益贫的农业和农村经济体系，才是农村居民共享发展成果的根本保障。根据贵州农村发展和脱贫攻坚的实际，农业发展应更加注重其减贫带动效应，政策支持应向有利于带动贫困人口增收的项目倾斜，精准培育特色产业，精准帮扶贫困农户；同时，要着力缩小城乡发展差距，改善农村基础设施条件，推动城乡基本公共服务均衡配置，建设美丽宜居乡村。

第二节　构建贵州绿色生态农业体系

一　科技创新引领绿色生态农业发展

绿色生态农业是科技支撑型农业，贵州绿色生态农业的发展首先需要构建起全方位的农业科技创新体系。绿色生态农业的发展重点是推动农业发展由以数量增长为主真正转变为数量、质量、效益并重，由依靠资源和物质投入真正转变为依靠科技创新。

围绕贵州山地生态农业的发展需要，在可持续农业技术和模式引进、集成、试验、示范推广等方面，形成了一整套清晰的技术路线。推进高等院校、科研院所与农业科技示范园区及产业基地共建产业技术创新战略联盟、农科基地和协同创新中心。依靠产学研合作，以特色产业为重点，开展全产业链关键技术研究和成果推广应用。加快构建生态农业科技创新体系与机制，搭建平台、协同研发、交流人才、共享成果。加大科技创新力度。积极承接国内外创新成果，针对全省农业发展需要，开展关键技术研发，重点围绕茶叶、核桃、精品水果、蔬菜、油茶、中药材、马铃薯、草地生态畜牧业、特殊养殖等贵州特色优势农业集中攻关。加快推进现代种业发展，着力改善农作物、畜禽、水产种质资源保护库（圃、场）和品种测试鉴定服务设施条件，推进新品种选育培育设施和良种繁育工程建设。健全农技推广服务体系，在农业产业聚集区，探索建立专业化农技服务推广机构，加大基层公益性农技推广力度。提升农技推广服务能力，建设以互联网为载体的农业科技推广信息化云平台。创新农技推广服务模式，探索"专家定点联系到县、农技人员包村联户"的推广方式和"专家＋农业技术人员＋科技示范户＋辐射带动户"的技术服务体系。探索建立集农技推广、信用评价、保险推广、营销于一体的公益性、综合性农业服务组织，增强科技成果转化应用能力。

推进农业信息化建设和大数据应用。建设贵州农业大数据平台，鼓励专业大户、家庭农场、农民专业合作社、农业产业化龙头企业等新型农业生产经营主体将农产品生产计划、产量信息等与销售环节对接，实现以市场为导向、超前预测、灵活快速调整的生产方式；积极沟通国内大型电商企业和农业生产者，破解"小农户与大市场"对接难题；构建现代高效农业示范园区物联网信息平台，提升农业示范园区运行效率；鼓励贵州现代高效农业示范园区、农业产业化龙头企业、农民专业合作社等组织建设农产品质量安全可追溯系统，促进消费者参与监督农产品质量安全，增强消费者认知感和信任度。

二 产品结构优化夯实产业发展基础

在稳定粮食生产的基础上，努力建成南方现代草地畜牧业大省，发展以种草养畜为核心的草地畜牧业，着力打造贵州生态畜牧产品品牌，形成一批规模化、标准化、产业化畜产品生产基地；充分发挥贵州宜牧草山、草坡资源丰富的优势，推广晴隆"种草养羊"的先进经验，把畜牧业发展与石漠化治理、生态环境修复有机结合起来。

做大做强生态茶产业，发挥贵州生态环境良好、污染程度低的优势，以提高茶叶质量、增加优质茶园面积为抓手，把生态建设与培育茶产业链条紧密结合起来，加强标准化基地建设，做好低产茶园综合改良，茶树种业提升，在现有加工基地基础上做好提升建设，促进茶园集中连片发展。打造国内面积、产量具有明显优势，产品质量安全可靠的茶产业基地。

在发展夏秋蔬菜、早熟蔬菜、反季节蔬菜的基础上，加大无公害蔬菜发展力度，使贵州成为满足高端市场需求、提供高品质蔬菜的优质农产品供应基地。推进无公害蔬菜种植、加工、包装、销售、物流一体化建设。瞄准我国香港地区、东南亚等国内外市场，促进无公害蔬菜出口，积极开拓贵州农产品国际市场。

发展壮大中药材产业。贵州中药材资源丰富，是全国著名的四大中药材产区之一，发展中药材具有良好的基础条件。充分发挥中药材资源丰富的优势，积极打造贵州地道药材品牌，严格按照中药材种植质量管理要求，以现代化、规范化、规模化、优质化、无公害为标准，建立一批高品质中药材种植基地。着力扶持一批中药材加工企业发展壮大，重点培育一批支柱品牌，提高中药材产品在全国的市场占有率。

发展马铃薯产业，建设以黔西北高海拔地区为主的种薯基地，积极推进威宁县等马铃薯示范基地建设。以产业化经营为主要抓手，发展马铃薯系列产品加工，延伸产业链条，建设国内具有高度影响力的马铃薯生产基地和深加工基地。

此外，合理发展林木产业，以扩大公益林木为重点，积极发展商品林生产，协调推进林业生态系统和林木产业系统建设，发展林下经济，形成立体种养体系，提高林业综合效益。调整精品水果种植结构，重点发展火龙果、猕猴桃、刺梨、葡萄、蓝莓等，打造我国南方精品水果生产基地。继续扩大核桃、油菜、油茶、薏苡、高档食用菌等特色农产品种植，形成品类多样的绿色生态农业生产体系。

三　示范园区建设助推农业集约发展

通过生态绿色农业示范园区建设，增强贵州农业发展中的资源整合、要素聚合、产业融合能力，推进农业集约式发展，发挥标杆带动作用。

在园区建设要求上，打造生产标准化、产业集群化、覆盖农业主导产业、具有山地特色的现代高效生态农业示范园区。发展适度规模经营，引导土地有序流转，坚持依法、自愿、有偿原则，引导农户采取转包、出租、互换、转让、入股等方式，有序流转土地承包经营权，合理提升农业经营规模。坚持以绿色环保标准建设农业示范园区，开展入园企业标准化生产和原产地保护认证工作，培育绿色品牌，把园区建成无公害绿色有机农产品生产基地，着力提高示范园区资源利用率和土地产出率。

在产业布局上，推动农业示范园区由农业种养单一功能向农业种养、农产品加工、农业商贸物流、农业观光旅游等多功能融合发展转变。拓展农业园区功能，推进农业与休闲旅游、教育文化、健康养生等深度融合，发展观光农业、体验农业，把农业园区建成产业融合发展的示范区和先导区。

在经营模式上，以主导产业为纽带，发展龙头企业、种养大户、农民专业合作社等新型经营主体，加快构建新型经营体系。探索"公司＋合作社＋农户""公司＋基地＋农户""公司＋农户"等多种利益联结机制，推动农民与合作社、龙头企业等新型主体紧密联结。依托示范园区，开展产业精准扶贫，通过土地入股分红收益、园区企业就业收入、园区带动下的农牧种养收入和乡村旅游收入等多渠道，促进贫困户可持续增收。

四　绿色品牌建设开拓农业市场空间

品牌建设是开拓农产品市场，特别是高端农产品市场的基础。加大贵州绿色农产品品牌培育力度，积极鼓励无公害农产品、绿色食品、有机农产品和地理标志农产品的认证管理，加大省内著名商标、名牌产品、气候品质认证和有机产品认证等评定力度。围绕全省特色优势农产品，以龙头企业为重点，加大帮扶力度，创建扶持一批品牌价值高、综合竞争力强的自主品牌。集中力量，建大品牌，坚持"同一区域、同一产业、同一品牌、同一商标"导向，着力打造一批国家和省级农产品知名品牌；针对同一产品品牌多、品牌分散、知名度不高等问题，要积极促进地区间、企业间合作，集中力量，创建一个能代表贵州特色的公共品牌；鼓励企业联合创建品牌和地方政府主导创建地方公共品牌。对成功申报省级及以上名牌产品、优质农产品的企业和地区给予奖励，引导金融机构加大对名优产品生产企业的支持力度。大力开展贵州绿色农业品牌推介活动，举办好具有贵州特色的农产品展览展销会，鼓励企业参加国内外各种具有影响力的农产品交易会。

五　监管体系建设确保绿色、安全

生态绿色农业的发展必须确保生态环境可承载、食品安全有保障，因此，必须建立完善的农业生态环境与食品安全监控体系。一方面，要对农业生产及其相关延伸产业的环境影响进行监控，全面监测水土流失、水源质量、土壤条件、农药残留、地膜残留、重金属污染、畜禽养殖污染等环境问题。建立网络化、层次化的产地环境数据管理库系统与平台，实现产地环境信息获取的实时化、信息传输的网络化、数据库更新的动态化以及信息分析处理的科学化、智能化。另一方面，加强农产品食品安全监控。注重打好"绿色牌"，推进化肥农药使用量零增长行动，大力推广生物农药和高效低毒农药。建立农业安全生产督查制度。对化肥、农药、农膜、植物生产调节剂、饲料等农业投入品使用进行定期监督抽查，严控可能危及农产品质量安全的农业投入品施用。健全省、市、县、乡农产品质量安全监测监管体系，并逐步向村级延伸，建立"从种子到产品、从农田到餐桌"全程可追溯、互联共享的农产品质量和食品安全监管制度，建立"层层负责、网格到底、责任到人、全面覆盖"的网格化管理制度，实现农产品质量安全监测全覆盖。

第三节　推进贵州农村产业融合发展

一　农产品种养向深加工延伸

发展农产品深加工是延长农业产业链条、提高农产品附加值、提升农业产业竞争力、拓展农村劳动力就业渠道的重要途径，也是现代农业发展的重要特征。在产业发展方向上，依托贵州特色优势农牧产品和农业示范园区、工业园区、特色小镇建设，着力延长农牧产品产业链条，积极发展农牧产品加工、贮藏、保鲜、分级、包装和运销，重点发展规模农牧产品的精深加工。扩大产地初加工补助项目实施区域和品种范围，加快完善粮食、肉类、茶叶、中药材、蔬菜、高档食用菌及其他特色农牧产品产后商品化处理设施。

在产业融合推进方式上，积极培育一批农牧产品加工试点示范企业，以龙头企业带动农牧产品加工产业体系的形成。以市场为导向，以特色农牧产品为重点，重点扶持有自主知识产权、带动能力强、有市场竞争力的农牧产品加工企业发展。充分发挥大企业的带动作用，聚合中小企业发展，发展特色优势农牧产品加工产业集群。通过政府引导和支持，促进农牧产品加工企业在农业示范园区、工业园区、特色小镇建设集聚发展，形成一定规模的产业基地。以产业链为依托，发展农业产业化，推动农牧产品加工企业与农民合作社、家庭农场对接，建立长期稳定的合作关系，以产品为纽带，发展订单农业和产业链金融，强化对农户的技术培训、贷款担保等服务，创建农牧产品生产、加工综合体，最大限度地稳定加工企业的货源和质量，最大限度地确保农户的农牧产品销售出路、避免市场风险，使企业与普通农户之间形成风险共担、互惠共赢的利益共同体。

二 农产品生产向商贸流通拓展

以农产品商贸物流园区建设为依托，积极完善多节点、网络化的农牧产品市场骨干体系。在优势产区，建设一批具有影响力的大型产地批发市场，积极培育西南地区重要的茶叶、中药材、蔬菜、马铃薯等优势农产品交易市场。实施农产品产区预冷工程，建设区域性综合性商贸冷链物流基地，完善农产品产地运输通道、冷链物流配送中心和配送站。打造农产品营销公共服务平台，推广农社、农企等形式的产销对接，支持城市社区设立鲜活农产品直销网点，鼓励农产品生产企业开拓国际市场。推进商贸流通、供销、邮政等系统物流服务网络和设施为农服务。加强农超、农社、农校、农企对接，培育新型流通业态。扶持农产品流通龙头企业，培育运销大户和民间经纪人队伍，支持组建一批行业协会，提高流通业组织化程度。加大名特优农产品的宣传推介力度，大力发展农业会展经济，承办好全国性农产品展会，建设贵州名特优农产品展示交易中心，推动更多"黔货"出山。

农村电子商务是农村生产、流通和消费与现代互联网信息技术结合而产生的一种新兴业态，积极发展农村电子商务对贵州农业发展具有重要意义。积极与阿里巴巴、京东、苏宁等国内知名大型电商平台签订了战略合作协议。引导和支持电子商务落地农村，扩大电子商务在农村应用范围，培育开发农村电子商务企业，充分发挥电子商务综合服务功能。积极建设集信息发布、供求交易、物流配送、质量追踪及售后服务为一体的县、乡、村三级农村电商综合服务网络体系。支持引导各类涉农生产经营主体到贵州电子商务云、贵农网等第三方网络交易平台开店营销，重点支持特色优质农产品经营企业、农业产业化龙头企业在第三方网络交易平台开设旗舰店，鼓励特色农产品生产和加工企业、现代高效农业示范园区开拓网上 B2B 市场，鼓励有条件的农产品交易市场发展网络分销业务。促进农产品、民间工艺品、乡村旅游产品等利用电子商务品平台拓展销路，提升贵州农村产品的市场影响力，为农民增收提供实际支撑。

三　农业与旅游、健康产业有机整合

贵州空气清新、气候适宜、生物多样、生态良好、山清水秀，喀斯特和丹霞地貌典型，是森林之省、千瀑之省、百草之乡，拥有异彩纷呈的少数民族文化，发展旅游产业和健康养生产业具有独特的优势。而这些优质资源有很大的部分都在农村，把旅游、健康养生产业与生态农业结合起来，立体式发展，是对农村生态资源绿色化的充分利用，同时也能有效拓展农村增收渠道，进而缓解单一发展农业造成的生态压力。

乡村旅游的发展要以自然生态、特色农业、民族村寨、文化遗产等资源为依托，与"四在农家·美丽乡村"建设、古村古镇修复、农村公共服务设施完善等有机结合起来，强化乡村旅游标准体系建设和配套服务体系，不断丰富乡村旅游内容类型，形成一批以田园风光为主的乡村观光型产品、以农事体验为主的乡村体验型产品、以体验度假为主的休闲型产品、以民俗活动为主的乡村风情型

产品。加快推进基础设施建设向农村、乡村旅游点延伸，促进乡村旅游景区景点与交通干支线的互联互通。推进乡村旅游景点服务设施标准化、特色化、舒适化建设，加强乡村旅游从业人员培训，实现住宿、餐饮、休闲娱乐条件达到国家旅游服务标准。采取补助、贴息、鼓励社会资本以市场化原则设立产业投资基金等方式，支持休闲农业和乡村旅游重点村改善道路、宽带、停车场、厕所、垃圾和污水处理设施等条件。发挥试点带动作用，推进最美休闲乡村、乡村旅游示范镇和休闲农业与乡村旅游精品路线建设。积极引进旅游开发公司带动乡村旅游发展，采取旅游开发公司、村集体、专业合作社、农户多方参与，优势互补、分工合作、收益共享、风险共担的旅游开发模式。同时，在统一规划和统一基本质量标准的基础上，支持农民自营休闲农庄、家庭客栈、农家餐饮的发展，带动农民增收。

　　贵州健康养生产业重点发展休闲养生、滋补养生、康体养生和温泉养生四大业态，这些产业与贵州农村生态资源和生态农业都具有密切的交融关系。休闲养生产业可以与贵州农村清晰自然的生态环境、质朴清静的生活状态、绿色生态的农家饮食和田园生产体验等有机结合，建设一批特色休闲养生基地或田园休闲度假区。滋补养生产业可以与贵州农村优质中药材和绿色农产品生产相互对接，建立从原材料到中药、保健食品产成品的一体化产业链条。康体养生产业可以利用农村山地、湖泊水体等运动资源，与乡村旅游服务建设相结合，发展山地户外运动和水上运动项目。石阡、金沙、剑河、息烽、绥阳等温泉资源丰富的地区，在发展温泉养生产业的同时，也可以将田园休闲观光、农家餐饮、农产采摘、原生态民族文化表演等项目与之相配套，不仅丰富了温泉产业的内容，而且也借助温泉特色提升了当地乡村旅游的竞争力。

第四节 完善贵州农村产业发展共享机制

一 推进农村产权制度创新

德姆塞茨将产权理解为使自己或他人受益或受损的权利。[①] 农村产权制度创新是激发农村资源更加有效利用、合理引导利益分配的重要基础。因此，农村经济发展共享机制的构建，首先就应积极创新农村产权制度，通过产权制度的创新盘活农村资源，助推农村产业做大、做强；通过完善有益于农民增收的产权安排，切实保障广大农民共享农村产业发展的收益。

近年来，贵州在农村产权制度创新和改革方面进行了积极的探索，以六盘水市为代表的农村"资源变资产、资金变股金、农民变股东"的"三变"改革，以安顺市平坝区塘约村为代表的农村土地承包经营权、林权、集体土地所有权、集体建设用地使用权、房屋所有权、小型水利工程产权、农地集体财产权的"七权同确"改革等，已经取得了十分显著的成效。在推进贵州农村产业转型与发展过程中，需要进一步总结和推广贵州农村产权制度创新的先进经验，因地制宜、精准推进，使农村产权制度创新成果更加规范化、制度化。

贵州农村产权制度创新的基础是以"确权"盘活资源。长期以来，我国农村资源、集体资产产权不明晰的问题十分突出。权属清晰是农村资源得以流转、抵押、获得相应收益的基础。因此，农村产权制度改革，首先就需要清产核资，认定集体经济成员，资产量化，明确产权归属。政府牵头组成清产核资小组，对村集体经济组

---

① ［美］哈罗德·德姆塞茨：《竞争的经济、法律和政治维度》，陈郁译，生活·读书·新知三联书店 1992 年版。

织所有的各类资产进行全面清理核实，对集体经济成员进行全面核实、认定。在此基础上，合理确定折股量化的资产。在确保农村土地集体所有性质不改变、耕地红线不突破、农民利益不受损的前提下，进行集体土地所有权、土地承包经营权、林权、集体建设用地和宅基地使用权、农民房屋所有权、小型水利工程产权等确权登记颁证工作。建立符合实际的产权评估制度，鼓励采取协商方式对资产评估作价，也可引入有资质的中介组织进行资产评估。同时，注重保护农民合法权益，加强民主管理、民主决策和民主监督，对于清产核资和集体经济成员认定办法、结果以及折股量化和分配办法要向全体村民公开并得到确认，对于争议性问题，提交村集体经济组织成员大会讨论决定，保障群众知情权、参与权、决策权。

贵州农村产权制度创新的活力在于以流转和整合聚集农村经济发展所需的资源。在确权登记、评估认定的基础上，建立农村产权确权信息管理中心、产权流转交易中心等平台，促进城乡生产要素自由流动和农村资源优化配置，推动土地适度规模经营。通过"资源变资产、资金变股金、农民变股东"的"三变"途径有效地激发农村经济发展的新活力。在坚持农民土地集体所有性质不改变、耕地红线不突破、农民权益不损害的前提下，引导农民将已确权登记的土地承包经营权入股到企业、合作社等经营主体。在不改变资金使用性质及用途的前提下，将财政投入到农村的生产发展类资金、农业生态修复和治理资金、扶贫开发资金、农村基层设施建设资金、支持村集体发展资金等量化为村集体或农民的股份，入股到企业、合作社、家庭农场等经营主体，按股份获得收益。农民自愿以农村土地承包经营权、集体资产股权、住房产权、专利发明权、大型农机具等协商评估折价，以及自有资金（物）、技术、劳动力等，通过合同或者协议方式，投资入股经营主体后，成为股权投资人。通过农村资源、资金的经营权流转、入股等方式，要使资源、资金在经营运作中更加聚集，促进适度规模经营，同时也拓展了农民收入来源。

贵州农村产权制度创新的落脚点在于带动农民共享发展成果。改革后的集体经济组织，按其成员拥有股权的比例进行收益分配。要将集体经济组织收益分配到人，确保农民利益。建立股份联结机制，引导农民、村集体经济组织和承接经营主体依法订立合同或协议，形成"利益共享、风险共担"的股份联结机制。引导新型农业经营主体按照合作制原则，完善股权结构和治理方式，确保村集体和农民履行股东的职责、行使股东的权力、参与重大的决策，兼顾国家、集体、个人利益。积极破解农民财产性收入低、工资性收入低、传统种养方式增收难的问题。通过土地流转入股，增加农民收入。积极推进农村土地资源向园区、产业集中，通过土地流转和入股，使土地资源转化为农民股权和股金，让农民在收取租金和参与企业分红中实现股权收益。通过资金入股分红，增加农民收入。村集体和农民将财政产业扶持资金、技术、集体和个人资产通过评估折价入股，按照占有股份参与企业分红。同时，鼓励农民在农业园区、龙头企业、农民专业合作社等就近就地务工，参与农业管理经营，增加农民工资性收入。

二　优化农村产业发展组织模式

确保广大农民在共享农村经济发展成果，离不开有效的产业发展组织模式。结合贵州农村经济发展的成功经验和实际需要，"党组织引领、企业和专业合作社带动、广大村民参与共建"的三位一体产业发展模式是适合贵州农村经济发展与共享的可行组织方式。

在市场经济条件下，增强农民面对市场的能力需要充分利用和发挥龙头企业、农村专业合作经济组织的带动作用，加快构建现代新型农业经营体系，鼓励农业产业化龙头企业建立产业联盟，推动集群发展，密切与农民合作社、农户的利益联结关系。龙头企业、农村专业合作经济组织对农户的带动，可以通过"公司＋合作社＋农户"的基本形式展开，同时根据各地实际情况和农户自愿原则，探索适宜自身的具体模式。这种组织模式的有效性来自产业发展和农民普遍获益两个方面，两者都不可偏废。因此，其发展关键是建立龙头企业、农村专业合作经济组织、农户之间的利益联结机制。龙头企业在农村建立自己稳定的原料生产基地，组织农户生产，统一供应生产资料、统一管护、统一收购，企业与农户签订最低收购保护价。龙头企业也通过投资或参股合作社、协会等中介组织建设，使双方建立共同的利益诉求，既紧密了关系，又让农民的农产品有了更加通畅的销售渠道。可以利用股份合作制等利益联结机制，龙头企业积极吸收贫困农户投资入股，农民也可以土地经营权向龙头企业参股，形成新的资产关系，龙头企业与农户以股份为纽带，自然结成紧密的经济共同体。龙头企业采取利润返还、反租倒包、担保贷款形式，形成利益共享、风险共担的利益联结机制。在这种类型模式下，具备一定实力的龙头企业将一部分利润按照农户交售农产品的比例返还给签约基地和农户，让利于农民。同时，鼓励农户联合发展股份合作经济，注册设立企业化的资产运营实体，既可以是公司，也可以是合作社。由村集体、农民和企业、农村合作社等经营主体按照试点内容，在协商一致的基础上，确定合作项目、合作方式、合作股份、利益分配方式及违约责任等，依法签订合作协议，建立股份化的合作经营机制和利益联结机制。加强农村经济组织的规范化管理，完善法人治理结构，规范出资者、经营者和农民股东之间的利益关系。

在农村产业组织建设和发展中，需要党组织的引领作用。党组织的引领作用具体体现在指引村集体产业发展方向，凝聚发展共识，动员农民参与，引进外部资源，协调企业、合作社和农民关系，维护农民权益等方面。尽管龙头企业、农村合作社可以发挥带动农村经济的作用，但仅靠它们并不能完全保障农民的受益程度。[1]要让农民共享农村经济发展成果还需要在基层民主的基础上发挥好

① 冯小：《农民专业合作社制度异化的乡土逻辑——以"合作社包装下乡资本"为例》，《中国农村观察》2014年第2期。焦长权、周飞舟：《"资本下乡"与村庄的再造》，《中国社会科学》2016年第1期。

党组织的引领作用。一方面，党组织在服务上发挥更大作用，更加积极地调研、协调、督查、处理涉及龙头企业、合作社与农民利益联结机制建设的有关事宜，依据产业特点分门别类做出规划，加强与各龙头企业（专业合作社）沟通交流，逐户研究确定与农民建立利益联结机制的具体措施，狠抓工作落实，确保抓出成效。另一方面，党组织在保障农民利益上发挥更大作用，确保土地流转的合法性，维护好农民群众的切身利益，加强对工商企业租赁农户承包地的监管和风险防范，健全资格审查、项目审核、风险保障金制度，对合作条件、经营范围、分配方案、生态环境保护和违规处罚等做出规定，切实保障集体资产权益和广大农民能够普遍获得长期稳定收益。

三 完善农村公共服务体系

面对贵州农村脱贫攻坚的战略任务，要普遍提升广大农民群众的获得感，不仅实现农村产业发展，而且要通过提升农村公共服务能力、摸清贫困户公共服务需求底数、精准对接供给等系统化过程，发挥公共服务在服务农民、精准扶贫中"保基本、补短板、兜底线"的作用。

积极推进美丽宜居乡村建设，因地制宜地编制乡村建设规划，合理引导农村人口集中居住。实施乡村清洁工程，加强人居环境整治，改善垃圾、污水收集处理和防洪排涝设施条件。加强农村河道堰塘整治、水系连通、水土保持设施建设，改善农村生活环境和河流生态。通过危房改造解决贫困户住房问题。摸清农村存量危房、建档立卡贫困户危房和易地扶贫搬迁贫困户危房信息底数。实施整体推进、重点帮扶、差异化补助和向贫困村、建档立卡贫困户倾斜政策。优先帮扶建档立卡贫困户危房改造和贫困村农村危房改造，对易地扶贫搬迁集中区和危房比较集中的村实施整村推进。对农村分散供养五保户、优抚户、低保户、贫困残疾人家庭和其他贫困户给予农村危房改造补助，解决他们最基本的安全住房需求。确保农村贫困户危房改造分批实现全覆盖。

加强对农村义务教育的支持。财政专项资金优先安排建设和改造贫困、民族地区的学校，逐步实现贫困地区农村义务教育学校校舍、教育装备、图书、生活设施等达到国家办学条件基本要求，全省各市县（区）义务教育学校基本均衡发展。进一步增加建档立卡贫困家庭孩子接受从义务教育到高等教育的机会。确保建档立卡家庭经济困难学生优先享受现行资助政策，实现从义务教育到高等教育的学生资助全覆盖。

注重对贫困家庭留守儿童的教育和社会关爱。在留守儿童较为集中的乡镇和农村社区改建、扩建和新建一批农村中小学寄宿制学校和公办幼儿园，并配备必要的专兼职管理人员，为留守儿童住校留宿、集中照看、教育管理创造条件。对于分散的留守儿童要统筹学校与农村社区服务站，建立学校内外的立体式关爱网络。加强志愿者队伍建设，引导和组织志愿者深入农村社区、农村中小学校、留守儿童家庭开展形式多样的教育关爱服务活动。

推进职业教育扶贫，职业教育资源特别是招生计划向贫困地区、贫困家庭倾斜，选择就业前景好的专业，单列计划，针对建档立卡贫困家庭招生，让未升入普通高中贫困人口中的初中毕业生和未升学的高中毕业生都能接受优质免费中等职业教育。鼓励省、市职业院校采取送训下乡、集中办班、现场实训等多种形式，每年开展各类技术技能培训，满足扶贫产业发展与扶贫开发需要。对建档立卡贫困户劳动者实行免费培训，确保其完成培训后顺利就业或掌握一门技术技能，实现技能脱贫、技能致富。

改善农村基础卫生医疗条件。加大贫困地区医疗卫生基础设施建设力度，确保每个贫困乡镇有一所标准化卫生院、每个贫困村有一个标准化村卫生室。探索构建互联网远程诊疗精准扶贫机制，在县级医院设立"互联网＋医疗"精准扶贫服务中心，在乡镇卫生院相应设立服务站。推进城乡医疗机构联合体建设，建立省级、市州级医院与县级医院的长期指导、帮扶关系，县级医院托管镇卫生院、村卫生室，纵向整合医疗资源。加大建立县级医院对贫困乡镇、村卫生医疗机构的重点帮扶机制，选派基础乡镇、村医疗技术骨干到省、市州、县级医院进行学习。定期开展省、市州、县级专家和骨干医生到贫困乡镇、贫困村集中巡诊，形成城乡联动的医疗网络体系。

加大贫困地区农村养老服务投入力度。针对部分贫困地区养老服务体系不健全、养老服务机构覆盖率不高的薄弱环节，加强乡镇养老机构和村级养老服务站建设，采用养老机构公建民营、政府购买养老服务等形式，对贫困地区的农村独居、空巢、高龄的贫困老人实施精准帮扶。进一步加强农村基层养老服务人员技能培训，定期对县、乡镇、村养老服务人员举办专题巡回式培训，在农村面向贫困家庭成员就近举办老年人及失能老年人家庭护理员培训班，解决农村养老服务知识和人才匮乏的问题。

优化农村兜底社会救助体系。农村贫困人口中仍然存在一部分由于没有劳动能力、缺乏劳动力或因病等无法依靠产业扶持和就业帮助实现脱贫的贫困人口，对于这类贫困人口，要通过优化社会救助体系实现兜底脱贫。进一步完善农村低保制度与扶贫开发政策有效衔接、贫困人口医疗救助解决因病致贫返贫政策、特困人员救助供养政策、贫困人口临时救助政策等，编密织牢社会救助兜底保障安全网。衔接农村低保与精准扶贫工作，持续提高农村低保标准，确保农村低保标准不低于年度扶贫标准，补差标准与低保标准同步提高，落实好低保线与扶贫线"两线合一"。提升农村特困人员社会供养能力。完善农村特困供养人员标准动态调整机制，有效地保障特困供养人员基本生活。提高农村"五保户"供养水平，通过政府购买服务、发放护理补贴、为患病或失能、失智的特困供养人员提供护理服务等方式，逐步提升农村"五保户"供养服务质量。解决残疾人因残疾产生的额外生活支出和长期照护支出困难，做到应补尽补，确保残疾人两项补贴制度覆盖所有符合条件的残疾人。完善临时救助措施。坚持应救尽救原则，切实将遭遇突发性、紧迫性、临时性生活困难的群众纳入救助范围。确保突发重特大疾病导致基本生活困难的家庭、各类困境儿童、重度残疾人等困难群众得到应有的救助。拓展临时救助渠道和方式，鼓励政府救助、慈善救助、家庭自救有机结合，根据临时救助对象实际需求，采取发放临时救助金、实物救助等方式实施救助。对仍有困难的救助对象提供转介服务，使其按相关政策纳入长期救助保障范围，实现彻底兜底。

第六章　贵州工业转型与发展

贵州传统上以资源依赖型的重化工业为主，在资源环境约束加大和国内外产业转型升级的背景下，贵州工业转型与发展面临着艰巨的任务。在新的发展形势下，国内外竞争更加激烈，市场地位不进则退，贵州应充分利用新一轮工业信息化、智能化、服务化转型的机遇，按照绿色发展理念，优化产业结构，改造传统领域，发展新兴产业，以产业融合助推工业提质增效，通过拉升贵州产业发展层次，为实现共享发展贡献更大力量。

第一节　贵州工业转型与发展面临的新形势

一　发展机遇

（一）国家对外开放战略为贵州工业发展提供了广阔的空间

"一带一路"建设打开了我国对外开放新的空间格局，是向西向南对外开放的重要抓手和落脚点，以政策沟通、设施联通、贸易畅通、资金融通、民心相通为主要内容的深化合作，将激发巨大的发展机遇。贵州处于西南"腹心地带"具有特殊的区位优势，是内地通往东南亚、南亚的大通道；也是西南与中部、东部的重要连接纽带。这样的地理位置使贵州成为"一带一路"向西和向南两个发展方向上的交会点，在战略上有不可取代的位置。借助"一带一路"的发展通道，贵州将进一步加快开放型经济的发展，更好地扩展和深化国际及周边省份的合作，为工业发展增添新动力。在"一带一路"背景下，贵州通过进一步深化与东盟的经济往来，积极开拓与中亚、南亚、俄罗斯等过的经贸关系，将更好地利用比较优势，在能源开发和利用、磷化工、航空航天、白酒、卷烟、茶叶、特色能源产品、建材、医药及以大数据为基础的跨境信息产业等方面有可能开拓更大的国际市场。

随着中瑞、中韩、中澳等自贸协定的签署，"十三五"时期，我国对外开放将进一步深化。贵州与瑞士、韩国、澳大利亚等国在工业发展阶段和优势产业上具有较大的互补性。这些自贸协定将会极大地刺激双边贸易，对双边领域承接产业转移将具有很大提升。在自贸协定框架内，贵州与瑞士、韩国、澳大利亚等国在精密装备制造、智能生产、航空航天、汽车产业、电子信息、节能环保、新一代能源开发技术等领域的合作具有很大空间，不仅有利于贵州承接国家产业转移，同时也有助于加快贵州工业转型和技术换代。

（二）国家区域发展战略为贵州工业发展提供了新平台

长江经济带是我国新时期区域发展的重大战略。融入长江经济带对于贵州工业发展具有重要意义。贵州地处长江上游腹地，是长江流域重要的生态安全屏障，自然资源丰富，交通区位重要，为融入长江经济带发展提供了良好的条件。以长江经济带建设的国家战略为契机，贵州交通主干网络和对外连接通道将更加完善，以连接长江中上游中心城市和主要港口、连接东西两头开放、连接长江经济带和"一带一路"南北交通通道为重点的综合交通体系将逐步形成。2016 年，国务院批准设立贵州内陆开放型经济试验区，对于破解不沿海、不沿边、不沿江地区开放型经济发展难题，积极探索内陆地区、贫困地区、生态地区发展新路，加快形成我国全方位、多层次、宽领域的对内对外开放新格局和大格局，具有重要示范效应，影响深远。未来贵州工业将立足比较优势，提升竞争优势，积极融入长江经济带内的分工合作，加快能源产业转型升级，进一步加大贵州能源开发力度，加强与长江流域各省区能源通道建设，加快传统能源改造升级，大力发展清洁能源和新能源，努力建成长江经济带优质能源供给中心；切实推进以煤电铝、煤电磷、煤电钢、煤电化"四个一体化"为核心的能矿产业升级工程，推进原材料精深加工，建成长江经济带重要资源深加工基地；推进白酒、茶叶、卷烟、特色食品产业的规模化，以质量提升和品牌建设为核心，扩大贵州特色轻工业产品在国内外市场的影响力；着力建设贵安新区和各类产业发展平台，积极承接长江中下游地区产业转移，努力建成长江经济带承接产业转移示范区；以现有的大数据产业为基础，建设长江上游的大数据交易中心和信息集散中心。通过内陆开放型经济试验区建设，贵州对外开放的深度和广度将进一步增强，贸易和投资更加便利化，营商环境更加优越，为内陆地区在经济新常态下开放发展、贫困地区如期完成脱贫攻坚任务、生态脆弱地区实现生态与经济协调发展搭建更广阔的平台。

珠江—西江经济带上升为国家发展战略，标志着"泛珠"合作的进一步升级。贵州属于泛珠三角区域，同时也属于珠江上游的南北盘江流域。积极融入珠江—西江经济带，对于加强与广西、云南、广东等省份合作，建立于珠三角更紧密的联系，进一步促进开放尤其是发展与东盟的经贸往来具有重要意义。贵州融入珠江—西江经济带具有一系列优势。一是贵州与广西、云南接壤，周边200—1000 千米范围内有黔中、北部湾、滇中、成渝、珠三角等重要经济区；已建成或在建的沪昆、汕昆、惠兴、毕水兴等高速和南昆、隆百、兴义至永州铁路等南下北上、连通东西的大通道，拥有兴义机场和红水河黄金水道，地缘优势和综合交通优势明显。二是能源、矿产、生物资源在西南地区具有重要地位，资源开发组合条件好，是全省及西部地区重要的能源、化工、黄金和特色食品生产基地。三是具有区域性中心城市支撑和人力资源丰富的发展优势。兴义市是滇黔桂三省结合部的区域性中心城市和南昆大交通线上的重要节点，对带动区域经济发展具有重要影响。"十三五"时期，贵州能矿资源的开发及深加工，黄金深加工、电力、新型建材，以特色食品、茶叶加工、旅游商品等为重点的特色轻工产业，以及以生物医药和民族医药产业为基础的大健康产业等都具有广泛的合作前景。

（三）国内工业转型升级加快为贵州工业发展带来了新机遇

《中国制造2025》是我国工业转型升级的关键性战略部署，给贵州工业发展带来的不仅是压力，更是动力。一方面，在压力下，有利于推动贵州工业明确新的发展目标，加快转型升级步伐，赶超国内外先进发展水平。按照《〈中国制造2025〉贵州行动纲领》，在促进"两化"深度融合、智能制造试点和推广、提升创新能力、强化重要领域工业基础能力、加强特色产业质量和品牌建设、全面推行绿色生产等方面采取切实有效的措施。另一方面，国家出台了一系列配套政策，进一步简政放权，大力推进"大众创业、万众创新"，加快发展众创空间等新型创业服务平台，这些政策在未来几年将释放巨大的制度红利。

随着工业转型升级，工业生产模式面临新的变革，逐步实现服务化、网络化、智能化和绿色化。工业与生产性服务业融合将向纵深发展。制造业的产出服务化与投入服务化已成为全球制造业发展趋势。随着制造业服务化的深入发展，产品研发设计与品牌营销售后等服务正逐渐成为工业企业价值创造的主要增长点。随着工业设计、品牌建设和商业模式创新的加快推进，"十三五"时期，贵州工业的服务化制造模式必将成为新趋势。工业互联网的应用和智能制造模式将逐渐推开。以物理信息网络、工业互联网、智能设计、智能生产、智能管理和智能服务为核心的制造过程，乃至以数字化车间和无人化工厂为目标的智能制造模式，已成为世界潮流。在这次变革中，不进则退，必须主动应变。"十三五"时期，贵州也将按照《〈中国制造2025〉贵州行动纲领》，积极采取措施，通过网络信息技术和智能制造模式应用的试点及推广，实现工业生产模式升级换代。绿色制造模式也将稳步推行。绿色制造模式早在20世纪末就已在发达国家中得到广泛应用。贵州生态脆弱，环境承载能力有限，在发展中必须守住生态底线，因此，推行绿色制造模式已成为必然选择。

在工业转型升级过程中，新技术、新产品、新业态、新商业模式大量涌现，生产小型化、智能化、专业化，需求个性化、多样化等新机遇。在这样的背景下，只有加快转型升级，工业发展才能开拓新出路。必须决心淘汰落后和过剩产能，需要直面由此带来的阵痛期，这是卸掉历史包袱、实现转型升级的必要前提和必经阶段。加快结构优化，在产业结构上，改变重化工业比重偏高的问题，能矿产业通过一体化、集群化、生态化增强竞争力，提高装备制造业和特色轻工业的比重和层次。通过工业与生产性服务业深度融合发展，为工业转型升级提供动力和保障，促进生产集成化、网络化和智能化技术的应用。改造劳动密集型产业，通过融入更多的服务因素、科技因素和文化因素，使劳动密集型产业具有高附加值。加强培育知识密集型产业，但并不意味着一定要追求技术最高端的产业，而是应从要素禀赋结构升级的现实出发，发展自身最具竞争力的知识密集型产业。

在国内工业转型升级的背景下，工业发展的效率和质量将更加受到关注。以往在工业发展中对速度的关注较多，而在经济"新常态"下，效率和质量将成为更重要的评价标准。未来贵州工业发展将更加注重效率提升，通过创新驱动、管理方式变革、互联网和智能化生产技术的应用、完善市场经济环境优化资源配置等一系列措施，贵州工业的全要素生产率将得到有效提高，以全要素生产率提升逐步替换高投入，成为工业增长新的支撑力。经济"新常态"下，商业模式更加多样，消费的个性化需求更加突出，市场竞争逐步转向以质量型、差异化为主的竞争，这也迫使贵州工业发展将更加注重质量提升和品牌建设。在此背景下，贵州工业格局将发生深刻的分化重组过程，产品在特色、质量、安全和品牌知名度上的优势将具有更大的作用。分散化、一般化的传统生产和经营模式可能遭遇较大的挑战。在产业进一步整合的基础上，一批具有高质量特色产品和国内外知名品牌的龙头企业、骨干企业将获得更大的发展空间。

（四）交通和信息基础设施建设进入新阶段为贵州工业发展创造了良好的条件

贵州交通基础设施建设不断完善。2015 年，贵州铁路里程达到3037 千米，其中，高速铁路701 千米；公路里程达到18.4 万千米，其中，高速公路5128 千米。在西部地区率先实现县县通高速公路，实现乡乡通油路，村村通公路。通航机场实现市州全覆盖，机场旅客吞吐量达到1563 万人次。高等级航道达到690 千米，乌江基本实现通航。贵州"十三五"规划提出，到 2020 年，贵州铁路营业里程达到4000 千米以上，其中，高速铁路超过 1500 千米；公路里程达到 20 万千米，其中，普通国省道超过2.6 万千米、高速公路突破7000 千米，建成"六横七纵八联线"高速公路网络。加快乡村公路建设，形成外通内联、通村畅乡、班车到村、安全便捷的公路运输网络。加快形成"一枢纽十六支"机场布局和通江达海水运出省大通道。交通基础设施的完善将有力地扭转以往交通闭塞对工业发展的制约，同时以主要高铁、高速公路为基础也将进一步促进贵州工业经济带的形成，以线连点、以线带面，加快工业沿主干交通线路的聚集发展与辐射带动作用。

随着贵州大数据产业的发展，信息基础设施建设也跨上新台阶。三大运营商贵安数据中心一期机房陆续投入使用。申黔互联、中电翼云、翔明科技、中安永恒等企业自建数据中心投入使用。省北斗公共位置服务中心形成基础服务能力。2015 年，贵州通信光缆达到60 万千米，出省带宽 3000Gbps，100% 的建制村通宽带。2016 年，贵州获批建设国家大数据综合试验区、贵州·中国南方数据中心示范基地、贵阳·贵安国家级互联网骨干直联点；引进大数据电子信息产业项目 400 个；实施一批"互联网＋"协同制造、智能制造项目，大数据与三次产业加快融合。为适应大数据产业和信息化发展需要，未来贵州信息基础设施条件还将不断改善，这些都为贵州"两化"深度融合、智能生产和工业互联网的应用、工业企业充分利用电商平台等提供了良好条件，是信息化条件下贵州工业生产方式、经验业态升级换代的重要基础。

二 发展压力

（一）国际经济发展不平衡性和不确定性持续存在，竞争压力进一步增大

从目前及未来几年各国经济发展趋势来看，全球经济复苏可能具有一定的不平衡性和不确定性。美国经济强势回升，目前GDP增长已经恢复到国际金融危机以前的水平。欧洲温和复苏，但增长动力不足，失业率仍较高。日本和俄罗斯经济均面临较大困难。而新兴和其他发展中经济体在近年全球经济增长中的贡献超过2/3。预计到2020年，以市场汇率计算，将接近全球经济的一半；而以购买力平价计算，份额将超过60%，成为全球经济增长的主导力量。同时影响全球经济复苏的不确定性、不稳定性因素依然较多。2014年11月，美国量化宽松货币政策宣告结束，有可能对中国工业产生影响，一是资本可能回流，增加我国吸引外资的难度；二是美元供给趋紧，可能带来美元升值，有利于提高中国产品在美国市场上的竞争力。此外，欧元区债务危机和失业率高企问题依然存在，日本短期刺激政策效应递减，俄罗斯和印度经济也存在较多不确定因素。

我国工业面临的国际竞争也在增强。一是随着中国经济实力的增强和地位的提高，国际格局中居于支配地位的国家对中国的防范与打压也会加强，同时，由于中国和其他新兴经济体在资源、市场、地缘影响力等方面都不同程度地存在竞争关系，因而与之关系趋于紧张的因素也长期存在。二是以德国"工业4.0"为代表的生产模式重大创新将对中国工业传统的生产模式造成冲击。德国"工业4.0"是由于人工智能、数字制造和工业机器人等基础技术的成熟和成本下降，以数字制造和智能制造为代表的现代制造技术对既有制造范式的改造以及基于现代制造技术的新型制造范式的出现，其核心特征是制造的网络化、数字化、智能化和个性化。在新的生

产模式下，企业的成本结构将被彻底改变，企业之间的竞争规则将被重塑。中国企业由低廉劳动力带来的低成本优势将随着新技术、新模式的应用而快速丧失，相比之下，发达国家企业却可以因为新技术、新模式的应用而使成本降低。结果是，在很多产业中，中国企业和发达国家企业之间的成本差异逐步缩小，甚至发达国家企业的成本可能低于中国企业。三是东南亚、南亚等国家利用劳动力成本低于我国的优势，已经开始出现吸引国际产业转移的趋势，随着这些国家加快改革和开放、改善政治环境和基础设施条件，与我国劳动密集型产业的竞争将进一步加剧。

面对这样的外部环境，贵州工业规避风险、迎接挑战的关键支撑点是加快转型升级，融入德国"工业4.0"的国际发展浪潮，通过加快信息技术和智能生产的引进及全面利用，实现贵州工业的跨越式升级换代，以特色、质量、品牌提升贵州工业竞争力。

（二）"新常态"背景下，工业增速放缓，传统动力难以持续

从全国宏观经济发展的总体形势来看，经过多年的快速经济增长，经济面临从高速增长到中高速增长的阶段性转换。受到全国宏观经济形势和未来工业整体发展态势的影响，经济"新常态"下，贵州工业发展将出现增速放缓和动力转换带来的压力。

在工业增长速度方面，近年来，贵州规模以上工业增加值增速明显放缓，由"十二五"时期平均增长14.3%下降到2016年的9.9%。增速放缓，一方面来自国家宏观经济增速换挡的影响，总需求增长的减慢和前一阶段政策刺激效应逐步退化，使贵州工业在全国工业增长整体下滑压力下增速也随之下降；另一方面传统的依靠外延扩张拉动增长的方式难以为继，资源、环境、土地的约束更加突出，劳动力成本呈上涨趋势，国家淘汰落后产能，传统低端产业市场萎缩，这些压力也都将是近年来贵州工业增长放缓的原因。

在工业发展动力方面，近年来，投资快速增长的趋势逐渐放缓，制造业投资增速由2014年的24.5%下降到2016年的12.5%，回落趋势明显。以资源、投资、劳动力等传统生产要素外延式扩张为工

业发展动力的生产方式未来必然难以持续。工业发展动力将逐渐转向依靠创新和效率提升。技术创新驱动力将明显增强。从国际经验来看，进入工业化中期以后，政府和企业在研发经费上的投入比重都将大幅提高。在以信息化与工业化深度融合、智能生产广泛应用为代表的新一轮工业技术和生产方式大变革的背景下，技术创新将成为支撑快速发展的根本动力。管理创新内在动力将更加强劲。近二三十年来涌现出大批现代管理方式，如制造资源计划（ERP）、供应链管理（SCM）、精益生产（LP）、业务流程重组（BPR）、企业资源计划（MRP II）等，已在全球范围内广泛应用并取得了良好效果。目前，传统动力因素发挥作用的效能已明显减弱，由于新的动力机制尚未完全建立，在动力转换的过渡期内，工业发展将面临一定的压力。

（三）国际制造业技术变革与《中国制造2025》战略迫使贵州工业加快转型升级

目前，全球产业竞争格局正在发生重大调整，发达国家纷纷实施"再工业化"战略，重塑制造业竞争新优势。国际上新一代信息技术与制造业深度融合，正在引发影响深远的产业变革，形成新的生产方式、产业形态、商业模式和经济增长点。各国都在加大科技创新力度，推动3D打印、移动互联网、云计算、大数据、生物工程、新能源、新材料等领域取得新突破。基于信息物理系统的智能装备、智能工厂等智能制造正在引领制造方式变革；网络众包、协同设计、大规模个性化定制、精准供应链管理、全生命周期管理、电子商务等正在重塑产业价值链体系；可穿戴智能产品、智能家电、智能汽车等智能终端产品不断拓展制造业新领域。我国在新一轮发展中面临巨大的挑战。

在这样的背景下，我国积极推进《中国制造2025》战略，它是我国实施制造强国战略第一个十年的行动纲领，是在信息技术与制造业深度融合、国际产业格局和竞争环境深刻变化的背景下，我国工业转型升级的关键性战略部署。《中国制造2025》战略对贵州工业转型升级提出了迫切要求。《中国制造 2025》战略以新一代信息技术与制造业深度融合为主线，以推进智能制造为主攻方向的发展重点，而贵州工业底子较薄，发展相对滞后，尽管以大数据为引领的信息技术产业正在加快发展，但传统产业和传统生产方式仍占绝大部分，未来推进"两化"深度融合与智能生产的转型升级任务十分巨大。国务院出台《中国制造 2025》战略后，全国各省份都积极制定本身行动纲要，新一轮竞争已经展开，贵州不进则退。

三　贵州工业发展形势的总体判断

"十三五"时期，贵州工业发展的机遇与压力并存。目前，贵州工业化整体发展水平还落后于全国平均水平，为了确保到 2020 年贵州与全国同步建成小康社会、抓住《中国制造 2025》战略的发展契机、尽快缩小差距，"十三五"时期，贵州工业发展的基调应是追赶与转型的有机统一，以加快发展为目标，以转型升级为主要手段，着眼于"赶"，着力于"转"，在转型升级中实现赶超。

从贵州工业发展面临的形势看，追赶与转型有机统一是必需的，也是可行的。追赶与转型的统一，是坚持发展与生态两条底线在工业上的体现。一方面，目前贵州工业发展相对滞后，不加快赶超、不保持较快的增长速度，就无法支撑贵州经济发展和全面建成小康社会的基本要求，因此，加快赶超，保持工业稳定较快增长，仍是十分必要的。另一方面，加快赶超、保持增速必须要靠工业转型升级，在国际、国内工业技术变革加快，信息化、智能化、个性化日益深入，以外延扩展为主的传统增长动力难以持续的背景下，如果贵州不切实推进工业转型升级，竞争力必然下降，持续的较快增长难以实现；同时，工业转型升级也是实现绿色发展的重要手段，是在发展中守住生态底线的基本保障。追赶与转型的统一也是可行的。伴随着《中国制造 2025》战略的实施，一系列支持产业转型升级、促进新兴产业发展、推动信息化与工业深度融合的政策将提供更多机遇，贵州在国家对我开放和区域发展战略中的地位进一步提升，同时，贵州交通和信息基础设施建设已进入一个新阶段，这些都为贵州工业加快转型升级提供了有利条件。

第二节　贵州工业转型与发展的基本路径

一　加快结构调整

（一）优化产业结构

贵州工业结构优化调整将围绕推进新兴产业跨越发展、特色优势产业提质增效、传统产业转型升级这一主线展开，具体来说，主要有以下三个方面。

1. 以新技术、新市场、新业态带动新兴产业跨越发展

大数据、大健康、新建材、高端装备制造等产业是目前贵州发展速度迅速、市场前景广阔、初步具备一定基础的新兴产业。新兴产业的跨越发展是贵州工业结构优化的重要动力。

（1）充分利用"互联网＋"与智能化新技术，实现新兴产业高起步。贵州新兴产业历史包袱少，未来的高速发展期正好与中国工业互联网化和智能化技术换代期重合，是难得的发展机遇。加快信息基础设施的规划，布局重大项目，做好产业集聚区的光纤网、移动通信网和无线局域网的优化升级；推进数据中心建设；完成互联网出省通道扩容提升和贵阳互联网交换中心建设；协调推进北斗导航位置服务网建设；加快推进智能终端的普及推广，提高面向工业应用的网络服务能力。组织开展工业大数据试点示范，选取典型行业骨干企业，围绕大数据在智能制造中的集成应用开展试点示范。

（2）努力拓展新市场，为新兴产业发展提供需求动力。我国工业需求逐步进入个性化、信息化、服务化阶段，新兴产业发展要精准把握这一趋势。大数据产业要进一步深度挖掘信息应用与信息服务增值市场，发展大数据交易市场，利用"云上贵州"平台开发信

息消费市场。大健康产业将药品生产、医疗服务、居民健康档案和医药需求等通过互联网和云平台充分互联，利用精准服务培育新市场。新建材通过客户与厂商互联，满足客户个性化需要，尽快打开高端建材市场。高端制造业依托军工企业优势，加快军民融合发展，加快布局引领性大项目，在无人机、智能新能源汽车、智能装备、智能家居等领域占有市场一席之地。

（3）积极探索新业态，通过组织创新激发新兴产业发展活力。互联网和智能化新技术的应用、个性化和服务化新市场的开拓，都需要新的产业形态作为支撑。积极鼓励制造企业与生产性服务业融合，通过战略合作、资产重组、业务扩展等方式，加快制造业服务化。鼓励建立以企业为主体的产学研用协同创新实体。进一步探索"生产企业＋电商平台＋线下实体店的立体营销"模式，充分发挥互联网平台个性需求反馈、线下实体店在用户体验方面的优势，实现产品与用户的互动。充分发挥创客空间的平台作用，以创客空间建设为纽带，形成创意、研发、生产、融资、营销及其他商业服务为一体的新兴产业发展模式。

2. 以规模、品牌、质量推动特色优势产业做大做强

以优质白酒、卷烟、特色食品、民族中医药、茶叶、民用航空等装备制造业为代表特色优势产业，已经具有较好的产业基础，在整个工业中占有较大的比重。推动这些产业规模化发展，进一步提升品牌知名度和产品质量，对于优化贵州工业结构具有重要意义。

（1）促进特色轻工业的产业整合。围绕品牌建设推进行业整合，培养大企业、大集群。充分利用市场机制，政府积极引导，以高质量、高附加值、高市场占有率的知名品牌为核心，以龙头企业为基础，加快行业整合力度。通过行业整合，提升市场竞争力和品牌影响力，着力解决贵州特色轻工业发展中"散、小、弱"的问题。在行业整合的基础上，加快民营资本和外资的进入；围绕研发创新、生产制造、质量管理和营销服务全过程，打造一批特色鲜明、竞争力强、市场信誉好的产业集群区域品牌；积极试点和利用

智能化生产、产品全生命周期的质量管理、质量自我声明和质量追溯制度，提高产品质量，保障产品使用安全，形成具有自主知识产权的名牌产品，不断提升贵州企业品牌价值和整体形象，为贵州特色轻工发展提供长久动力。

（2）加快装备制造业中引领性项目的布局和产业链延伸。进一步发挥军民融合的优势，以贵阳国家经济技术开发区、贵阳国家高新技术开发区、遵义国家经济技术开发区、安顺民用航空产业国家高技术产业基地和毕节国家新能源汽车高新技术产业化基地5个以装备制造为主导产业的国家级园区为中心区，重点提高主机生产在产业结构中的比重，在航空航天、汽车、全地形多功能工程机械、能矿机械、山地农业机械、轨道交通装备、专用机床等具备一定产业基础的领域布局以主机生产为主的引领性大项目。积极调整装备制造业内部结构，淘汰落后和过剩产能，腾笼换鸟，为技术先行、市场潜力大的项目腾出空间。抓住《中国制造2025》战略的机遇，积极争取无人机、智能新能源汽车、新一代电子信息设备、智能制造装备、智能电力装备等领域的大项目落地贵州。以大项目带动零部件及配套产业发展，向上游整合矿产、冶金、能源产业，向下游融合生产性服务业，逐步形成全产业链发展模式。

3. 以一体化、集群化、生态化加快传统产业转型升级

煤炭、冶金、电力、化工是贵州的重要支柱产业，在工业产值中比重较大，贵州的资源禀赋决定了这些产业具有一定的比较优势，不宜盲目放弃这些产业。在经济"新常态"背景下，这些产业的发展重点不再是数量上的粗放扩展，而是通过技术换代和发展方式转变，在质量上实现转型升级和产业层次的提高。

（1）推进煤炭、电力与冶金、化工的一体化发展。这是整合贵州资源优势，理顺产业链条，通过转型升级提升能源、原材料为主的重化工业市场竞争力的重要途径。以产业链建设为核心，以市场机制为基础，政府积极促进上中游联动发展。引导大型煤炭、电力企业与钢铁、铝、磷化工等龙头企业通过相互持股或签订长期价格

协议方式，组成紧密的战略联盟；促进一体化企业联盟进一步挖掘热电联产自备电潜能，积极推动电力直接交易，降低企业用电成本。加强中游企业技术和产品升级，钢铁产业重点加快做强做高端金属材料、优特殊钢材及关键零部件抗疲劳加工；铝产业重点扶持氧化铝生产，整合铝土矿、电解铝、氧化铝、铝精加工为一体的产业链条；磷化工加强磷酸一铵、磷酸二铵、重过磷酸钙、过磷酸钙、磷肥、黄磷等主要产品的质量提升和品牌建设。推动中下游企业互动，延伸产业链。钢铁产业围绕关键零部件、航空航天、精密数控机床、发动机等领域与装备制造业合作；铝产业进一步开拓下游深加工领域，加快铝合金汽车轮毂、散热器铝箔、引擎内活塞、铝质磁悬浮列车外壳及相关零部件、航空用铝合金零部件、轨道交通轻质车厢、通信设备铝合金外壳、空调铝箔及空调节能控件、印刷用 PS 板基、新型电子元器件、铝合金建筑型材等领域发展；支持开磷、瓮福、金正大、芭田等磷化工行业龙头企业着力延伸产业链条，引导中小企业围绕龙头企业重点发展下游精深加工产业和关联产业，促进形成精细磷化工产业集群。

（2）通过发展绿色产业集群，实现经济效益和生态效益"双赢"。煤炭、冶金、电力、化工等重化工业属于高污染、高能耗产业，通过集群化实现生态化是产业可持续发展的有效途径。建立起上中下游产业一体化链条是实现聚集的产业基础，重点产业园区、产业基地是实现聚集的空间载体，在此基础上，建立新型生态循环工业集群，淘汰技术落后、效率低下、污染严重的项目，推动资源循环利用率高的项目建设；通过市场引导、成本推动、政府扶持方式吸引外来企业进入，实现产业链延伸和生态链的连续完整；对集群内生态效益明显、经济效益较弱的必不可少的生态产业环节，政府要合理投入；对高污染、高能耗企业，应按照国家环境标准严格监管，鼓励采用先进工艺和绿色加工技术，对重大绿色生产技术和生产线再造给予合理的税收减免或补贴。

（二）完善所有制结构

贵州工业所有制结构优化的重点是围绕加强引导，优化环境、破解"瓶颈"、提升质量、完善服务的基本思路，着力提升民营经济发展质量。

1. 加强引导

依托《贵州省鼓励民间资本投资重点领域清单（正面清单）》等政策，以破除民间投资和外商投资的体制机制性障碍，引导民营企业和外资企业投身重点产业，使投资方向与贵州产业政策方向高度统一，有效地推动电子信息产业、新医药和健康养生业、山地现代高效农业等产业健康发展。依托各类产业发展平台，鼓励引导民间资本和外商资本企业进园区、进标准厂房集聚配套发展。鼓励国有企业与民营中小企业加强协作，延伸产业链，培育产业集群，同时促进更多的民营企业以多种形式参与国有企业改革重组，实现互利共赢。引导民营企业和外资企业加快生态化发展，杜绝高污染、高能耗产业，鼓励清洁生产方式的建设和改造。

2. 进一步优化创业和投资环境

简政放权，消除不合时宜和阻碍民营经济和外商投资的审批项目，完善便捷审批程序，履行服务承诺，把应该下放到各区、县审核的项目全部下放到区、县审批。优化审批流程，重点围绕解决互为前置、权责脱节和多头审批等问题，建立健全各部门之间并联审批方式，标准化运作。建立企业电子证照信息库，加强电子政务信息系统的整合，促进信息共享，实现企业各类申报材料、批文、证照共享、共用。对各级政府及其职能部门兑现招商引资承诺情况进行监督检查。推动建设法治经济，严格规范政府与市场的关系，牢固树立和贯彻市场主体"法无禁止皆可为"、政府"法无授权不可为"的法治经济理念，依法管住"有形之手"，依法放开"无形之手"。按照"正税清费"的原则，建立和实施涉企收费目录清单制度，目录清单之外的涉企收费，一律取消。

3. 着力解决民营中小企业融资难问题，消除金融领域的所有制歧视现象

适时设立省中小企业发展基金，用于引导创业投资机构及其他社会资金支持处于初创期的小微企业。省财政采取股权投入等方式，支持设立县域担保机构或担保服务网点，建立和完善覆盖全省的中小企业信用担保体系。设立再担保代偿补偿资金账户，提升担保机构为小微企业贷款担保的业务规模。鼓励民间资本发起设立自担风险的民营银行、金融租赁公司和消费金融公司等金融机构。探索设立民间融资服务中心和民间资本管理公司，规范民间借贷，引导各类资本服务实体经济。进一步推进村镇银行发展。鼓励互联网金融合理发展，探索利用众筹融资模式降到融资门槛，支持小微企业创业、创新的融资需求。

4. 提升民营经济发展质量

继续培养一批综合实力强、发展前景好的骨干企业，鼓励和支持符合条件的个体工商户向企业升级，形成骨干企业引领、中小微企业充分发展的市场主体结构。引导民营企业按照区域功能定位，以差异化、特色化发展为方向，以园区为载体，以产业链为纽带，加快民营经济示范园区建设，提高集聚程度。加大民营企业人才工作力度，在"引、育、聚"上下功夫，政策和资金要配套，柔性引进、合理流动、定向培养、建立人才信息库等机制进一步健全。加强对科技含量高、规模较大的民间投资项目的用地支持，鼓励有条件的民营企业对闲置厂房进行改建和内部土地整理，提高土地利用率，加快标准厂房建设，引导民营企业集中、抱团发展，促进产业集群逐渐形成。拓展民营企业市场空间，鼓励和支持民营企业建立面向省外、境外的销售网络平台。

5. 完善公共服务

利用中小企业发展专项资金，分年分批重点支持一批研发设计、检验检测等小型微型企业公共服务平台建设。采取购买或事后服务补助的方式，支持创业辅导、管理咨询、技术推广、人才培训、营

销策划、法律援助等服务机构改善对小型微型企业的服务。继续推进中小企业公共服务平台网络建设，为中小企业提供找得着、用得起、有保障的服务。进一步落实国家对小微企业扶持政策和鼓励"大众创业、万众创新"的系列优惠政策，按条件分别享受免征增值税或营业税、减征企业所得税、免征关税、印花税，降低失业保险费率等优惠。鼓励高校毕业生到小微企业就业，按规定给予社会保险补贴，享受高校毕业生企业就业和养老保险费率优惠，减轻小微企业创业成本。重点支持工业园区公共服务平台和众创空间服务平台建设，各级政府、工业园区管委会对新入驻的小微企业的厂房租金给予适当补贴。

二　优化空间布局

（一）总体框架

依据贵州省主体功能区规划，更加充分地发挥高速铁路、高速公路网及其节点城市的骨干支撑作用，在"一区两翼多组团"的原有布局基础上，进一步优化贵州工业发展的空间布局。

贵州工业发展空间布局优化的总体框架是：以黔中经济区为支撑，打造贵安新区—贵阳—遵义工业发展主轴，通过主轴发展，进一步强化黔中经济区的聚合能力和引领作用；以贵阳至广州、长沙、昆明、成都高速铁路、高速公路为骨干，构建黔中—黔南、黔中—黔东南—铜仁、黔中—黔西南和黔中—毕节四大经济带，以四大经济带进一步整合"两翼"资源，增强"两翼"经济区与黔中地区和周围省份的联系，以此带动经济带上各组团的产业聚集和对外开放，更好地融入长江经济带、"一带一路"、珠江—西江经济带等国家区域发展战略；以贵州工业发展主轴和四条经济带为依托，以区域性中心城市和城镇、重要交通节点、重点产业园区为基础，加大集约发展力度，建设一批产业聚集组团。由此形成"一轴四带多组团"的空间格局。

"一轴四带多组团"空间格局的核心特征是指点、线、面结合的网络集约型空间布局。"点"主要是指重点产业聚集区形成的各组团；"线"主要是指贵安新区—贵阳—遵义发展主轴和黔中—黔南、黔中—黔东南—铜仁、黔中—黔西南和黔中—毕节四大经济带；"面"主要指三大板块，即以贵安新区—贵阳—遵义发展主轴为主干的黔中经济板块，以黔中—黔西南、黔中—毕节经济带为骨干的"西翼"毕水兴经济板块，以黔中—黔南、黔中—黔东南—铜仁经济带为骨干的"东翼"特色综合经济板块。根据贵州的山地自然条件，点、线、面的结合方式采用网络集约型模式。集约体现在不搞摊大饼、铺摊子，强调以"点"为基，在"点"上产业高度聚集、土地利用高度集约。网络型体现在充分发挥"线"的勾连作用，把相对分散的"点"编织成联通互动的网面，即以"线"联"点"，利用重点交通线和四大经济带推动各组团充分联通、分工协作、联动共进；以"线"带"面"，通过四大经济带支撑、带动三大经济板块的整体发展。

工业空间布局优化的主线是与新型城镇化高度结合。工业化与城镇化具有相互支撑的关系，两者的协调发展也是新型工业化的题中应有之义。坚持产城融合发展，工业空间布局的优化应与新型城镇化的空间布局统筹考虑。尤其是在各产业聚集组团的布局上，要充分考虑选择未来城镇化重点发展区域中条件较好、潜力较大的区域性中心城市和城镇、重要交通节点、重点产业园区；对于未来很可能远离城镇化重点区域的、条件不够成熟、发展相对滞后的老旧工业据点或产业园区要考虑提早谋划转型、调整或退出。

推动工业空间布局优化的关键环节是"抓联通、促集聚"。产业集聚是充分利用土地资源和公共基础设施、产生聚集正外部性、增强产业关联、促进技术创新、提高经济效益的重要手段，也是贵州山地自然条件的客观要求。因此，要把进一步促进产业集聚作为空间布局的一个关键环节。这里的集聚有三个层面：一是在全省三大板块层面要促进向黔中经济板块集聚；二是在三大经济板块内部要促进向一轴四带集聚；三是在一轴四带上要促进向区域性中心城市和城镇、重要交通节点、重点产业园区集聚。"促集聚"需要以"抓联通"为基础，只有具备较好的区域联通条件，市场才能引导产业走向聚集，产业聚集区才能分工协作、互动发展。"抓联通"要以进一步完善公路、铁路、航空、水路等交通基础设施，更好地实现物流联通；以区域合作、消除行政壁垒，促进各种生产要素高效配置；以互联网、云平台、大数据应用等信息基础设施建设，加快实现信息充分流转与共享。

（二）强化贵安新区—贵阳—遵义发展主轴功能，打造黔中增长极

依托贵安新区和贵阳、遵义两大城市，以高速铁路、高速公路干线为骨干，进一步强化贵安新区—贵阳—遵义发展主轴的产业聚集功能、产业转型和技术换代的引领功能、工业与现代生产服务业特别是新一代信息技术融合发展示范功能、高层次人才的培养功能，使其成为贵州新型工业化的领跑者和强大引擎。充分发挥发展主轴的带动辐射作用，以贵安新区、贵阳、遵义为支撑，将黔中经济区打造成为贵州工业信息化、高端化、生态化增长极。

在发展主轴上，以贵阳和贵安新区为核心，突出创新驱动和"两化融合"在全省的引领作用。在贵阳以中关村贵阳科技园经开园、高新园、开阳园等国家级新型工业化产业示范基地和贵阳综合保税区、中关村贵阳科技园息烽园和白云园、小河—孟关装备制造业生态工业园区、南明临空经济产业园等为重点，聚集一批大企业、大项目。贵安新区以富士康第四代产业园、斯特林光热发电机等工业项目为基础，加快产业园区建设；以大学城、大数据孵化园、泰豪数字文化创意产业园等为依托，进一步优化创业创新环境和扶持机制，探索和建立适宜的众创空间发展模式。向南以贵安新区为支点加快推进贵阳、安顺一体化，强化发展主轴对贵州南部发展的带动能力。向北以遵义市的红花岗区、汇川区、遵义经济技术开发区为核心，利用贵遵高速、兰海高速贵州段等交通干线，进一步发挥连接川、渝和黔中经济区的区位优势，辐射带动黔北地区。

从产业发展来看，重点发展以大数据为引领的电子信息产业，加快支柱产业信息化融合的进度和深度；进一步壮大和提升以航空、汽车及零部件为重点的装备制造、磷煤化工、铝及铝加工、优质白酒、烟草、茶叶等产业，大力培育战略性新兴产业，特别是大健康产业、新建材产业，逐步形成较为成熟的军民融合高端装备制造、能源和资源深加工、特色轻工业三大产业集群；基本构建起大数据、大健康和新建材三大新兴产业集群。

（三）建设黔中—毕节和黔中—黔西南经济带，引领毕水兴转型升级

黔中—毕节经济带以贵毕高速等交通干线为骨干，加快产业向黔西、大方、七星关、织金、水城、威宁等区县的重点产业园区集聚。黔中—黔西南以沪昆高铁、沪昆高速、惠兴高速、晴兴高速等交通干线为骨干，加快产业向兴义、盘县、义龙试验区集聚。黔中—毕节和黔中—黔西南两大经济带要充分发挥连接黔中、沟通南北的重要作用，通过两大经济带建设，北通四川更好地融入长江经济带，经川连接陕甘进入"丝绸之路经济带"；向南联动云南、广西打通贵州与"21世纪海上丝绸之路"的联系。

在产业上，进一步发挥毕水兴经济板块煤炭、黄金等矿产资源优势，实现传统产业转型，培育新兴产业，加快多元化发展。一方面，要夯实支柱产业。加快大型煤矿基地建设，提高煤炭规模化、集约化、机械化和安全化水平，压缩过剩产能，淘汰落后产能，推进老矿区技改。优化发展火电，发展大型高效环保火电机组，加快建设大型电源基地，优化调整地区电源与电网的结构和布局，加快城乡电网建设改造。促进煤焦化、煤电钢、煤电铝、煤电材等传统产业向煤电油气化等新型产业转变，建设循环经济产业集群。支持现有钢铁企业的升级改造，大力发展精品长材、优特钢、特殊钢等系列产品。大力发展新型铝材精深加工，加快推进铝工业优化升级，重点发展铝加工，配套发展氧化铝、电解铝。积极发展铅锌、铁合金等产业。优化黄金开采，延伸黄金产业链，发展黄金精加

工。另一方面，要推动产业多元化。烟草、白酒、制糖、茶叶、民族制药、特色食品等产业，做大规模，提升质量。培育战略性新兴产业发展，积极推进电子及新一代信息技术产业、新型能源化工、新能源汽车、清洁能源及产业配套、生物制药、新型建材等产业。

（四）建设黔中—黔东南—铜仁和黔中—黔南经济带，发展东部特色产业集群

黔中—黔东南—铜仁经济带以沪昆高铁长沙至贵阳段、杭瑞高速、厦蓉高速、沪昆高速等交通干线为骨干，带动铜仁市、黔东南州经济发展，强化贵州与中部、东部省份的联系，发挥融入长江经济带的重要通道优势，打开通往长三角地区大门。依托杭瑞高速、沪昆高铁、铜玉城际铁路等交通干线，以碧江灯塔园区、大龙开发区、万山转型园区、铜仁高新区为核心，以玉屏承接产业转移园区和松桃工业园区为两翼，以江口、印江、德江、沿河、思南、石阡工业园区为组团，构建贵州东北部经济圈，重点发展锰资源精深加工、节能环保、矿山装备、电子信息、仓储物流、新型建材、特色农产品加工、旅游工艺品等产业集群。依托沪昆高速和沪昆高铁，打造麻江—凯里—台江—剑河—镇远—三穗—岑巩产业走廊，重点发展开发钒矿、铝土矿、石灰石矿、重晶石矿等资源冶金化工、高科技金属铝生产及加工产业，循环生产建材水泥、粉煤灰轻型墙体建筑材料等建材产业，以当地丰富的中药材、特色食品、速生林木生物资源为基础的现代中药、食品、木材深加工等特色轻工业。依托贵广高铁和厦蓉高速，打造丹寨—榕江—从江—黎平产业走廊，以生态产品规模化、高端化、品牌化为重点，加快林产工业、药品制造、农副产品、绿色特色食品、旅游产品等特色产业集群的形成。

黔中—黔南经济带以贵广高铁、驾欧至荔波、马场坪至瓮安、独山至平塘（平塘段）、惠水至罗甸、三都至荔波、三都至独山等已通车或在建高速公路干线为骨干，带动黔南州经济发展，强化黔南州联系黔中与广西、广东的区域优势，加快融入泛珠三角合作与

珠江—西江经济带建设。依托黔中经济区，优先发展都匀—昌明、瓮安—福泉、龙里、惠水—长顺等工业组团。瓮安—福泉工业组团，以瓮安—福泉磷煤电一体化循环经济工业园区（含瓮安经济开发区与福泉经济开发区）为载体，重点发展磷化工、煤化工、铝工业、氯碱化工、氟化工、硅化工、碘化工等，加快生态转型，逐步提升信息化、智能化生产程度，打造绿色化工产业集群。都匀—昌明工业组团以都匀经济开发区、都匀甘塘产业园区和昌明经济开发区为重点，龙里工业组团以龙里经济开发区（工业园区）和贵州双龙临空经济区龙里片区为中心，惠水—长顺工业组团以惠水经济开发区（惠水长田工业园区）与长顺威远工业园区为中心，重点布局先进装备制造、电子信息产业、汽车及零部件、特色轻工、生物制药、新型建材、冶金及其深加工等特色产业集群。加强黔中—黔南经济带辐射功能，培育和发展平塘—独山、罗甸新兴工业组团，以生态工业和承接产业转移为重点，发展果蔬加工、特色文化旅游商品加工、生物医药、节能环保、新能源、新型石材与陶瓷等特色产业群。

三 推进工业信息化、智能化、服务化

（一）增强信息化引领

积极推进工业化与信息化深度融合，以大数据产业为核心，建设完善信息基础设施，构建现代信息技术产业体系，健全信息安全保障体系，促进信息技术广泛深入应用，提升管理和服务水平。以信息基础设施建设为先导，加快部署高速、宽带、移动、融合、泛在的信息网络基础设施，继续推进产业集聚区的光纤网、移动通信网和无线局域网的优化升级。加快推动互联网与物联网、云计算的融合发展，预留新技术应用空间，保证新老技术的兼容转换。

积极推进信息产业体系建设。鼓励企业积极争取国家电子发展基金、物联网发展专项，研发一批重大关键核心技术，抢占产业发展制高点。推动新型显示、物联网、未来网络、集成电路、核心元器件、电子装备、航空航天和汽车电子、北斗卫星导航等基于新一

代信息技术的应用电子产品、安全保障产品的培育和发展，研发一批基础软件、云计算、工业软件、信息安全、行业应用软件等重点软件新产品，培育一批云服务、网络信息服务、特色电子商务、三网融合等新兴服务业态，创新商业模式应用，扩大公共信息产品供给，培育信息消费热点。在信息技术领域研发一批新技术、新产品、新服务，培育一批龙头骨干企业，引进培养一批产业发展亟须的高层次人才，认定一批产业基地和载体，搭建一批应用服务平台，为信息化引领提供电子信息基础产业技术支撑。鼓励结合应用市场需求，加大在教育、医疗、交通、节能环保、安全生产等领域推广应用信息产业新技术、新产品、新服务。

实施企业信息化深度融合推进工程，提升省级工业化与信息化融合示范、试点企业信息化水平，推动信息技术在研发设计、产品装备、生产过程、供应链管理、电子商务、安全节能、绿色低碳等领域的深入应用。围绕关键核心技术，引导企业在技改投资中加大信息技术应用投资，实施一批信息化改造示范项目，试点推广一批工业应用软件，鼓励企业加快研发设计数字化、供应链管理信息化，建立企业信息化指数评价体系，打造一批数字企业。

（二）加快智能化升级

抓住《中国制造2025》战略发展契机，全面提升智能制造创新能力，推进制造过程智能化升级改造。推进制造业智能化改造，实施"机器人应用"计划，扶持一批"机器人应用"示范项目，推广重点行业数字化车间，开展智能工厂培育试点。在有条件的重点企业试点建设智能工厂或数字化车间，加快人机智能交互、工业机器人、智能物流管理等技术和装备在生产过程中的应用，促进制造工艺的仿真优化、数字化控制、状态信息实时监测和自适应控制。加快产品全生命周期管理、客户关系管理、供应链管理系统的推广应用，促进集团管控、设计与制造、产供销一体、业务和财务衔接等关键环节集成，实现智能管控。

构建智能制造自主创新体系，依托高校、科研机构建设国家级、省级智能制造协同创新中心，建设若干具有先进水平的智能制造研究院、工程化平台，加强智能制造核心、关键共性技术攻关，突破智能制造核心零部件。

积极营造良好的智能装备产业发展环境，加快智能制造产业集聚化、规模化发展，促进智能制造产业链整合、配套分工和价值提升。培育一批智能装备和关键零部件研发制造及智能制造系统集成与应用服务等较为集中的产业集聚地和产业园区，努力打造在全国范围内具有较大影响力的智能制造示范基地。初步形成从数控机床、智能机器人到智能成套装备，从硬件、软件到信息技术集成服务的智能制造产业链。

（三）促进工业服务化转型

进一步完善生产性服务业体系，加快工业与生产性服务融合发展，促进工业服务化转型。重点推进现代物流、信息服务、商务服务、创意设计服务等知识密集型、技术密集型生产性服务业提速发展，提升生产性服务业发展层次。加快物流发展模式转变，推动物流业与商贸、金融、信息等产业深度融合，提供一体化综合物流服务。推广面向企业全流程的信息技术服务，促进信息服务向高端化发展。大力发展为企业全方位提供设计策划的工业设计服务，支持工业设计公司品牌建设。提高担保机构资金使用效率和盈利能力，发挥担保在缓解中小企业融资难过程中的积极作用。加快合同能源管理、清洁生产审核等节能服务发展，提高会展服务质量和水平。支持发展面向企业的分析、测试、检索、咨询、数据加工、职业技能培训等商务中介服务。在现代物流、信息服务、工业设计、融资担保、节能服务等生产性服务业领域，加快推进一批对产业发展有重大支撑作用、带动性强的重点园区、各类基础服务平台、转型升级应用示范和研发设计产业化项目。

对生产性服务业与工业的联动发展、提升物流发展水平、促进信息服务高端化、工业设计创新成果产业化、中小企业公共服务平台（网络）、合同能源管理等项目给予重点支持。同时加强对支持项目的跟踪服务和绩效考核，促使项目按期建成并取得成效。鼓励生产性服务企业与制造企业联动发展。鼓励制造企业将物流、工业设计、信息技术等服务外包，提高生产性服务在制造企业各运营环节的"覆盖"广度和"嵌入"深度。

推动工业服务化转型。鼓励制造企业发展集成服务，支持有条件的企业由提供设备向提供系统集成总承包服务、由提供产品向提供整体解决方案转变。加强供应链管理，支持一批供应链管理龙头企业做大做强，强化物联网技术在供应链管理中的应用，实现对原材料、零部件、半成品、产成品和产品销售全过程识别和跟踪，促进生产和销售信息同步共享、消费需求及时反馈。加强行业电子商务平台建设，支持制造企业利用电子商务转型升级，开展移动电子商务产业基地和创新基地试点示范，支持各地建设电子商务产业基地和园区。

四　促进产业园区提质增效

经过近几年的建设，贵州产业园区已具备一定的基础，发展势头良好。"十三五"时期，产业园区建设的重点将进一步转向提高发展质量、增强发展绩效这一主线，着力促集聚、抓集约、育特色、扶龙头、优环境、融两化、严考评。

（一）促进产业集聚程度进一步提高，加快建设贵阳—贵安大数据产业发展集聚示范区和大健康医药产业集聚区

深入推进煤电铝一体化改造和老工业基地退城进园，优化煤电钢、煤电化、煤电磷产业园区要素资源和产业基础。着力提升白酒、卷烟、茶、医药及特色食品、旅游商品等产业园区规模和效益。

（二）提升园区土地和基础设施集约利用效率

严控产业园区建设规模，重点打造核心区，坚决制止盲目铺摊子、上项目。努力提高用地综合效率，清理盘活"批而未用"的土地，坚持滚动建设、边建边用，有序推进产业园区多层标准厂房和流程性厂房建设。严控入园项目用地规模，产业项目用地比重不得

低于产业园区规划面积的 70%，容积率不得低于 0.8，单位土地平均投资强度和产出强度不得低于 1000 万元/公顷和 1200 万元/公顷。

（三）培育产业园区发展特色，强化梯次分类管理

每个产业园区主导产业原则上不超过 3 个。进一步对全省产业园区主导产业目录进行梳理，通过规划或指导意见引导各地产业园区突出自身比较优势选择主导产业，加强分工协作，避免布局雷同、重复建设。对特色重点产业园区，地方政府给予重点扶持和优先发展，雷同、劣势产业加快转产、调整。根据全省各地产业园区的不同发展条件，采取梯次分类管理办法。重点支持经济综合实力强、产业特色鲜明、发展质量高的产业园区做大做强，推进规模较大的重点产业园区率先发展；对发展相对缓慢的产业园，查找问题，着力提升适应能力和成长能力，促进其凝聚特色，增强竞争力；对地处重点生态功能区、不具备大规模工业园区发展条件的县份，可因地制宜发展特色产品加工等产业小区。

（四）扶持龙头企业和重点项目

大力支持产业园区龙头企业做大做强，吸引产业链上下游企业集聚发展。发挥作为优势产业链"链核"的龙头重点企业、重点产品的带动作用，切实增强企业对产业要素资源的配置能力、控制能力和综合成本消化能力。通过延伸产业链，拓展产业幅，提升耦合度，促进主导产业上下游协调发展，形成龙头企业引领、配套企业支撑的企业集群。加强项目谋划储备和管理，引进、挖掘、培育大项目、好项目，滚动建立万亿工业项目库，不断提高储备项目的数量和质量，推动重点项目落地建设。深化矿产资源配置体制改革，推进资源就地转化，重点实施一批补链、拓幅、升级项目，有序推进自备电厂建设。以发展高端装备制造为重点，组织实施一批军民融合和军工能力建设项目。以做大做强烟、酒、茶、新医药、特色食品"五张名片"为重点，推进一批传统产业升级改造项目。大力发展大数据产业，积极实施"7＋N"朵云应用工程，统筹抓好信息基础设施建设、电子信息制造、北斗产业发展，加快推进富士康、

三大运营商数据中心等一批重点项目建设。

（五）优化经营和生态两大环境

完善传统基础设施和信息基础设施建设。深化园区管理体制改革，推进经营主体市场化、园区管理企业化，提高园区经营能力。促进产业园区循环化、清洁化、生态化和资源综合利用，支持产业园区创建国家或省级新型工业化产业示范基地、循环经济试点园区和低碳工业园区，建设资源节约型和环境友好型产业园区。在煤炭、钢铁、有色、建材、化工等重点产业全面推行清洁生产，重点建设重化工业循环经济基地。加大重大工业节能项目建设和重大工业污染源治理力度，建立新建项目与污染减排、淘汰落后产能相衔接的审批机制。

（六）严格考评机制

制定产业园区分级考评标准和考评工作方案，完善考评指标体系。规范实行年度考评制度。每两年评选一次全省样板示范产业园区，发挥典型示范的引领和带动作用。建立产业园区退出机制。对基础条件较差、资源利用效率较低、发展长期滞后、综合考评末位的产业园区，要进行通报、约谈、限期整改，对整改后仍达不到"三类工业园区"标准的产业园区，经综合评估后，不适宜继续发展工业的园区，要重新进行规划，适时退出，土地另作他用。

五　加快工业绿色发展

（一）全面推进工业绿色发展和转型

以高耗能行业为重点，组织实施节能改造，推进能源智慧化管理，实施能源动态监测、控制和优化管理，持续开展重点企业节能低碳行动，推动建立能源管理体系，提升制造业能效水平。对超标、超总量排污和使用、排放有毒有害物质的重点企业，实施强制性清洁生产审核，深化清洁生产合作。积极发展节能环保装备，推广应用节能环保新技术、新产品，推进资源循环利用，培育一批资源综合利用龙头企业。加快淘汰落后和过剩产能，完善落后和过剩产能市场化退出机制，强化能耗、环保、质量、安全等约束机制，综合运用差别电价、补助资金、准入条件、行业标准等政策措施，促进落后和过剩产能加快退出。促进工业污染减排，全面推动工业锅炉污染整治，强化重点行业污染物排放的综合治理。

（二）积极培育循环产业集群

循环产业集群是将循环经济的生态效益与产业集群发展的规模效益和集聚效益有机结合的新型产业发展模式，是既有利于保护生态环境又能有效加快发展的可行路径。循环产业集群坚持实施工业可持续发展战略，以资源利用高效化、环境影响最小化为目标，以技术创新和制度创新为动力，大力推进资源节约和综合利用，全面推行清洁生产，努力扩大工业循环经济规模，加快构建资源节约、环境友好的工业体系。

（三）进一步提高新建项目准入门槛，严控高耗能、高排放企业进入

提升产品节能环保性能，打造绿色低碳品牌。提高淘汰标准，主动和提前淘汰能耗高、污染重、安全隐患多的落后产能和低端产品制造能力。加强重点耗能企业节能管理，强化节能目标责任考核，推动重点耗能企业提升能源计量、统计基础工作水平，完善节能管理机制，落实能源利用状况分析、评价和报告制度。以高效清洁燃烧技术、变频调速、能源管控一体化、工业冷却循环水系统等一批节能技术为重点，组织实施节能技术推广应用示范项目，带动创新型技术和先进适用技术集成化应用。以钢铁、建材、化工等为重点，采用自动化、信息化和集中管理模式，对企业能源系统的生产、输配和消耗环节实施集中扁平化动态监控和数字化管理，改进和优化能源平衡，实现系统节能。

（四）支持基于物联网模式的区域性工业能效监测与管理平台建设，形成"感知能源、智慧监管"的数字化能源管理体系，建立一批示范工程

进一步扩大循环经济规模，推动国家级和省级产业园区循环化

改造。以煤炭、电力、化工、有色、冶金、新建材、装备制造为重点，培育一批具有较大规模的再制造企业。建设一批减量化、再利用水平高、产业链生态化延伸有特色的循环经济示范工程，打造一批循环经济示范园区和重点企业。

六　深化对外开放

扩大和深化工业及相关领域的对外开放程度，通过体制机制创新、营商环境优化，进一步深化开放合作领域。加快建设《中瑞自由贸易协定》贵阳示范园、贵州—台湾产业园，谋划建设贵州—韩国产业园；加快推进贵阳综合保税区、贵安新区综合保税区、遵义市新蒲综合保税区建设；充分发挥生态文明贵阳国际论坛、中国（贵州）国际酒类博览会、中国（贵州—遵义）国际茶文化节暨中国（贵州—遵义）国际茶产业博览会、全球大数据时代贵阳峰会暨贵阳国际大数据产业博览会等开放平台作用，着力吸引外资、外经、外贸资源。鼓励有条件的产业园区建设服务外包产业基地，支持具备条件的产业园区按程序申报设立海关特殊监管区域。

积极利用中国—东盟、中瑞、中韩、"一带一路"等国际合作平台，加大招商引资力度，注重贵州优势资源、优势产业与国际市场和知名跨国公司战略需求对接，以互补优势构建对外资的吸引力。在产业选择上，以引领性强、产业链扩展范围广的项目为核心，杜绝高污染、高能耗产业进入。积极探索贵州传统产业与国际先进生产服务业合作，通过国际合作，加快贵州重化工业转型升级。深化贵州在长江经济带、泛珠三角经济带中的分工协作，积极承接外资产业转移。支持国（境）外知名企业来黔投资建设企业总部、地区总部、采购中心。鼓励跨国公司在贵州以独资或与当地企业、科研机构、高等院校合资的形式设立研究开发中心。

创新外商投资管理体制机制。探索实施对外资实行准入"负面清单"管理制度，坚持非禁即入，进一步放开一般制造业，允许外资参与国有企业改组改造。积极鼓励外资进入高新技术产业和现代生产性服务业领域。推行外来投资项目全程代办和并联审批制。创新招商引资方式，在扩大利用外资规模的同时，努力实现引资、引智、引技有机结合。建立新型大通关协作机制。加快在市（州）设立海关、检验检疫分支机构，并积极向有条件的县（市）延伸。加强跨区域口岸协作，积极推广"属地申报、口岸验收"的快速通关模式，全面推行直通放行、绿色通道等通关便利化措施，推动建立"单一窗口"，逐步实现"一次申报、一次查验、一次放行"。探索建立涵盖海关、检验检疫、税务、外汇等部门的电子口岸，实现口岸电子政务"一站式"服务。

七 突出行业发展重点

（一）发展新兴产业，打造增长发力点

"十三五"时期，贵州着力推动以大数据为引领的电子信息产业、高端装备制造、医药养生、新型建材等新兴产业加快发展，将其打造成为拉动贵州工业经济增长和转型升级的发力点。

1. 电子信息产业

（1）积极发展以大数据为引领的电子信息产业。以完善信息基础设施为先导，加快提升信息基础设施综合承载和服务能力。推动信息技术广泛应用。围绕高端、关键终端设备和产品，突破新一代信息技术核心技术，完善产业配套体系，提升信息技术产业的规模和层次，努力将贵州省打造成为国家级大数据产业示范区。

（2）推进信息设施建设，夯实产业发展基础。围绕"出省宽、省内联、覆盖广、资费低"四个目标，推进宽带设施提升重点工程。协调组织开展全省三网融合推广工作。推进贵阳互联网交换中心建设，积极争取国家级互联网骨干直联点布局贵阳。加快提升农村信息基础设施水平。协调推进北斗导航位置服务网建设。加快推进数据中心建设，积极争取国家级、行业级以及大企业数据资源存储。贵州丰富"云上贵州"应用内容，完善系统平台功能，抓好"云上贵州"系统平台扩容，搭建全省统一的数据共享交换平台。

加快重点产业基地建设，深入开展国家级贵阳贵安大数据集聚发展示范区创建工作，积极推进富士康第四代绿色产业园，中关村贵阳科技园，三大运营商数据中心，以晴、梅泰诺移动信息产业基地，泰豪数字创意文化产业园，亿赞普中瑞经贸合作园区，惠普"贵州国际金贸云"大数据平台等一批重点项目。

（3）在工业化与信息化深度融合中，大力发展大数据技术及应用、高端软件和服务外包等重点领域。大数据领域，围绕数据存储、数据处理、数据服务和数据安全等，重点在数据库、数据仓库、商业智能分析软件等领域加大研发力度，加快高可靠、高性能的大型通用数据库管理系统的开发，积极拓展专业数据库在政府、电力、电信、信息安全等多领域的应用；着力打造云计算技术中心，着力开发自主可控的大数据分析技术与产品，加速推进能源互联网等重要领域的大数据应用，大力推进大数据服务的产业化；加大云安全软件的开发。把握"工业4.0"时代机遇，推动功能性工业软件的智能应用和研发；支持内容服务、网络应用服务、电子商务、多媒体、搜索引擎、移动互联网和商业信息服务等互联网业发展；做大做强嵌入式软件。软件服务外包领域，围绕信息技术外包、业务流程外包和知识流程外包等关键领域，依托行业龙头企业，促进行业向高端发展，形成若干家规模、能力、水平居全国前列的企业。重点发展软件开发、软件测试、系统租赁、系统托管等信息技术外包，扩大通信和电力软件研发规模，发展智能电网、云计算、物联网等领域的软件研发、信息技术支持等外包业务。壮大基于信息技术的业务流程外包，拓展呼叫中心、物流、金融、商务服务、医疗卫生、通信与公共事业等行业的业务流程设计。鼓励企业聚焦工业设计、研发服务、知识产权服务等知识流程外包领域，重点拓展知识产权研究、医药和生物技术研发测试、产品技术研发、工业设计等外包业务。支持企业建立服务外包战略共同体。

（4）加快推进智能终端产业发展，提升产业的本地配套能力，建立起完整的智能终端产业链，实现芯片设计制造、终端制造及零部件配套一体化的产业发展格局，培育一批龙头企业和企业集团，突破一批核心关键技术，形成一批在国内外具有竞争力的知名品牌。积极培育智能手机、平板电脑芯片、嵌入式智能系统、智能穿戴设备、智能家居终端等产业发展。引进一批龙头智能手机整机制造企业，带动整机研发设计领域的企业入驻，发展芯片设计、整机设计及制造、关键元器件等行业。在芯片设计领域加快布局，引进一批国内外的平板电脑芯片设计龙头企业，以整机需求为牵引，发展存储芯片、陶瓷电容、显示屏、电池、PCB、分立器件、传感器等配套领域。在嵌入式智能系统领域，引进一批国内外知名龙头企业，重点发展牵引力控制、车身控制、自适应巡航、无人驾驶及自助缴费系统等领域，并在汽车安全驾驶辅助系统（ADAS）、车载信息娱乐系统与胎压监测系统等领域加快布局。围绕大健康产业发展的需求，研发临床急需的新型诊断、治疗、检验、监测类智能终端产品，力争在部分需求大、应用广泛的医疗智能终端领域取得突破。围绕装备制造业需求，重点发展工业智能机器人、服务智能机器人领域的工业控制芯片、系统集成、传感器、安全控制系统等。在智能穿戴设备领域，引进终端设计制造企业，加快推出新型产品，推动传感器、存储器、处理器、电池、触控模组、显示屏、耳机等关键配套零部件领域的发展。智能家居终端领域，在照明、安防、智能控制、信息通信、节能、娱乐、智能家电等领域推出新型智能家居终端产品；支持智能家居终端芯片设计领域发展壮大，加快引进传感器、控制系统等领域的龙头企业，抢占产业链高端环节。

（5）加大招商引资力度，建立资金保障机制。加速引进一批对产业发展具有带动作用的大项目、好项目。实施一批重大专项，突破智能终端产业核心关键技术。进一步优化招商引资环境，完善招商引资规划，创新招商引资模式。对智能终端产业细分行业的产业结构、市场情况、知识产权布局等进行深入调研，明确招商引资的重点方向和目标企业。把握《中国制造2025》战略带来的机遇，吸引国家级科研院所、高校以及中国科学院等机构的科研成果到贵州转化和产业化。瞄准国内外知名企业，采取合作研发、设立分支机构等多种形式，支持企业在贵州建立研发生产基地，做好对引进企业的服务工作。进一步完善资金保障机制，引导企业积极申报国家电子信息产业发展基金、集成电路产业研究与开发专项资金、核高基专项等国家级项目，用好国家促进电子信息产业发展的各项资金。引导银行等金融机构加大对电子信息产业的支持力度，引导民间资金投向以大数据为引领的电子信息产业项目。

2. 装备制造业

以"高端化、集聚化、特色化、智能化"为发展方向，加快传统装备制造业的转型升级，大力推进高端装备制造业，着力发展具有自主知识产权的关键基础零部件、大型成套装备、高新技术装备、智能装备和绿色装备。发挥贵州军工基础和产业优势，在装备制造业中，积极推动"军转民"和"民参军"，形成军地优势资源共享、军民融合深度发展的"双赢"格局。充分利用贵州优先发展大数据产业的良好条件，大力推进物联网、云计算、工业机器人、智能生产技术在装备制造领域的试点和推广应用。着力发展整机和成套系统，促进产业链延伸发展。促进装备制造与服务增值相结合，提升高端装备设计研发能力。

注重传统装备制造业中成长性产品的培育和发展，打造更多亮点。按照智能化、数控化、高参数、个性化的要求，发展大型、精密、数控加工设备。支持工程机械和能矿装备主机及关键零部件、相关原材料等基础技术攻关，着力解决关键配套零部件核心技术受制于人的发展"瓶颈"。以大型磷煤化工项目、冶金项目、电力项目为依托，引进战略合作者和关键技术，发展化工成套装备、铝工业加工装备等。积极发展包装机械、石材加工设备、农机、食品加工机械、医疗器械、应急救援装备等符合贵州实际和市场需求的特色装备。

紧密结合高端装备制造业发展趋势和重点方向，推进高端装备制造业跨越发展，提升贵州高端装备制造业整体水平和层次。重点发展航空航天、新能源汽车、机器人、智能装备、新医药设备、轨道交通装备等领域。

在航空航天装备领域，进一步加强军民融合深度，立足现有产业和研发基础，主动对接大飞机项目，鼓励研制应用民用支线飞机、直升机、无人机，推进轻型动力、液压、燃油、雷达、环控、通信系统和新型航空材料加快发展。推动民用无人机加快产业化，进一步完善民用无人机飞行器平台、电气、飞行控制、测控及综合保障等研发、测试、制造、试飞体系，拓展民用无人机在农业、工业、交通、国家安全、抢险救灾、地理测绘等方面的应用，加快建设国内有影响力的民用无人机设计制造、试验、试飞产业基地。发展直升机研发设计、总装、改进及维修，发动机及零部件、螺旋桨、起落架、机载系统及设备制造与维修。大力发展卫星通信、导航、遥感等应用系统和地面系统，加快开发导航接收器、终端芯片等关键设备和部件，支持北斗卫星应用产业基地和研发平台建设。

在新能源汽车领域，以新能源客车、乘用车和专用车为重点，推进插电式混合动力、纯电动、燃料电池整车，以及动力电池、燃料电池、驱动电机、电控系统等关键核心部件与系统的研发制造和产业化，构建相对完备的高水平产业链。支持甲醇清洁新能源汽车项目。加快贵阳新能源客车产业基地建设。以毕节兴国新能源公司为依托，探索实施小微型电动车推广应用试点工作，加快毕节国家新能源汽车产业化基地发展等规划项目。

在机器人领域，着力突破机器人整机、零部件设计制作与集成、机器人用材料及加工技术。在工业机器人方面，发展高速搬运机器人、重载码垛机器人、喷涂机器人、焊接机器人、关节型机器人、移动机器人、全方位移动机械臂等；在服务机器人方面，发展医疗手术机器人、家政服务机器人、智能两轮车机器人等；在特种机器人方面，发展水下机器人、防控排爆机器人、建筑机器人等；在机器人零部件方面，重点发展 RV 减速器、三环减速器、网络化控制器、机器人腕关节、机器人手臂、机器视觉系统等。

在智能装备领域，作为贵州大数据产业中的云制造突破口给予大力支持，鼓励企业进入云平台，借助云制造平台，实现企业间信息交换，将其产品设计、工艺、制造、采购、营销及物流等业务的需求或解决方案、应用案例等资源置于云平台中进行交易，从而实现资源利用最大化。重点发展大型、精密、高效（速）、高性能数控金属切削与成型机床、多轴联动加工中心、柔性制造单位等高档数控机床与基础制造装备，以及精密智能仪器仪表与试验装备、智能专用装备、远程控制系统、自动化成套生产线、工业机器人等智能化装备产品及关键部件。

在新医药设备领域，瞄准大健康产业的市场需求，发展医药级物料粉碎设备、超临界流体技术装备、药品包装设备等制药设备，改进升级超声波检查设备、高压氧舱等医疗设备。积极培育彩超、电刀、射频治疗仪等医院用医疗器械及手术耗材等高附加值医疗器械，以及医用导管、体外循环设备等高附加值医用耗材等领域的发展。

在轨道交通装备领域，重点发展城市轻轨列车修造，积极发展高速铁路铸钢轮对、重载高速列车车轴用钢、粉末冶金闸瓦、重载高速货车及其配套的转向架等产品。加强城轨车辆系统集成技术研发，完善城轨车辆产品技术平台，积极培育城市轨道交通装备和关键核心零部件的研发和生产。

进一步加强装备制造业重点基地建设和高端资源招引力度。重点建设好贵阳国家经济技术开发区、贵阳国家高新技术产业开发区、安顺民用航空国家高技术产业基地、遵义国家经济技术开发区、毕节国家新能源汽车高新技术产业化基地等现代装备制造业基地。加大高端资源招引力度，积极引导和支持本地企业与国内外高水平相关企业开展产业配套合作。建立与高端装备制造业相关的部门、地方政府、产业园区协同招商机制，定期组织举办海内外重点地区招商推介会，积极吸引国内外高端装备领域龙头企业和相关设计研发、总承包和金融服务机构、企业到装备制造业重点基地设立区域总部、研发总部和制造基地。加强对细分领域具有较强研发能力和较大发展潜力的初创期及发展期中小企业的培育力度，引进具备成为细分行业龙头的潜力企业。

3. 医药养生产业

积极发展以大健康为引领的医药养生产业。以扩大总量、优化结构为主线，以增强自主创新能力为核心，以规模化、集群化、高端化为目标，积极打造产业公共服务，实施一批产业化重大项目，开发一批大品种，孵化一批成长性好的小巨人企业，做强做优中药、民族药，培育发展生物制药、化学药，积极拓展医疗器械产业，推动医药流通、医药服务外包、健康服务业等衍生产业发展。

推进医药产业集群发展，加快自主创新和公共服务平台建设。以贵阳为核心，发展壮大益佰、乌当、修文、清镇、龙里、贵安等医药产业园，打造"贵阳新医药产业圈"，形成全国一流的新医药产业示范区。鼓励红花岗、兴义、凯里、西秀、大方、六枝等有条件的地区，依托医药骨干企业因地制宜发展产业集群。围绕18个当地特色中药材大品种，在38个重点县打造规范种植及良种繁育基地。加快自主创新和公共服务平台建设。以医药企业为主体，科研院所、高校、中介服务机构为支撑，建立涵盖医药与专利情报、生产工艺、质量控制、新剂型开发、国际注册、国际销售等各环节的高端仿制药研发公共服务平台。支持大型企业建立面向行业的中试和产业化服务平台、技术转化中心等机构。重点建设中药分析与质量控制实验室、中药代动力学实验室等技术平台，构建公共中药、民族药研发技术链，打造国家民族医药研发中心。培育建立涵盖中药、化学药、生物药的成药性专业技术服务平台，以及药品专利技术商业化平台。

以中药、民族药为重点，培育发展生物制药、化学药，形成特色鲜明、多元发展的产业格局。以益佰、百灵、信邦、景峰、同济堂等骨干企业为重点，引进战略投资者，推进中药、民族药开发。优先扶持独家品种、大品种，培育发展一批增量药品，重点发展用于治疗肿瘤、免疫功能性疾病、病毒性疾病和老年性疾病的新药、中成药。精准扶持优势品种，建立优势品种目录，实行动态管理，给予重点扶持。培育壮大一批优势品种，研发引进一批医药新品种，首仿生产一批专利到期品种，激活提升一批休眠品种。挖掘开发民间组方、验方，加快推出一批作用机理明确、技术含量高、疗效可靠的药物。逐步建立和完善中药生产规范和标准，确保中药质量可控和安全。发展传统中药产品的二次开发，突破中药材有效成分提取、分离与纯化技术和动物细胞高效表达与大规模培养技术，提升中药制剂技术，实现中药、民族药产品剂型多样化。培育化学药、生物制药发展，坚持高起点，大力发展用于重大疾病防治药物，突破高附加值的化学药物剂型改造技术，提高通用名药物研发效率和质量，支持心血管领域、抗肿瘤领域、心脑血管病、糖尿病领域通用名药物的研发和产业化。积极引进行业龙头企业，联合开展创新药、专利药研发；抢仿国外专利到期大市值品种，加快实现项目落地；加强关键药物中间体和高端原料药的研发，提高化学原料药生产技术质量水平和环境、安全和健康管理体系（EHS）运行标准。鼓励企业开展新药国际临床和产品国际认证。生物制药领域，加快推进血液制品、疫苗、诊断试剂、干细胞等生物制品的研发和产业化，支持基因测序产品、生物检测产品以及与仪器配套使用的检测品的研发和产业化。加快在基因工程、酶工程、发酵工程等方面形成一批拥有自主知识产权的生物创新药物。开展药物设计筛选、药效及安全性评价、药代谢动力学等关键技术攻关，突破药物合成、结晶纯化、剂型工艺等产业化技术。加快生物制药药品生产质量管理规范（GMP）生产基地建设。

积极拓展医疗器械产业。围绕提高产品附加值、提升产品档次，推动生产医用贴敷类、医用高分子材料、精密输液器、蛋白质芯片传感器、可吸收生物材料等高质医用耗材的生产和开发。挖掘和利用贵州军工企业优势，促进军民融合，开发生产医用氧气加压舱、电动轮椅智能控制系统、数字影像、检验检测、诊疗设备、医用特种车辆、移动医疗设备、家庭健康产品、医用传感器等数字化、智能化医疗设备。在临床诊疗设备、家用医疗器械、高端耗材、植入物、诊断试剂等领域，提高研发创新能力，丰富产品功能，提升产品质量，形成品牌特色，提高市场占有率。

4. 新型建材产业

将新型建材产业作为贵州重点新兴产业，加大扶持和培育力度。进一步深化改革，研究出台建筑业和建材产业融合发展的综合性政策措施，整合资源，清除阻碍建材产业发展的问题，为建材产业公平竞争、健康发展营造良好的氛围。研究制定鼓励发展绿色建筑材料、非金属矿精深加工产品和无机非金属新材料产品目录。鼓励和支持企业、科研、质检、行业协会等机构合作，共同编制新型建材产品应用技术标准、设计和施工规范，编制应用图集，为新型建材产品的广泛应用提供支撑。

以节能、环保、低碳为主线，着力引导重点企业向大型化、集团化、现代化发展，进一步优化资源配置，走绿色发展道路。淘汰落后产能，力求在节能减排、资源综合利用、功能性材料和产品的研究开发、工业设计技术以及关键工艺装备等方面取得突破，力争主要产品规模和水平达到国内同行业领先地位。以工业园区为载体，鼓励建材企业向工业废渣产生量大的园区聚集，发挥建材工业与其他工业耦合度高、消纳工业废渣多的特点，建设以消纳工业废渣为主的新型建材项目，实施"补链"工程，促进园区循环经济发展。结合绿色建筑、建筑节能、旧城改造、安居工程、新农村建设、防灾减灾及灾后重建等专项工作，以节能门窗、节能墙体、节能屋面系统为重点，生产并推广使用低辐射镀膜中空或真空玻璃制品等建筑节能玻璃、外墙用防火保温材料、阻燃隔热防水材料、轻质节能墙体材料、环保型装饰装修材料等绿色建筑材料及制品，以及新型抗震节能集成房屋。

进一步优化建材产业结构。控制水泥、墙体等传统建材总量，遏制产能过剩和低水平重复建设，加大淘汰落后力度。水泥领域重点推进城市固体废弃物焚烧、工业废弃物可替代原料、粉墨系统节能、脱硫脱硝技术等节能减排和综合利用项目。推动水泥产业链向纵深延伸，提高水泥深加工产品比重。玻璃领域重点研发生产技术和附加值高的太阳能玻璃、平板显示玻璃和节能玻璃等产品，控制平板玻璃，提高浮法玻璃质量，向高透、超白、超薄方向发展，提高深加工率。新型墙体材料领域重点发展利用煤矸石、粉煤灰、选矿尾矿、建筑垃圾等废弃物以及江河湖海淤泥、淤沙等主要原料生产新型墙体材料。防水材料领域重点发展改性沥青防水卷材、合成高分子类卷材、建筑密封胶等新型材料。非金属矿领域重点发展凹凸棒黏土、石英、石膏、高岭土等。建筑涂料领域重点发展低 VOC 环保型和低毒型建筑涂料以及高性能装饰性涂料。无机非金属材料领域重点发展高性能复合材料、高模量耐腐蚀纤维及树脂、碳纤维复合材料、纤维增强塑料（FRP）以及玻纤增强胶凝材料和高温滤料等新型材料。特种陶瓷领域重点建立特种陶瓷粉料供应基地，提供质量稳定、规格齐全的陶瓷粉料。建筑卫生陶瓷领域重点研究开发复合隔音、隔热、保温、抗菌、自洁、抗静电等功能化的陶瓷墙地砖和卫生洁具产品，攻克陶瓷表面装饰技术、色釉料、陶瓷减薄等一批关键核心技术，推动由加工制造向创新设计转型，提高产品附加值。

推进自主创新和技术升级。重点突破制约建材工业的窑炉烟气脱硫脱硝一体化、二氧化碳减排以及低品位原燃料利用等关键技术，大力开发无机非金属新材料加工制造核心技术，加快研发促进产业升级的新技术、新材料、新工艺和新装备。支持建材企业运用高新技术和先进适用技术，以提升质量、节能降耗、环境保护、装备完善、安全生产等为重点，大力推进技术改造。以企业为主体，充分发挥工程技术中心、材料质量监督检验中心等技术研发和质量监测平台的作用，加强产学研联合，积极研发、引进消化吸收和推广新型建材生产的核心技术、关键技术和共性技术，以及先进的技术装备，鼓励有偿转让和使用科研技术成果，推进新型建材科研成果产业化。加强高层次专业人才的培养和使用，多形式、多渠道引进高层次专业人才，加快技术创新步伐。

强化品牌质量建设。大力推进品牌质量提升工程，加强质量技术基础工作，积极采用国际标准和国外先进标准，推进各项认证认可，使产品与国际接轨；改进提高售后服务水平，夯实品牌发展基础。强化规划引导，把培育知名品牌与培植支柱产业、培育大企业集团结合起来，增强品牌的带动作用，提高贵州省建材行业名牌产品、著名商标、驰名商标以及地理标志商标的数量、规模和影响力。推动建材行业建立全方位、全生命周期的质量管理体系，深入推进重点建材产品的质量达标工程。适应绿色建筑发展需要，修订建材产品标准。结合产品标准、质量管理规程与市场准入制度的实施，加强质量基础能力建设。

（二）提升传统产业，凝聚核心优势

1. 煤炭产业

以转变煤炭发展方式和优化调整产业结构为主线，进一步深化改革、优化空间布局，积极延伸产业链条，落实"四个一体化"，推进煤炭企业兼并重组，切实提高自主创新能力和安全生产水平。

深化煤炭资源管理体制改革，积极争取国家对贵州实行差别化的产业政策，放宽行业准入限制，对加工转化的能源、资源开发利用项目予以优先规划布局并优先审批核准。积极推进电力市场化直接交易，提高省内电煤消耗。在法治框架下，提高市场配置资源能力，建立健全有偿获得矿业权和有偿使用矿产资源机制；建立完善矿业权一级市场和二级市场；建立矿产资源储备制度和矿产资源勘查开发准入与退出机制；探索探矿权与采矿权分离机制，探矿权、采矿权招拍挂出让制度等。

支持在煤层、资源、开采技术等条件较好的矿区建设大中型煤矿，推进六盘水市、毕节市、黔西南州等大型煤炭基地建设。在安全、稳定的前提下，以大型企业集团和地方国有大矿为主体，积极稳妥地推进煤矿企业兼并重组和资源整合，减少过剩产能，进一步提高煤炭产业集约化程度和生产力水平。确实推进煤电磷、煤电铝、煤电钢和煤电化"四个一体化"，支持具有资质、技术、管理优势的大型企业跨区域、跨行业、跨所有制进行兼并重组。统筹规划建设能源输送通道、能源配置，利用港口、铁路、园区既有设施优势，建设铁路中转、园区储配设施，开展配煤、洗选、运输、配送等一体化服务。

以现有煤矿升级改造为重点，广泛推行新工艺、新设备，实施精挖细采、充填开采、薄煤层开采利用，发挥现有煤矿产能，提高资源采收率，稳定和提高生产能力。综合考虑煤矿资源禀赋、开采条件、管理水平和从业人员素质等因素，坚持生产矿井、建设矿井同步推进，通过政策引导、资金扶持、典型示范、样板工程、技术服务等多项措施，在符合条件的煤矿中推进采煤、掘进、运输机械化工作。以大型国有煤炭企业和科研院所为依托，建立开采技术研发中心，开展关键性技术和工艺研究，为精挖细采、深部资源利用和安全生产提供技术支撑。在条件较好的企业和矿井积极开展工业互联网、智能采矿和智能生产试点，促进企业安全质量标准化、自动化和信息化发展。

按照减量化、资源化、再利用的原则，以煤矸石、矿井水和矿井瓦斯"三废"治理和资源化利用为重点，促进煤炭绿色开发。加快淘汰落后产能，积极推进节能减排，强化行业污染控制，落实刚性约束性指标，所有建设项目必须严格执行环境影响评价和环境保护"三同时"制度，确保达到国家节能减排要求。通过构建以煤—焦—化—电—建材为核心的循环经济主导产业链，大力发展循环经济，推进资源综合利用。加大矿井重大灾害防治投入，促进矿井"一通三防"系统完善和设备更新改造，完善井下人员定位系统、紧急避险系统等煤矿井下安全避险"六大系统"，开展煤矿地质勘查和隐蔽致灾因素防控工程，做好煤矿井田范围内的瓦斯、水害、火灾预测、预报；建立煤矿隐患排查整治数据库，完善煤矿安全管理信息化系统，对重点地段和关键环节实施远程监视、调度、控制，切实提高安全管理智能化水平，全面提升煤炭企业安全保障能力。

2. 化工产业

以磷化工、煤化工为核心，调整橡胶工业产品结构，扶持锰、钡、锌、汞等金属化工产品和精细钡盐产品发展，支持黔东南州等地择优发展香精香料、医药中间体等生物化工。进一步推进化工产业向大型化、基地化、规模化、一体化、多联产方向发展。把煤电磷、煤电化一体化作为推动化工产业转型升级的重要途径，推动磷矿、煤矿等优势资源的开发利用，着力壮大一体化产业规模。强化上下游产业配套协作，推进资源精深加工，提高资源综合利用率，延长产业链条。以园区为载体，以创新为驱动，加快化工产业生态化改造，加快尾气、废渣的综合利用，大力发展循环经济。

提高磷资源开发利用程度。加强磷矿伴生资源深度利用，实现磷资源梯级开发利用。加大中低磷矿资源开发利用力度，提高磷资源加工利用效率，鼓励企业贫富兼采，禁止私挖滥采、采富弃贫，鼓励发展磷资源回收利用。大力发展精细磷化工、黄磷深加工、热法磷酸深加工和湿法磷酸深加工产业。积极发展材料级、食品级、电子级、医药级、饲料级磷酸盐和阻燃系列、新能源动力电池用磷化物等精细磷化工产品，发展碘、氟等伴生资源深加工。优化磷肥产品结构。积极开发中（微）量元素肥料、缓控释肥、生物化肥等高端化肥品种，鼓励发展按配方施肥要求的掺混肥、高浓度复混肥和专用肥料，适度发展硝基肥料、熔融磷钾肥料等多元肥料品种，严格控制新建磷铵、普钙、低浓度复混肥等化肥项目。推动磷化工产业向黔中经济区北部聚集，构建福泉—瓮安—开阳—息烽—织金磷化工产业带。打造黔中磷及磷化工产业集群，积极发挥龙头企业辐射带动作用，支持省内磷化工行业龙头企业着力延伸产业链条促进形成精细磷化工产业集群，实现集聚发展、集约发展。

提升传统煤化工产业，加快发展现代新型煤化工，推进煤化工产业梯度发展。培育壮大企业集团，推进煤化企业深度联合，建设具有循环经济特色的现代煤化工产业基地和产业园区；推进自主创新，开发工程化成套技术，全面提升煤化工产业核心竞争力。依托毕水兴丰富的煤炭资源，按照煤、电、化一体化发展的方向，着力打造新型煤化工产业基地。抓好重点项目建设，推动中石化长城能源、渝富能源等现代煤化工项目加快建设；积极引导金赤化工、鑫晟煤化工等存量企业积极升级改造，增强企业发展能力，发挥好应有的支撑作用。积极促进产业链延伸和产业聚集发展、一体化发展。毕节煤化工基地重点发展煤制烯烃或芳烃、煤制天然气、煤制油、煤制乙二醇等煤化工及下游产品。六盘水煤化工基地（含黔西南州部分重点产煤县）重点发展煤焦化及煤焦油深加工、煤制天然气、煤层气综合利用等煤化工及下游产品。坚持生态环境保护的理念，选择适合贵州煤质的现代煤化工生产工艺技术，大力发展循环经济。重点推进贵州黔桂公司盘县区域循环经济基地改造提升工程、水城矿业（集团）公司煤化工改造提升、六枝特区路喜循环经济产业园建设等项目。

结合实际，制定鼓励和扶持化工产业发展的优惠政策，积极推动化工产业重点规划项目建设，帮助项目落实配套煤炭、电力、水资源、土地、环境容量等外部条件，为贵州化工产业发展创造良好发展环境。加强对重点磷化工、煤化工园区内配套水、电等公用工程和污水处理等环保设施的投入和扶持力度，努力实现煤化工园区内部煤电化结合，做到原料产品互联、能源统筹利用、"三废"集中处理。探索设立化工产业发展专项资金，重点用于支持化工产业发展关键技术、精深加工技术的研发以及化工企业节能技术研发和技术应用推广。

3. 冶金

冶金产业以煤电钢（锰）一体化为重点实施提升改造工程，着力提升工艺装备水平和产品研发能力。切实加快首钢贵阳特殊钢等"煤电钢"项目建设。积极研究煤电钢产业发展的政策、资源配置、产业布局、技术路线，进一步推动重点企业的全面优化升级，做大做强，实现集聚和可持续发展，提升产业水平和竞争力。提高钢材、铁合金、工业硅、电解金属锰等产品的高端化比例。积极延伸产业链，依托水钢、贵钢、遵义钢联集团等钢铁企业，推动冶金产业向绿色建筑材料深加工、不锈钢制品深加工、机械制造配套深加工、汽车零部件深加工等领域扩展。

4. 有色产业

有色产业以煤电铝一体化为重点，推动铝、钛、黄金等产业多元发展格局的形成，大力发展有色金属精深加工。以贵阳市、遵义市、黔西南州等区域为重点，依托中铝贵州分公司、中铝遵义铝业股份公司等重点企业，打造煤电铝一体化生产聚集区。保持电解铝稳定增长，加快发展氧化铝，积极推进氧化铝重大项目建设。扩大交通运输设备、电子信息产品、食品和药品包装、建筑材料等领域铝材料的深加工。着力推动海绵钛扩大产能规模，调整产品结构，重点向高质量、高附加值的钛及钛合金板、棒、丝、带、管、铸件、锻件、环轧扎件等领域发展。重点建设遵义钛业股份公司海绵钛及钛深加工项目。加强黄金地质勘探，推进黄金采选冶技术进步，加快原生矿开发利用和氧化矿整合复产力度，积极发展黄金深加工，重点建设黔西南黄金基地。

加快产量绿色转型，全面开展合同能源管理和清洁生产审核，推广绿色设计、绿色制造、绿色物流和绿色管理，实施循环经济示范区工程、节能技术改造工程、环保技术改造工程和能源资源综合利用工程四大节能环保工程，完成节能、降耗、减排、治污、增效等各项目标。

5. 白酒

以"国酒茅台"品牌为支撑，实施名牌带动战略，积极打造贵州优质白酒产业群和全国重要白酒生产基地，努力形成"酱浓并举、兼顾其他"和高中低档产品并举的发展格局。积极推进结构调整和转型升级，以质量为核心，以技术创新和管理创新为动力，坚持绿色发展，全面提升白酒工业的市场竞争力。

加快产业基地和重大项目建设。按照集聚龙头企业、扩大生产规模、优化配套服务、提高生态效益的原则，以"全国酱香白酒酿造产业知名品牌创建示范区"建设为契机，打造赤水河谷名优白酒产业带；加快建设仁怀国家名优白酒产业新型工业化产业示范基地、习水白酒工业园、金沙白酒工业园、平坝白酒工业园等优质白酒产业基地；围绕国内具有一定知名度和发展潜力的品牌，在各市、州培育和壮大一批重点企业。加快重大项目建设，围绕"百千万"工程，强化协调服务，重点推动茅台循环工业园区等一批重大项目建设，实现合理规模扩张和技术改造提升。

推进白酒企业优化重组，积极推动白酒产业分工、协作与整合，以酒类集中发展区为平台，鼓励企业横向整合，优先支持国内外知名白酒品牌企业跨越发展，纵向延伸，通过兼并、收购、重组，提高酒业发展集中度，引导中小白酒生产企业依托大企业求发展，逐步淘汰落后产能。依靠科技创新，促进酒类产业逐步由劳动密集型向技术密集型产业转变。

强化品牌建设，以"国酒茅台"品牌为中心，围绕目前全省白酒产业共有 12 枚"中国驰名商标"，进一步扩大全国知名白酒品牌影响力，利用企业在品牌、质量、人才、资金和技术方面优势，大力整合省内外白酒资源，盘活存量，尽快形成在全国领先的白酒产业集团，提升在全国重点市场的渗透能力和控制能力，提高市场占有率。在发展白酒的同时，利用当地资源优势和贵州白酒品牌的影响力和衍生效益，发展好茅台及其他知名品牌的啤酒、葡萄酒、保健酒。抓住"一带一路"、我国自贸区发展和与多个国家签署自贸协定的机遇，加快拓展国际市场的步伐。引导地方名酒企业特色化、差异化发展，提高自身在区域市场、产品细分市场的占有率，打造区域强势品牌。推动地方品牌白酒中有一定基础企业超常规发展，尽快缩小与省外强势地方名优白酒企业差距，壮大贵州白酒整体实力，逐步形成"贵州白酒"品牌群，加大品牌保护力度，注重对"仁怀酱香酒"地理标志的保护，规范标志的使用。

增强自主创新能力，完善配套服务体系。加大科研投入，整合省内外科研力量，大力开展白酒产业的基础性、共性、关键技术的研究。建立以"企业为主体、科研院校为依托"的技术研发及成果转化体系，加强产学研结合和科技项目的转化率，推进科研成果的产业化水平。加快白酒基础研究平台、成果产业化转化平台等公共服务平台建设。加快建立酒类商贸中心、电子交易、公共信息平台、融资平台等现代市场服务体系。以酒博会为基础，进一步建设集酒类关联产品的展览展销、交易、信息交流和文化传播于一体的酒类产品综合发展服务平台。加快物流设施建设，为酒类及酒类原料交易提供从运输、仓储、配送到消费者之间的"一站式"高效率、低成本的全程物流服务。

6. 烟草

以调整结构、科技创新、整合资源、打造品牌为主线，提升产业竞争力。重点发展低焦油、低危害、高香气、高品质卷烟。推进科技创新，开展适口减害、增香降焦、特殊风格为目标的技术攻关，提升卷烟品质。带动配套产业发展，初步形成烟草产业集群。

优化烟草产业结构，推动企业转型升级、科技创新和绿色发展。加快优质烟叶基地建设，按照规模化、标准化、集约化、生态化原则，调整烤烟生产布局，提高烤烟品质。卷烟工业以贵阳为主体，推动烟草加工行业以品牌聚集为主，在"黄果树""贵烟"现有产地的基础上，大力调整优化产品结构，推动品牌整合，打造名优品牌，打造具有标志性地域品牌的产业聚集地。坚持以市场为导向提高效益，充分发挥市场配置资源的作用，提高高端卷烟比重，巩固中端卷烟，满足市场多样化和多层次需求。在一类、二类卷烟品牌的质量、品质特征取得重大突破，在卷烟关键、共性技术领域拥有一批具有自主知识产权和影响力的成果、专利，对外技术依存度明显降低。逐步建立支撑贵州烟草工业发展、体现整体优势、富有创新活力的科技创新体系和运行机制。积极推进天然香原料的提取应用与减害降焦相结合的技术应用，开展卷烟清洁生产技术，卷烟工业废物减量化、资源化和无害化技术，低成本设计、制造与管理技术，易降解、无公害卷烟包装纸、薄膜、油墨以及铝箔纸等新型材料开发和应用，打造全国绿色烟草生产基地。

加快优势资源整合，有效推进品牌建设。以企业联合重组、优化多元产业、提升配套产业、加强品牌培育和工商协同发展为重点，加快优势资源整合，综合考虑贵州卷烟品牌的市场潜力、成本优势、技术进步和资源合理利用等因素，鼓励烟草企业以优势产品为龙头，以资本和品牌为核心进行重组，打造烟草配套产业集群。形成以贵阳卷烟厂为龙头，以遵义、毕节、贵定等卷烟厂为支撑的完整的卷烟工业生产体系。鼓励重点企业积极参与跨省联合重组，依靠改革拓展发展空间。在兼顾短期利益与长期发展、确保价格稳定的基础上逐步提升品牌结构，积极稳妥地实施品牌战略。提升高端卷烟，巩固中端卷烟，满足市场多样化和多层次需求。通过带动"贵烟"系列产品扩大规模，提升品牌价值。完善"黄果树"品牌产品线布局，积极提高"贵烟"品牌在全国的知名度和影响力，加快高档国酒香系列产品的扩张，加大营销力度和宣传投入，建立完善"贵烟"品牌文化体系，树立"贵烟"的高端品牌形象。在资源投入上以市场细分为基础，把资源向市场成长性好、消费基础牢固、效益高的重点品牌和重点市场倾斜，用有限的资源创造出最大的效益。

7. 特色食品和旅游商品

围绕"名、优、特、新"发展思路，加快特色食品和旅游商品加工业与农牧业和旅游服务业的一体化步伐，突出龙头带动，完善产业链条，强化质量安全管理，实施品牌战略，不断增强竞争实力。

特色食品产业，进一步优化产业布局，推进以湄潭、凤岗、雷山、石阡等为主的茶叶加工，以南明区、乌当区、花溪区、遵义县、绥阳县、大方县等为主的辣椒制品加工，以乌当区、惠水县、平坝县、镇宁县等为主的肉制品加工产业集群。充分发挥老干妈、贵州龙、黔五福、遵义老谢氏等20余户重点食品生产企业的龙头带动作用。积极引进、培育关联生产企业，不断提高产业链条，提高产品附加值，开发休闲食品、方便速食品、优质绿茶、特色边销茶、茶食品和茶叶内含物提取物等产品。鼓励和引导企业引进高素质人才，完善用人机制，增强科技人才和管理人才队伍实力，加强与科研机构、高等院校和服务机构的合作，建立"产、学、研"合作机制，提高食品产业的技术水平和创新能力。实施名牌战略，加强宣传推介，打造具有龙头效应的品牌，大力开发具有地方特色的新型产品，培育本地品牌和产品，在稳步提高产品质量的基础上，逐步做大做强。坚持食品质量安全，贯彻落实《食品安全法》，推进企业诚信体系、产品质量控制系统与可追溯系统的建设，构建质量安全长效机制，提高食品质量安全整体水平。

旅游商品产业，充分利用当地独特的原材料和文化内涵，以产品质量为基础，重点开发具有鲜明贵州特色的工艺品、纪念品、养生保健品，将旅游商品的开放与贵州民族文化、非物质文化遗产、民间手工艺、旅游服务业和特色轻工业有机结合。依托贵州优质烟、酒、茶、肉制品、辣椒制品知名品牌，开发一批专供旅游消费的系列产品。利用贵州高原良好生态环境资源，大力推进无公害食品、绿色食品、有机食品、地道中药材和民族特色药材等养生保健品与旅游消费相结合。围绕民族文化，依托典型景点，采用当地原料，积极发展蜡染、扎染、刺绣、银饰、花画、雕塑、编织、漆器等特色旅游工艺品和纪念品产业。

第三节　推进贵州工业转型与发展的保障措施

一　扩大投资规模，提高投资效益

无论是从短期内稳定工业增长的效应来看，还是从产业转型升级的需要出发，对于贵州这样工业基础还相对薄弱的省份，投资在促进发展中的地位仍然至关重要，这是贵州的省情决定的。"十三五"时期，促进工业投资的基本要求仍然不能放松，但重点是在扩大投资规模的同时，更加注重精准把握方向和强化投资效益。工业投资坚持以扩总量、调结构、促转型、增效益为主线，以带动性强、示范作用明显的大项目、好项目为重点。加强投资指导和咨询服务，从项目谋划、可行性研究，以及办理规划选址、环境评价、项目备案（核准）手续等方面，指导和帮助企业做好项目前期工作，提高项目储备水平。加强投资分析和监测，按季度强化对各地工业投资目标任务完成情况的调度督促，及时分析全省工业投资和项目建设中存在的问题，采取措施加以解决。完善项目投资效益评估和审计机制，加强项目建设过程的效益评估和审计工作，及时发现问题和进行调整；实现公开化、透明化，引入第三方评估和审计机构，建立社会化监督平台。强化和改进项目管理，对新开工、在建、计划投产和开展前期工作四类项目的跟踪、指导和督促；针对项目建设、投产达产中存在的困难和问题，加大协调解决力度，推动项目加快建设，确保计划投产项目，按时间节点建成投产，在建项目加快建设进度，新开工一批重点项目；对重大项目特别是对获得财政资金支持项目，强化从前期工作到竣工验收的全过程管理。积极创新专项资金使用方式，发挥好专项资金的引导放大作用，引导社会资本投向工业发展重点领域，改进专项资金项目申报流程，强化信息公开，采取网上申报、网上评审、网上监管等方式，提高专项资金管理的科学化、规范化、精细化水平。

二 加快技术升级，强化创新驱动

全面实现技术升级和改造是贵州工业内涵式发展的重要途径，是加快转变经济发展方式、优化产业结构、提升产业层次的基础环节。实现技术改造投资占工业投资比重、战略性新兴产业投资比重有较大幅度提高。加快创新成果转化。鼓励和支持企业技术中心、

工程实验室等创新载体的改造提升，加强公共技术服务平台建设，引导企业加大技术创新基础设施投入，切实提升企业自主创新能力。以发明专利、引进先进高端技术成果、消化吸收再创新的技术成果以及针对关键领域和薄弱环节已实现突破并进入小批量生产的关键共性技术等为重点，通过技术改造实现标准化、规模化生产，加快创新成果产业化步伐。深化军民融合，支持军民两用技术产业化和相互转化。积极运用新技术、新工艺、新设备、新材料进行技术改造，提高项目的工艺技术含量和总体装备水平。加快淘汰落后工艺技术和设备，推广应用自动化、数字化、网络化、智能化等先进制造系统、智能制造设备及大型成套技术装备。支持重点企业瞄准世界前沿技术，加快装备升级改造，推动关键领域技术装备达到国际先进水平。以新技术新产品推广应用、提高产品和服务质量、提升安全生产和经营管理水平、增加社会就业为重点，推进"专、精、特、新"和高成长型企业改造提升、跨越发展，促进创业型和劳动密集型小微企业健康成长。加快实施重点技术改造项目，组织实施以新技术、新工艺、新装备、新材料推广应用为主要内容的重点技改项目，省级层面每年推进一批重点项目，并对重点项目进行后续效益跟踪。

强化创新驱动，完善多元化、多层次的协同创新体系。发挥企业主体作用，加快建立参与广泛、利益共享、风险共担的产学研联合创新机制，形成市场导向、企业主体、政府推动、产学研联合、服务平台支撑的技术创新体系。做强做大一批创新型企业，在科技成果转化、技术改造等专项安排中，支持具有自主知识产权和自主品牌、拥有市场前景和核心竞争力的创新型企业。充分发挥现有研发平台的示范推动作用，大力支持建设企业技术中心、重点实验室、工程技术研究中心等研发载体。积极发展以市场化运作为主要方式，以技术中介、成果交易、专利检索、信息查询、检测检验等为主要内容的各类公共技术服务平台。鼓励各类高层次人才和专业技术人才创新创业，通过大力发展创客空间、孵化器、加速器、创业园等创新创业载体，提供政策资金、场地配套等全方位服务，为创新人才谋求发展、创业人才创办企业、科研人才科学研究营造更为优良的环境。在关系产业高端发展的重点领域，开展共性技术、关键技术、前沿技术的联合攻关，尽快攻克一批影响产业发展特别是战略性新兴产业壮大的技术"瓶颈"，增强关键核心技术突破能力。大力促进科技成果向现实生产力转化，尽快出台促进成果转化的实施办法，建立成果转化平台和利益共享机制。加快军民融合领域的技术创新与成果转化，搭建成果转化平台，开发军民两用技术和产品，加快国防科技成果转化和产业化进程。

三　推进品牌建设，凝聚质量优势

大力实施质量和品牌振兴工程，以开发品种、提升质量、创建品牌、改善服务、提高效益为重点，不断提高工业产品附加值和竞争力。积极采取措施提升工业产品质量，尽快制订质量提升行动方案；充分利用工业互联网技术和智能制造技术，推行先进管理方法，强化全过程质量控制。围绕影响工业产品质量的行业共性难题，制订实施质量攻关计划，尽快解决制约产品质量提升的突出问题。

加强各类企业技术质量服务平台建设，鼓励企业建设各类检测验证机构，加强工业技术评价实验室建设，鼓励企业依托国家技术评价实验室开展产品研发和产品质量改进与提升工作。引导企业强化质量意识，提高管理人员接受全面质量管理知识和管理体系培训的比例，以及一线员工掌握全面质量管理基本知识和技巧的比例。支持有条件的企业争创驰名商标、著名商标，不断提高品牌附加值。引导企业开展品牌体系建设，提高品牌企业的创新能力，推动企业质量管理创新，提高品牌产品的质量水平。引导要素资源向知名企业和名牌产品集中，拉长名牌产业链。鼓励企业参加国内外各种形式的品牌会展活动，打造贵州品牌形象，提高在国内外市场的影响力和占有率。创建培育品牌的良好环境和保护工作机制，大力推进优质品牌保护法制化。

四　完善生产服务，促进产业融合

围绕工业发展和转型升级的需要，进一步促进工业信息服务、现代物流、金融、工业设计与研发服务、商贸服务等生产性服务领域更加完善。

加快信息服务发展，以大数据产业为基础，重点推进贵安新区和贵阳市大数据基地建设，推进工业云应用平台建设，大力拓展增值服务，努力建成全国领先的工业大数据资源集聚地和应用服务示范基地。加快工业领域软件技术服务、互联网信息服务、数字内容服务、集成电路设计服务和系统集成服务，提高软件信息服务水平。积极培育物联网、云计算、虚拟现实、神经网络和机器学习等新兴软件服务业态。支持物联网信息采集、传输、储存、处理等相关软件技术和产品研发，拓展物联网运营服务和增值服务业。推动互联网与制造业融合，提升制造业数字化、网络化、智能化水平，加强产业链协作，发展基于互联网的协同制造新模式。在重点领域加快智能制造、大规模个性化定制、网络化协同制造和服务型制造试点与推广，打造一批网络化协同制造公共服务平台，培育制造业网络化产业生态体系。鼓励制造企业利用物联网、云计算、大数据等技术，整合产品全生命周期数据，形成面向生产组织全过程的决策服务信息，为产品优化升级提供数据支撑。鼓励企业基于互联网开展故障预警、远程维护、质量诊断、远程过程优化等在线增值服务，通过制造业与信息服务融合拓展产品价值空间。

完善现代物流体系，依托工业集聚区和商贸集聚区，加快建设产业特色明显、物流规模大、专业物流能力强、行业配套功能全的专业物流园区，重点打造一批具有较强示范作用的综合物流园区。着力打通贵州联结长江黄金水道和珠江—西江的重要节点及航道，加快形成快速综合交通网络体系，发展成为西南地区重要的物流枢纽和全国区域性物流中心。积极引进和培育大型物流企业集团，鼓励物流企业兼并重组。推广实时采购、生产、销售和物品回收的物流一体化运作方式。推进制造企业物流服务外包，促进企业物流社会化和专业化，着力发展第三方、第四方物流，满足多样化、个性化的物流需求，促进物流业与制造业的深度融合。发展国际物流，发展航空快递运输、多式联运和国际货代等物流业务，完善多层次物流体系。积极构建物流信息共享互通体系，发挥互联网信息集聚优势，聚合各类物流信息资源，建设互通省际、下达市县、兼顾乡村的物流信息互联网络，建立各类可开放数据的对接机制，加快完善物流信息交换开放标准体系，在更广范围内，促进物流信息充分共享与互联互通。

优化金融对工业发展的服务功能。鼓励企业通过境内外上市，发行债券和短期融资券、中期票据，引进创投资金，采取信托融资、融资租赁等多种直接融资方式筹集资金。组织开展多层次多形式的银企对接、融资洽谈活动，加大银行对企业信贷支持。拓展融资洽谈活动的内涵和外延，搭建"零距离对接、高效率洽谈、低成本融资"平台，坚持间接融资和直接融资并举，着力破解技改资金难题。深入开展银企对接，组织金融机构赴各地开展专题对接活动，切实缓解重点项目融资需求难题。开展直接融资项目对接，开展中小微企业融资对接，组织市、县金融超市开展中小企业融资专场洽谈活动，发挥小企业贷款增长风险补偿奖励资金的引导作用，鼓励金融机构加大对小微企业的资金支持。完善中小企业信用担保体系，积极引导和鼓励融资性担保机构优化重组、做大做强，培育一批在全省乃至在全国有较强影响力、规模大、抗风险能力强的担保企业，大力培育和发展信用服务机构。创新发展互联网金融，加快信息技术与金融深度融合，利用电子商务、第三方支付、社交网络形成的庞大数据库和数据挖掘技术降低交易成本，鼓励互联网金融新业态发展和业务模式创新。重点发展第三方支付、P2P、众筹、网络理财、网络小贷等业态，提升资金配置效率和服务质量，使互联网金融成为规范引导民间金融、发展普惠金融的重要力量。优化互联网金融政策支持，加强行业监管和风险防控，营造扶优限劣的互联网金融发展生态环境。

提升工业研发和设计服务水平。围绕贵州重点产业生产系统智能化、产业组织网络化和产品需求多样化发展需要，建设一批国家、省级研发设计及服务平台，加强共性关键技术攻关和服务，构建和形成面向以省内需求为主的产品研发设计服务产业链，推动"贵州制造"向"贵州创造"转型升级。引导工业企业重视设计创新，加大设计研发投入，建立企业工业设计中心，促进工业设计与制造业广泛融合。优化提升平面设计、广告设计、环境设计等传统领域，重点发展外观设计、自动控制系统设计、包装设计、汽车设计、文化创意等，提升产品设计附加值比重，促进制造业向"微笑曲线"两端延伸。装备制造领域围绕工程机械、数控机床及机电一体化设备等方面，推广计算机辅助设计、三维设计等技术应用，扩大先进工业设计技术在高端产业中的应用。电子信息领域以数字音视频电子产品、智能化、数字化电子产品及多媒体产品的研发为突破口，着重推进外观设计、功能设计。轻工旅游商品领域引入国际流行的旅游纪念品设计理念、设计工艺，鼓励旅游纪念品的原创化，着力发掘新颖的创意设计。

围绕工业企业需要，积极发展法律咨询、会计审计、工程咨询、认可许可、广告、商务租赁、就业中介、人力培训、市场调查等商贸服务业，支持贵阳、贵安新区、遵义等地发展总部经济和楼宇经济。创建和发展商贸服务平台，促进商贸服务专业化发展。建立并推广技术转移服务平台应用，构建科技成果产业化链条，促进各种形式的知识流动与技术转移。吸引国内外知名的咨询机构、会计师事务所等中介入驻贵州。重点扶持省内有规模、有实力的商贸服务企业提速发展，提升组织化、品牌化水平。积极促进贵州会展业发展，创建产品对外推介平台，力争把贵州省建设成为国际性夏季会展中心。支持展览设计、策划咨询、工程制作、总包集成等会展服务企业加快发展，提高会展服务的质量和水平。进一步发挥生态文明贵阳国际论坛、酒博会、数博会等重大展会的影响力和带动效应。结合城市品牌和地域优势，支持各市州形成一批特色鲜明、主题突出、专业性强的区域会展平台。

五　转变政府职能，完善公共服务

加快推进政府职能转变，使市场在资源配置中起决定性作用，更好地发挥政府的作用，打造有利于产业升级的良好环境。继续加大简政放权力度，最大限度地取消下放行政审批事项，简化审批程序，放宽民间投资领域，打破市场准入壁垒，保障企业合法权益，促进各类要素在市场中合理流动和优化配置。再取消、下放一批行政审批事项，公布政府部门责任清单，探索市场准入负面清单。积极推进国有资本投资运营公司改建，提高国有资本收益上缴公共财政比例。制定《混合所有制企业员工持股办法》。探索设立省级股权投资引导基金，吸引民间资本发起建立各类产业投资基金。放开具备市场竞争条件的政府定价项目。创新政府政策引导和宏观调控方式，强化政府指导和服务职能，更加注重事中、事后监管，制定加强行政审批事中、事后监管的办法，为各类市场主体提供优质服务，创建良好发展环境。发挥各类行业协会在推进工业转型升级中的指导推动作用，吸纳行业专家学者承担发展规划、指导、评估评审方面的工作。建立重要政策落实情况第三方独立评估机制，委托社会机构对省政府出台的有关政策开展评估，推动政策落实到位，努力打造全国领先的营商环境。强化督查督办和考核问责，持续推进政风行风建设，巩固和拓展群众路线教育实践活动成果，落实从严治党责任，深入推进党风廉政建设和反腐败斗争，认真贯彻"三严三实"要求。深入推进依法行政，摒弃依靠行政命令、用超越法律的手段抓企业、上项目的观念，更多运用市场机制和法治方式，强化产业政策与财政、金融、创新、外贸等政策的协同，探索推动产业政策由倾斜型向功能型转变。推进重点领域立法，规范行政执法行为，加强执法队伍建设，强化执法监督，严格按照法定权限和程序行使权力，履行职责。

进一步完善公共服务。加强政策落实情况的跟踪研究，不断调整完善服务机制。建立规范化的涉企信息发布制度，定期发布相关行业的市场需求情况、产能规模和利用情况、投资情况以及落后产能标准的政策信息等，科学地引导企业的投资行为和社会资本的投向。采取政府引导、市场化运作方式，鼓励建立各类技术服务机构，为企业技术创新提供设计、新技术推广、技术咨询和技术诊断等全方位、开放式服务，促进企业自主创新。引导和支持企业技术创新公共服务平台的创新资源向社会开放，为试验、检测等提供服务。加强行业性、区域性技术创新公共服务平台建设。根据产业集群对共性技术、关键技术等方面的需求，支持行业技术开发基地和区域技术创新服务平台建设，推动其为产业集群中企业技术创新提供科研成果信息收集、扩散，先进适用技术评估和推广应用等服务，围绕研发设计、质量认证、试验检测、信息服务、资源综合利用等环节实施公共服务平台升级改造，促进关键共性技术研发应用和公共设施共享。加快建设工业云平台。继续实施工业云创新服务试点，建设一批工业云体验中心，打造一批集软件工具、设计素材、知识管理、标准规范、培训教育等于一体的高质量工业云服务平台，引导企业探索制造业发展新模式。

大力实施创业创新计划，推动小企业创业基地和"众创空间"建设，支持利用闲置厂房等场所、孵化基地等平台、风险投资等融资渠道开展创业创新。简化住所登记手续，采取"一站式"窗口、网上申报、多证联办等措施，为创业企业工商注册提供便利。用政府购买服务、无偿资助、业务奖励等方式，支持中小企业公共服务平台和服务机构建设，为中小企业提供全方位专业化优质服务。完善专利审查快速通道，对小微企业亟须获得授权的核心专利申请予以优先审查。开展扶助小微企业专项行动，设立天使基金，完善支持小微企业担保机构服务的政策措施，探索互联网金融服务小微企业的新模式。促进中小企业转型升级，优化专项资金支持重点、方式和范围，推进设立中小企业发展基金。建设中小企业和创客对外交流合作平台，大力推行领军人才培训计划、创业大讲堂、创业沙龙、创业训练营、创业创新大赛等公益活动。

六　优化人才机制，提升人力资源水平

围绕工业转型升级需要，以高层次和高技能人才队伍建设为重点，加强人才的引进、培养和使用工作。加强院士引进和服务工作，以企业为主体，加大国内外大大数据和电子信息、高端装备制造、现代医疗健康等领域高层次创新人才、管理人才的引进力度。构建并完善产业高端发展人才支持体系，营造良好的用人环境。支持企业引进高端紧缺人才，依托博士后工作站、企业技术中心等创新平台，加快高端人才培养，提升企业人才队伍层次。实施工业转型升级领军人才计划，着力培育一批在关键核心技术产业化、重大产品研发、创新经营管理模式等方面具有突出贡献的领军人才和领军团队。依托行业工程技术中心、企业技术中心、重点实验室等创新平台，建立科技人才创新创业资金和平台支撑体系。统筹省内相关教育资源，引导和推动高等学校与企业建立校企人才合作培养机制。大力发展职业教育和专业化人才培训，培养一批熟练掌握生产技术和工艺的高技能人才，以及适应企业转型升级需要的复合型经营管理人才。建立覆盖基础研究、技术开发、技能培训等领域的人才教育与培训体系。加大技术人才和管理人才的交流培训，为高级人才提供更多的国内外交流学习机会。

创新高层次人才管理模式。建立关键领域人才库，打破人才由一个单位固定管理的模式，建立以项目中心聚集人才、管理人才的开放、流动管理模式。积极通过发包式、联盟式、网络合作式、候鸟式、校企合作式等多渠道整合利用高层次人力资源。着力形成良好的人才培养开发机制、人才评价发现机制、人才选拔任用机制、人才流动配置机制。积极探索多种人才激励机制，通过加快科技成

果使用处置和收益管理改革，扩大股权和分红激励政策实施范围，使创新人才分享更多成果收益。加快建立完善符合市场经济要求的企业家培养、选拔、激励、监督和服务机制，打造一支掌握现代经营理念，具有全球视野和国际竞争力的现代企业家队伍。

第七章　贵州现代服务业转型与发展

现代服务业是国民经济中最具活力的增长点，贵州发展现代服务业的基础设施条件正在有效改善，自然和人文潜力正在被不断发掘，市场需求也正在迅速扩大，贵州现代服务业加快转型与发展恰逢其时。从国内外现代服务业发展趋势和贵州经济发展新阶段对现代服务业的要求出发，"展长、补短、促融合、能共享"将成为贵州现代服务业新一轮转型与发展的基本思路。

第一节　贵州现代服务业转型与发展的总体思路

一　贵州现代服务业转型与发展的时代背景

（一）我国现代服务业发展进入新阶段

现代服务业是以现代科学技术特别是信息网络技术为主要支撑，建立在新的商业模式、服务方式和管理方法基础上的服务产业，它既包括随着技术发展而产生的新兴服务业态，也包括运用现代技术对传统服务业的改造和提升。① 也可以说，现代服务业包括以信息技术为支撑，随着社会分工细化与消费结构升级所涌现出的新兴服务业，以及用现代化技术改造提升、满足社会各阶层多重需求的传

---

① 参见科技部发布的《现代服务业科技发展"十二五"专项规划》。

统服务业。[1] 从我国国民经济结构的演进来看，服务业在三次产业中的地位日益突出。从总量来看，2012 年，我国服务业增加值在 GDP 中的比重超过了第二产业；2015 年，服务业增加值占我国 GDP 的 50.5%，已经构成了国民经济的半壁江山。从增长速度来看，服务业的增长也明显高于第一、第二产业。2015 年，第一产业增长 3.9%，第二产业增长 6.0%，而服务业增长率达到 8.3%。[2] 从产业内容来看，现代服务业的新性业态迅速发展，在"互联网＋"的推动下，互联网与服务业各领域深度融合，零售、娱乐、金融、交通、旅游、教育、医疗、养老、生活服务等都被"互联网＋"以后催生了具有无限变化和应用前景的新服务、新业态、新模式。2016 年，在李克强总理所做的政府工作报告中，"服务业"一词被提到 14 次，使用频率高于其他经济词汇，如此高频的使用也从一个侧面反映出服务业在我国经济社会发展战略中的重要地位。[3]

现代服务业发展与我国供给侧结构性改革密切相连，为其发展提供了新的动力和机遇。一方面，供给侧结构性改革是调整供给结构、使之更加适应广大人民群众需求的过程。随着经济发展和收入水平的提高，人们的需求正快速向便捷化、个性化、高质量化的特征转换。因此，人们不仅对非实物的服务需求不断扩大，而且对实物产品的附加性、配套性服务也提出了更高的要求。这给大量新兴服务业态、服务模式的发展提供了广阔的空间。近年来，电子商务、网约车、互联网金融等产业的迅速发展就印证了这一趋势。同时，对实物产品附加服务的需求也促使现代服务业与农业、制造业加速融合。另一方面，供给侧结构性改革要求提高供给质量和生产效率。从现代服务业作为中间投入的作用看，它是创新要素密集度

---

① 参见孟涛、聂晓潞、纪若雷《关于现代服务业内涵辨析与发展经验的评析》，《经济研究参考》2014 年第 26 期。

② 数据来自国家统计局《中华人民共和国 2015 年国民经济和社会发展统计公报》。

③ 刘志彪：《现代服务业发展与供给侧结构改革》，《南京社会科学》2016 年第 5 期。

最高的产业，是提高供给侧质量和效益的"聪明的脑袋"和"起飞的翅膀"，是产业价值链中决定竞争优势的关键环节。现代服务业中的研发、设计、金融、物流、网络、营销等领域有助于加快农业和制造业的技术升级、产品升级、功能升级、产业链升级和产业集群升级。[①] 因此，供给侧结构性改革必然要求现代服务业的转型升级与之相适应，而供给侧结构性改革的推进也必然会给现代服务业带来巨大的市场需求空间。

此外，国际服务贸易的发展也给我国现代服务业发展带来了新机遇和新要求。近年来，主要发达国家和地区致力推动的多边《服务贸易协定》（TISA）谈判，服务业的不断开放已是大势所趋，我国加入 TISA 谈判将进一步对我国现代服务业发展形成倒逼机制，促使我们更深入地融入全球市场，更多地参与国际分工与竞争。2015年，在我国货物进出口总额下降 7.0%、出口下降 1.8% 的情况下，我国服务贸易进出口总额增长 14.6%，其中，服务出口增长 9.2%，由此可以看出国际服务市场所蕴含的巨大潜力。但同时也应注意到，我国服务贸易进口还远大于出口。2015 年，我国服务进出口逆差为 1366 亿美元；服务进口增长率为 18.6%，比服务出口增长率高出 1 倍多。[②] 这从另一个侧面也说明，我国国内服务市场需求与供给之间还存在较大的缺口，我国服务业转型升级的任务仍相当艰巨，而发展空间却也十分巨大。

2. 贵州经济社会发展对现代服务业提出新要求

贵州经济转型升级需要现代服务业发挥更重要的作用。近年来，贵州经济发展条件有了巨大的改善，经济发展水平有了明显的提高。"十二五"时期，贵州地区生产总值年均增长 12.5%。到 2015年，贵阳至广州、贵阳至长沙高铁开通，贵州进入"高铁时代"；

---

① 刘志彪：《现代服务发展与供给侧结构改革》，《南京社会科学》2016 年第 5 期。

② 数据来自贵州省统计局、国家统计局贵州调查总队《2016 年贵州省国民经济和社会发展统计公报》。

高速公路里程达到 5128 千米，成为西部第一个县县通高速公路的省份；通航机场实现 9 个市州全覆盖；国家批准了《贵州省生态文明先行示范区建设实施方案》，积极推进绿色贵州建设，完成营造林 2161 万亩，治理石漠化面积 8270 平方千米，森林覆盖率超过 50%。贵州积极融入"一带一路"、长江经济带和珠江—西江经济带，黔深欧国际海铁联运班列和中欧班列开通运营，与长江经济带各地海关实现通关一体化。创建了贵安新区、贵阳综合保税区等开放平台，高标准举办了生态文明贵阳国际论坛、中国—东盟教育交流周、酒博会、数博会、茶博会、民博会、世界山地旅游大会等国际性重大活动，贵州在国内外的影响力日益扩大。在贵州经济快速发展的同时，服务业发展相对滞后的问题依然存在，服务业总量偏小、层次较低、基础设施不足、市场主体小散弱、质量参差不齐等问题还未完全解决。"十三五"时期，贵州经济社会发展将跨上一个新的台阶，由此也对服务业转型升级提出了更高的要求。贵州农业的现代化、农村资源的充分整合、制造业迈向中高端、战略性新兴产业加快发展，都需要现代服务业的有力支持。

城乡居民生活质量的改善，贵州生态、景观、民族文化等优势资源的价值实现，也都需要生活性服务业的升级与发展。2011—2015 年，贵州城镇居民和农村居民人均可支配收入分别年均增长 11.8% 和 14.4%，减少农村贫困人口 656 万，贫困发生率下降到 14.3%。贵州新型城镇化和新农村建设也在积极推进。2015 年，贵州城镇化率达到 42%，根据"十三五"规划，到 2020 年城镇化率预计达到 50%，按照 2015 年贵州常住人口规模估算，"十三五"期间，将转移农村人口 282 万，考虑到人口的增长，实际转移人口还将高于这个数字。从促进农村转移人口市民化的政策来看，2015 年 5 月开始施行《贵州省人民政府关于进一步推进户籍制度改革的实施意见》，目标要求统一城乡户籍制度，进一步放宽户口迁移政策，逐步实施居住证制度，稳步推进城镇基本公共服务覆盖全部常住人口。为落实户籍制度改革政策，贵州省公安厅明确提出，到 2020

年，促进 300 万农业转移人口和其他常住人口落户城镇的目标任务。随着农村人口转变为城镇居民，城乡发展一体化的推进和新农村建设，不仅贵州城乡居民对各类生活服务的需求会显著提高，而且利用贵州生态、景观、民族文化等优势资源发展旅游、健康养生、文化创意产业的国内外市场也将十分广阔。能否抓住机遇，把市场潜力转化为产业发展的实际效益，关键在于贵州服务业能否瞄准市场实现转型升级这个机会。

扶贫攻坚也需要贵州现代服务业在转型升级中发挥积极助推作用。一方面，服务业本身就可以作为很好的扶贫产业。服务业具有劳动力吸纳能力强的特点，因地制宜，推进农业、生态旅游、电子商务、商贸物流、城镇建设、生态环境保护等领域充分结合，可以为贫困人口转移就业和增收拓展出广阔的空间。另一方面，现代服务业也是助推其他扶贫产业发展的重要动力。通过科技服务、信息服务、教育培训服务等产业的发展和应用，也是突破生态农业、农产品加工、乡村旅游等农村扶贫产业技术、市场、人才"瓶颈"有效途径。此外，公共服务供给不足也是农村扶贫中亟待解决的问题，在扶贫攻坚中补齐农村公共服务短板也需要现代服务业向农村延伸。

二　贵州现代服务业转型与发展的总体思路

根据国内外现代服务业发展趋势和贵州经济发展新阶段对现代服务业的要求，贵州现代服务业转型与发展的总体思路是：坚持创新、协调、绿色、开放、共享五大发展理念，立足于进一步优化贵州经济结构，以提升贵州产业发展质量和城乡居民生活质量为主线，充分利用贵州优势资源，发展特色服务产业，针对贵州经济社会和产业发展中的服务业薄弱环节逐步补齐短板，积极推进现代服务业与农业、工业深度融合，确保广大人民群众能够普遍享有现代服务业发展带来的收益。简言之，就是"展长、补短、促融合、能共享"。

"展长"是体现贵州现代服务业核心竞争力的基础。现代服务业的成功发展必须有其优势资源、优势产业、优势品牌，不"展长"无以立根基。在自然条件方面，贵州具有生态良好、空气清新、森林覆盖率高、地貌景观秀美与壮观兼具等优势；在人文条件方面，贵州革命历史资源丰富，少数民族文化异彩纷呈；在产业布局方面，贵州在全国率先发展大数据产业，已经初步形成了一定的产业基础和先发优势。贵州现代服务业的转型与发展应该更加充分地利用这些优势，在旅游、文化创意、健康养老、大数据与信息服务等产业方面，扩大规模，提升质量，培育品牌，促进聚集，在国内外市场上形成核心竞争力。

"补短"是通过现代服务业转型与发展弥补贵州产业发展中的短板。由于贵州经济发展水平和产业结构的局限性，长期以来，贵州服务业发展中还存在不少短板，这不仅导致贵州现代服务业整体层次偏低，也严重制约了农业、制造业等领域的转型升级，不"补短"无以破"瓶颈"。为此，贵州需要从产业发展要求和现实条件出发积极推进科技服务、节能环保服务、电子商务与物流、普惠金融与绿色金融等领域加快发展。

"促融合"是在第一、第二、第三产业的深度融合中推进贵州现代服务业的转型与发展。不"促融合"无以带全局，现代服务业与第一、第二产业的融合发展是第一、第二产业转型升级的重要推动力。同时，产业融合也会通过更加紧密的协同关联拉动现代服务业的发展与升级，由此实现三次产业质量联动式提升。因此，需要特别关注现代服务业在产业融合发展中的枢纽作用，注重将推动产业融合与贵州现代服务业自身发展统筹起来考虑。

"能共享"是贵州现代服务业发展的落脚点。贵州现代服务业的转型与发展必须是"以人民为中心"的，要在产业发展中注重就业带动的普惠性、服务供给的普遍可及性、收入分配的公平合理性，要向贫困地区、扶贫产业、贫困人口适度倾斜，要在贵州全面建成小康社会和脱贫攻坚中承担应有的责任。

第二节　贵州生产性服务业重点发展领域

按照"展长、补短、促融合、能共享"的总体思路，从贵州现有产业发展基础和产业转型升级的现实需要出发，在生产性服务业方面，需要重点发展大数据与信息服务、科技服务、节能环保服务、电子商务与现代物流、普惠金融与绿色金融等领域。

一　大数据与信息服务

大数据产业是指围绕大规模的巨量数据信息资源进行采集、存储、管理、挖掘、应用与服务等领域形成的产业链条。大数据产业是融高新技术制造业与信息服务业为一体的产业体系。信息服务业主要是指利用计算机、通信和网络等现代信息技术，对信息进行收集、加工、存储、挖掘、传输、应用、交易等处理，以信息产品为社会提供服务的产业。信息服务是大数据产业的重要组成部分，是数据资源转化为经济社会价值的关键环节，是大数据产业中最具延展性和增值空间的领域。发展信息服务业对于增强大数据产业的核心竞争力，提升经济社会的信息化水平，促进产业升级和效率提升具有重要意义。

贵州大数据与信息服务业发展的重点环节是：进一步完善信息基础设施，高度关注市场主体培育和人才培养，在产业融合中，不断地拓展应用领域。

（一）完善信息基础设施是贵州大数据与信息服务业发展的基本保障

通过实施"宽带贵州"建设，持续推进宽带网络升级优化，形成大带宽、高速率、全覆盖的光纤传输网络。推进贵州省互联网交换中心主导企业大带宽接入，争取贵阳·贵安升级成为国家级互联网骨干直连点。加快4G网络建设，实现4G信号乡镇以上全覆盖和重点行政村基本覆盖。推动公共场所无线局域网市场化发展，提升全省 Wlan 热点覆盖和服务水平。加强数据资源中心建设。以"云上贵州"数据共享交换平台为载体，加快整合人口、法人、自然资源和空间地理、宏观经济等基础数据的集聚；以数据共享交换平台为枢纽，加快实现各地区、各部门、各领域间的数据纵向、横向互联互通；不断扩大"云上贵州"数据交换共享平台的覆盖范围，实现省、市、县三级全覆盖，扶贫相关信息要进一步向乡镇和村延伸。

（二）市场主体和专业人才的集聚是贵州大数据与信息服务业发展的内在动力

贵州发展大数据产业的优势在于气候环境和政策支持，而劣势则在于市场主体和专业人才基础相对薄弱。贵州大数据与信息服务业的持续健康发展必须着力突破这一"瓶颈"。

在促进市场主体发展方面，在营造良好市场环境的同时，需要外引与内育并举，增量与提质并重，大、中、小微企业协调发展。在引进具有国内外高度影响力的龙头企业的同时，积极整合省内外资源创建信息服务企业，集中培育一批具有核心竞争力、引领产业发展的大数据创新型骨干企业。营造大数据与信息服务领域"大众创业、万众创新"的良好氛围，不断推动小微企业壮大发展，注重加强对"小巨人"企业和高成长性、高带动性微型企业的培育扶持。支持各类大数据众创空间建设，鼓励大数据人才创业。引导大、中、小企业协同合作构建大数据产业生态圈。着力化解小微企业融资难问题，支持商业银行探索对大数据企业开展知识产权质押贷款，鼓励金融机构为创新型小微企业提供授信贷款，拓宽企业融资渠道。

在专业人才集聚和培养方面，进一步完善人才引进政策，使其更加灵活和有针对性，吸引大数据人才、"候鸟人才""远程团队"等到贵州创业。加强人才发展平台建设，鼓励高校设立大数据学院，增设大数据相关专业，灵活引进专家人才，加强大数据专业人才培养。创新应用性人才培养方式，政策支持有条件的大数据企业与高等院校、科研院所合作，以项目为引领，建立人才引进、就地培训、向企业输送为一体的人才培养模式。

（三）大数据与信息服务业发展的广阔空间在于通过产业融合不断拓展其应用领域

从贵州产业转型升级、优势资源利用和精准扶贫等方面的需求和应用空间出发，贵州大数据与信息服务业的重点融合应用领域有以下六个方面：

第一，大数据服务与先进制造业融合发展。积极推进工业化与信息化深度融合，加强制造业大数据关键技术研发，着力在工业控制系统、智能感知元器件、操作系统和工业软件等核心环节取得突破。建设高质量的工业云服务平台和面向不同行业、不同环节的工业大数据聚合分析应用平台，促进软件与服务、设计与制造资源、关键技术与标准的开放共享。推动制造业企业与互联网跨界融合，促进物联网、大数据、云计算、3D打印等技术在全产业链的集成应用，推动智能车间（工厂）建设和制造模式变革。推进智能制造，引导企业利用互联网产学研用交流合作平台，提高工业企业数字化、网络化、智能化水平，打造网络协同研发新模式。加强大数据在工业产品全生命周期、产业链各环节的应用，分析感知用户需求，发展个性化定制、众包设计、云制造等新兴制造模式，鼓励企业利用大数据技术开展故障预警、远程维护、质量诊断等在线增值服务，拓展产品价值空间，有效地支撑制造业智能化、服务化转型，构建开放、共享、协作的智能制造产业生态。

第二，大数据服务与生态农业融合发展。建设和完善贵州农业大数据综合服务平台，推进与涉农信息系统对接，推进农业各类要素集聚，实现大平台、大数据、大服务的农业信息化发展架构。发展基于贵州"农业云""农经云"的应用服务，逐步建立农副产品、农资质量安全追溯体系，建立农产品生产的生态环境、生产资料、生产过程、市场流通、加工储藏、检验检测等数据共享机制，与农产品电子商务等交易平台互联，实现种子、农药、化肥等信息可追溯，为生产者、消费者、监管者提供市场波动预测、农产品质量安全、灾害预警、耕地质量监测、重大动植物疫病疫情防控等信息服务。推进基于数字技术的特色农产品种植、精深加工、冷链物流、农业观光、乡村旅游等一体化发展，整合、延伸和再造生态农业产业链。

第三，大数据服务与金融业融合发展。不断提升金融数据与信息服务水平，建设贵州金融大数据平台，利用大数据技术，将分散在企业、金融机构、政府部门的相关数据汇聚、分析、融合、发布，为企业提供融资需求发布平台，为金融机构提供金融产品发布平台。将现有金融监管平台纳入金融大数据平台，对券商、银行、保险公司、融资性担保公司、小额贷款公司、权益类交易场所和投资理财、P2P 等网络金融服务中介机构进行监管。依托贵阳、贵安新区开展互联网金融试点，推进互联网金融产业基地建设，加快形成互联网金融产业集聚优势，积极发展第三方支付、网络信贷、电商金融、众筹融资等互联网金融业态，面向政府、企业和个人提供信息、资金、产品等金融服务。推动金融机构与互联网产业合作，开展基于大数据应用的融资、储蓄、保险、清算等互联网金融服务，创新个性化、精准化的金融产品和服务。

第四，大数据服务与旅游业融合发展。依托大数据应用，进一步梳理贵州优质旅游资源。通过虚拟现实等技术应用，实现重点旅游景区数字化应用体验。通过大数据挖掘、整理，全方位展现贵州丰富的文化旅游资源。建设贵州旅游大数据信息平台，运用旅游大数据资源，深化旅游品牌推广，实现旅游资源信息、旅游产品与旅游公共服务高度融合，汇聚全省各地景点风光、旅游设施、交通情况和风土人情等数字资源，形成全省统一的旅游数据资源交换体系，实时为游客提供旅游景区配套信息服务。加强对旅游城市、重点景区游客流量在线监控、实时监测，开展客源、游客需求等监测分析，提升旅游公共突发事件预防预警、快速响应和及时处理能力。完善游客行为分析平台，实时掌握游客流量等重点数据，合理引导游客消费，提升旅游舒适度。

第五，大数据服务与商贸物流产业融合发展。积极建设贵州电子商务大数据综合应用服务平台，支持企业开展电子商务大数据挖掘分析，提供按需、优质的个性化服务；鼓励利用大数据支撑品牌建立、产品定位、精准营销、认证认可、质量提升、信用建设和定制服务等。利用互联网平台积极推进"黔货出山"，促进物联网、云计算、大数据等技术在烟草、白酒、茶、民族医药、特色食品、饮用水、民族商品等特色产业流程制造中的融合创新应用，发展基于生产数据和市场数据的营销分析与决策支持服务，培育线上社会化营销、网络体验消费等新型商业模式。进一步完善物流信息共享互通体系，实现交通货运信息、物流供需信息、网上物流在线跟踪等信息互通共享。推进贵州智慧商贸物流港、智能仓储系统、冷链物流中心等建设，推动物流追踪与物资管理、智能调度与高效储运、无人搬运与智能码垛、物流无人机等新技术新产品应用。促进智慧物流平台与电子商务平台对接，构建智能物流调配配送网络，完善智能物流配送体系，推进电子商务服务与物流服务协同发展。

第六，大数据服务与民族文化产业融合发展。发挥贵州民族资源、文化资源优势，丰富数字媒体、数字出版、3D动漫、虚拟现实游戏和视频等数字内容供给，创新内容营销模式和营销渠道。积极促进原生态民族文化创意产业园的数字化、智能化建设。通过互联网平台，整合、展示、传播、推广贵州绚丽多彩的少数民族文化活动和文化产品，实现贵州民族文化与世界对接。

此外，大数据与信息服务业的发展还应与贵州脱贫攻坚有机结合。建立全面、系统的数字化精准扶贫体系。建设扶贫数据库，实现扶贫开发部门与相关行业部门之间的数据交换共享。扶贫开发部门向行业部门提供扶贫对象基础数据，为各行业部门将帮扶资源向建档立卡贫困人口和贫困村精准投放提供支持；各行业部门将帮扶政策措施落实的数据信息反馈扶贫开发部门，为扶贫开发部门分析全省贫困退出提供依据；通过信息共享实现对扶贫对象识别的常态化信息比对，促进扶贫对象识别，提升帮扶精准度。建设贫困信息动态监测系统，强化扶贫资源的精准配置，为扶贫项目规划、项目实施、项目监管、项目决策提供地理信息数据支持。运用互联网、大数据等技术手段和网络即时通信工具，搭建扶贫信息发布与互动救助平台，实现扶贫济困"点对点"供需对接，实现援助人与求助人"点对点"精准帮扶。完善贫困地区网络、交通、物流等基础设施，支持建设一批农村电子商务综合示范县、示范镇、示范村和示范企业。通过加强精准扶贫数字化应用力度，提升扶贫管理能力，拓宽扶贫产业发展空间。

二　科技服务

（一）科技服务领域是贵州发展的突出短板

2016年，贵州全省研发人员总数为2.55万人，仅占全国总数的0.66%；科技活动投入指数为36.01，较全国平均水平低29.21个百分点，排在第25位；科技活动产出指数为16.75，较全国平均水平低56.15个百分点，排在第28位。[①] 贵州的创新发展和产业结构升级对科技服务领域的需求十分迫切，因此，在贵州现代服务业发展中，必须着力突破科技服务业的"瓶颈"。

（二）加强研发服务体系建设

围绕贵州产业转型升级的新需求，统筹高端研发创新资源，搭建公共研发服务平台，培育类型多样的研发服务机构。统筹协调贵州高校、科研院所和大企业的科技研发资源，开展协调创新，面向地方产业发展需求提供专业化的研发服务。鼓励各类企业重点实验室、工程（技术）研究中心、工程实验室、企业技术中心等创新平台建设。吸引海外研发机构在贵州建立研发中心，鼓励高等院校和

---

① 数据来自贵州省大数据发展领导小组办公室《贵州省数字经济发展规划（2017—2020年）》，2017年2月。

科研院所、企业建立跨境联合研发中心，集聚国外创新资源，开展技术研发服务活动。积极培育多种类型的研发创新主体。鼓励市场化运作、专业化服务的第三方新型研发机构建设；鼓励研发机构运作模式和盈利模式改革，向社会提供市场化服务；积极发展研发众包、设计众包等新型研发服务业态。

完善科技成果转移服务体系，加强研发设计成果转化平台建设，支持贵州省技术市场、国家专利技术（贵阳）展示交易中心、北京技术市场贵阳服务平台等扩大服务范围。积极推进技术产权交易市场建设，形成政府、行业、机构、技术经纪人四位一体的技术市场服务体系。通过合同科研、专利使用许可、衍生公司、创新集群等多种途径，实施技术转移转化，积极探索基于互联网的在线技术交易模式。探索推动技术成果的商品化、资本化和证券化。通过科技成果转化交易平台建设，提高成果转化效率。

（三）推进创新孵化服务领域加快发展

适应"大众创业、万众创新"的需要，从载体建设、能力提升和氛围营造等方面，构建专业化的创新孵化服务体系。推进众创空间等新型创新服务平台建设，构建集众创空间、孵化器、加速器、产业园区于一体的创新孵化载体。依托专业特色高校，在科教资源丰富的区域建设创新孵化集聚区。探索利用行业领军企业、金融机构，发挥平台优势和产业整合能力，搭建开放的创新孵化服务平台，构建创新服务外包、稳定合作关系与风险投融资一体化共生培育模式。

（四）促进第三方检验认证服务发展

扶持一批技术能力强、服务水平高的第三方专业检验检测机构，培育一批具有明显技术优势的检测项目和品牌，建设一批符合产业发展需要的国家级、省级检验检测认证中心。加强面向烟、酒、茶、食品、中药材、煤炭、磷化工、新型建筑材料、电子元器件、北斗导航产品、新能源汽车等产品的检验检测机构建设，助推绿色贵州、质量贵州品牌建设。鼓励外资和民间资本投资检测检验认证服务，建设检验检测认证服务信息共享平台，推进检验检测服务与各产业相互支撑、共同发展。

（五）发展知识产权服务

进一步促进知识产权申请便利化。提升知识产权法律维权服务水平，探索发展商业模式创新、电子商务等特殊领域的知识产权法律服务。培育发展知识产权高端服务业，形成包括知识产权业务审查、代理服务、数据利用、专利软件研发在内的完整的知识产权服务产业链。建设知识产权密集型产业公共服务平台，进一步提升贵州知识产权产业集中度和产业竞争优势，推动产业转型和创新发展。以战略性新兴产业企业为重点培育对象，鼓励企业加强专利信息利用，发挥知识产权密集型企业在产业转型发展中的龙头带动作用。

（六）强化科技扶贫服务

重点支持与扶贫相关产业的科技研发、推广服务。积极建立科技服务企业或机构定点对口服务贫困地区、贫困企业的长效机制。政府引导科技研发企业优先向扶贫领域转移科技成果，对成果转移给予合理补贴；采用政府购买服务、鼓励科技服务机构公益性支持等形式，引导科技服务企业和高等院校、科研机构开展扶贫产业科技培训，支持与贫困地区企业、合作社、农户建立长期技术培训和技术指导关系。政府根据科技服务企业的扶贫参与情况，给予税收减免、融资担保的优惠，鼓励科技服务企业支持扶贫攻坚。

三 节能环保服务

从生态文明建设的需要和贵州生态脆弱的现实条件出发，产业发展的绿色化转型是贵州的必然选择，因此，节能环保服务业的发展就具有十分重要的地位，是贵州提升绿色竞争力、补齐生产性服务业"短板"、改善生态环境质量的重要支撑。节能环保服务业是依托节能环保产业、信息技术和现代管理理念发展起来的，是基于新兴服务业成长壮大和传统服务业改造升级而形成的新型服务业体系。

（一）培育节能环保服务企业做大做强，推进节能环保服务产业化、专业化、规模化发展

以培育发展第三方专业节能环保服务机构为重点，加快推进政府购买节能环保服务工作，积极培育本土节能环保服务机构。鼓励社会资本进入节能环保服务领域。引导企业自愿参加低碳产品认证，积极培育发展以认证机构为核心，检测检测机构、认证咨询机构等为支撑的市场体系。

（二）拓展节能环保服务领域和业务

积极发展节能环保技术推广与交易、环保规划咨询、环境工程设计、总承包、第三方治理、能源审计、清洁生产审核、节能认证评估等业务。推进环境保护基础设施第三方运营和管理，加快节能环保技术的推广应用，建立健全统一的节能环保服务准入条件、技术标准、资质标准等环境服务业运营和管理规范，在产业园区、城市和重点行业开展综合环境服务标准试点。推进污染源和环境质量在线监测监控、污染检测、汽车尾气检测等设施的专业化、社会化运营。加快大气、水等环境质量在线实时监测站点及网络和污染情况检测服务的建设。引导社会监测和污染检测机构提供面向社会、企业及个人的环境监测和污染检测服务。

（三）创新节能环保服务模式

积极建设节能环保服务信息网络，探索合同环境服务等新型环境服务模式，鼓励政府、企业综合环境服务外包。大力推行合同能源管理、环境污染第三方治理，积极探索区域用能权交易、碳排放权交易、排污权交易。整合资源，创建环保产业技术创新联盟，推动原始创新、集成创新和引进消化吸收再创新。鼓励在各类城市、开发区和重点行业开展综合环保服务试点。在充分考虑地方资源特点和产业发展的基础上，促进节能环保服务业合理集聚，优化升级现有节能环保产业园区和集聚区，创建节能环保现代服务业示范区。创新政府引导节能环保服务业集聚发展方式，由招商引资向引资、引智、引技转变，以管理体制机制改革激发市场活力。

（四）推动节能环保服务业与重大工程项目建设和工业生产过程深度融合

通过实施节能环保重点工程，有效激发市场对节能环保技术、装备、产品及服务的需求。以燃煤锅炉、电机系统、照明产品等为重点，大力推动节能装备升级改造。推动煤炭、电力、钢铁、有色、化工、建材等高耗能行业工艺革新，实施系统节能改造，鼓励先进节能技术的集成优化运用，进一步加强能源管控中心建设。推动环境基础设施建设，推进工业污染源全面达标排放、水气土领域环境治理、危险废物防治等环保重大工程建设，扩大环保产业有效需求。推进国家级和省级园区循环化改造，推动大宗废弃物和新型废弃物的综合利用，发展再制造技术和产业，提高城市低值废弃物资源化水平。坚决淘汰落后产能，积极稳妥化解过剩产能，强化资源、能源、环保等硬约束，强化行业规范和准入管理。加快修订产品生产过程的能耗、水耗、物耗以及终端产品全生命周期的能效、水效和环境标志等标准。建立统一的绿色产品认证、标志等体系，逐步将目前分头设立的环保、节能、节水、循环、低碳、再生、有机等产品统一整合为绿色产品，加强绿色产品全生命周期计量测试、质量检测和监管。通过实施节能环保和资源循环利用重大工程、推广绿色产品等方式，有效刺激市场对节能环保产品和服务的需求，全面扩展节能环保服务业市场空间和应用领域。

（五）促进节能环保服务业对外开放

积极引进境外节能环保产业投资、先进技术、管理理念和商业模式，鼓励外资投向节能环保高端装备制造、节能环保技术创新，支持设立研发中心。加强重点领域节能环保标准与国际标准接轨，加强与发达国家节能环保产业合作，带动贵州节能环保服务业技术水平和服务能力迅速提升。

四　电子商务与现代物流

在互联网时代，电子商务在产品销售中的地位日益突出。而现代物流作为商品流动的基础支撑条件，其对农业、工业以及电商商务和商贸流通产业的发展都具有至关重要的作用。贵州特色产品十分丰富，但是，由于以往交通物流条件的局限，贵州产品难以走向全国和国际市场。近年来，贵州交通基础设施条件的改善为电子商务和现代物流产业的发展提供了良好基础，贵州电子商务和现代物流产业的发展将迎来更加广阔的空间。

（一）电子商务

第一，加快培育电子商务经营主体。坚持引进知名电商与培育本土电商品牌共同推进。推动与阿里巴巴、京东商城、腾讯、苏宁易购、国美等知名电商平台开展战略合作，重点在加快电子商务运营、推广贵州特色产品、物流基础设施建设、农村电商、跨境电商、电商精准扶贫等领域开展合作。着力推进贵州电子商务云、电子商务综合服务平台做大做强。支持大学生、个体从业者通过电子商务平台创业，鼓励传统企业发展电子商务。积极开展培训教育，指导和支持电商提升整体运营水平，由"创业团队""个体电商"向管理先进、设施完备、制度完善的现代电子商务企业转型。鼓励贵州本地独立电子商务交易服务平台、技术服务平台、中介服务平台的发展，培育一批具有行业影响力的电子商务企业。

第二，突出贵州电商特色建设。充分利用电子商务平台，解决贵州特色优势产品及服务供需信息不对称问题；通过有效的网络营销，加速推广贵州优势特色产品。着力在山地旅游业、酒类、茶叶、民族文化工艺品、特色农产品等优势产业领域，发展壮大一批行业电子商务平台。大力建设特色产品网上商城和黔货网店，加大网络宣传力度，完善商品售前和售后服务内容，扩大经营规模和知名度。利用电子商务方式，积极推广贵州旅游产业，建立包含"食、住、行、游、购、娱"旅游六要素的资源数据库和电子商务平台，通过旅游景点、民族文化演艺中心、宾馆酒店等推广旅游商品和特色产品。促进民族地区开展电子商务和白酒产业、旅游业、农产品、工艺品业发展行业电子商务，以贵州特色打造贵州电商品牌。

第三，促进电子商务发展的示范企业、示范区域建设。评选认定一批基础好、有发展前景、成长性良好的电子商务示范企业。重点培育和扶持一批电子商务龙头企业，创建电子商务品牌，带动电商企业品牌化，促进品牌企业电商化发展。推进贵阳市国家电子商务示范城市建设；推进石阡、湄潭、印江、兴义、普安、龙里、德江、清镇国家级电子商务进农村综合示范县建设、省级电子商务示范县建设、电子商务示范产业园（孵化基地）建设、电子商务进农村示范培育点建设等项目。引导电子商务企业在交通便利、产业集聚、物流发达的地区集聚发展。

第四，大力发展农村电商。支持电商落地农村，充分发挥电商综合服务功能，加快发展电子交易、网上购物、在线支付、快递配送等协同发展的居民生活类电子商务生态链，改善农村电子商务发展环境，提升农村流通现代化水平。为农业产业化提供多元化服务，为企业和农户搭建网上交易平台。鼓励农民专业合作社、种养大户、家庭农场、农业企业等利用国内知名电商平台和自建平台开展农产品网络营销，打造贵州绿色、生态农特产品品牌。推进"万村千乡"农家店和"农产品现代流通"工程信息化建设，推动农业电子商务平台与农业产业化基地、农产品营销大户、大型超市、大型餐饮连锁企业对接，发展"电子商务平台＋专业合作社＋农户"等产供销一体化的农村电商模式。加大农村物流体系建设，推动农民专业合作社上线，实现工业品下乡和农产品进城的双向畅通。

第五，积极推进跨境电商。依托贵阳综合保税区、贵安综合保税区等重要开放平台，加强跨境电子商务平台招商工作，引入各类B2B、B2C及跨境电子商务交易平台、服务平台在贵州设立分支机构，建设进口商品展销区，打通贵州进口商品采购渠道。引导贵州优质特色产品生产企业、生态农业基地、民族文化企业等入驻跨境电子商务平台。进一步优化贵州跨境电商服务体系，依托贵州电子口岸，搭建跨境电子商务公共服务平台，探索建立"单一窗口"综合服务模式。推动主要贸易单证的标准化和电子化进程，促进海关、检验检疫、港口、银行、保险、物流服务协同，简化跨境电子商务货物通关流程，提高通关效率。支持跨境电子商务企业加强与境外企业合作，通过"海外仓"、体验店和配送网店等模式，融入境外零售体系。

（二）现代物流

现代物流产业是整合运输、仓储、加工、配送、货代、信息等产业形成完整供应链的跨行业、跨部门、跨区域、渗透性强的复合型产业。在贵州已有的现代物流发展框架下，其转型升级需要进一步关注以下五个方面。

第一，以信息化提升物流体系效率。依托大数据，加快推进智慧物流云、智慧交通云、电子商务云建设，打造全省统一的物流信息公共服务系统平台，支持平台开展多种服务，鼓励物流信息的互通互换，促进信息流、物流和资金流的协同和联动，提高物流服务效率和经营管理水平。发展"互联网＋车货匹配""互联网＋运力优化""互联网＋运输协同""互联网＋仓储交易""互联网＋供应链管理""互联网＋城乡配送"等多种形式的高效便捷物流新模式，促进货源、车源、物流服务等信息的高效匹配，实现车辆、网点、用户等精准对接。加强物流节点内部的物流装备设施信息化建设，努力实现交通货运信息、物流供需信息、网上物流在线跟踪、物流投资项目等信息互通共享。支持物流企业采用物联网等物流新技术，实现企业、车辆与互联网的即时联结。

第二，构建全方位、多领域物流服务体系。大力发展第三方、第四方物流，加强快递物流、供应链物流、电商物流、城市共同配送、农产品冷链物流、医药物流、应急物流等综合性和专业化物流建设，补齐流通短板。发展多式联运，推行标准化包装和小型集装箱，推进铁路、高速公路、航空水运通道及管道等不同运输方式的紧密衔接。推进"一票到底"的联运服务模式，推动仓储资源在线开放和实时交易，建立健全多式联运规则和全程服务规范。创新物流服务模式，发展连锁经营，鼓励供销、邮政、商贸零售等系统龙头企业充分拓展既有配送业务。发展冷链物流、电商物流、保税物流、会展物流等新兴物流，积极发展应急物流，促进物流与制造、商贸、金融等产业融合发展，支撑传统优势产业转型升级。

第三，推进示范性物流园区建设，以点带面，推动物流产业集约化发展。创新物流园区开发模式，充分发挥市场作用，积极引进大企业和社会资本参与投资建设和运营。在重要交通枢纽，规划建设综合服务型、货运枢纽型物流园区；在产业发展重点区域，有针对性地建设能矿、资源深加工、建材、轻工等生产服务型物流园区；在主要城市周边，建设商贸服务型物流园区；在综合保税区、临空经济区，建设口岸服务型物流园区。创建一批国家级和省级示范性物流园区，发挥物流园区的示范带动作用。支持物流园区建设转运、立体仓储、智能分拣等基础设施和物流信息平台，完善服务功能。推动物流园区与当地优势产业融合发展，提升物流要素集聚能力和水平，吸引有实力的物流企业入驻发展。

第四，加强现代物流与电子商务有机结合。推进"互联网＋仓储交易"模式，鼓励企业依托互联网、物联网等先进信息技术，建立全国性或区域性仓储资源网上交易平台，推动仓储资源在线开放和实时交易，整合现有仓储设施资源，提高仓储利用效率，降低企业使用成本。加强仓储配送基地、快递转运中心等电子商务物流基础设施建设，提高电子商务物流中转、配送效率。加大农村、社区、机关、学校、地铁站等公共取送点建设，优化电子商务物流末端配送网点布局。鼓励物流（快递）企业加强与电子商务平台合作，大力推动电子运单使用，加强快递从业人员基本技能培训，补齐电子商务物流发展短板。

第五，提高现代物流业对外开放水平。积极推动与珠三角、长三角、环渤海等区域物流业合作联动，深化渝黔、湘黔、川黔、滇黔、桂黔等省际合作，建立健全与周边省份的物流协作机制。在综合保税区，建设国际物流网点，完善保税、口岸、物流金融、国际贸易、展示等功能，加快融入国际经济大循环。加强长江流域口岸物流通关协作，建立和完善海铁联运，加快推进与长江流域海关属地申报、口岸验放等多种区域通关一体化模式，实现海关、检验检疫一次申报、一次查验、一次放行，构建物流快速通道。充分利用西部快运专列，进一步增强铁路货运合作。积极推进海外物流网点布局，鼓励有实力的企业通过投资、参股、长期租赁等方式，参与建设和经营海外物流园区、港口、跨境物流节点等。

五　普惠金融与绿色金融

金融是现代经济的核心，金融业的发展对于区域经济具有关键性作用。在推进贵州金融业各领域整体不断发展的同时，从贵州脱贫攻坚和绿色产业发展的重大需求出发，在金融业转型中，需要更加强化普惠金融和绿色金融的发展。

（一）普惠金融

普惠金融是指通过完善金融基础设施，以可负担的成本将金融服务扩展到欠发达地区和低收入群体，向其提供价格合理、方便快捷的金融服务，不断提高金融服务的可获得性。[①] 小微企业、农民、城镇低收入人群、贫困人群和残疾人、老年人等特殊群体是当前普惠金融重点服务对象。贵州作为全国贫困人口绝对数量最多、比例最高的省份，发展普惠金融是金融助力脱贫、同步实现全面小康的必然选择。从普惠金融与脱贫攻坚有机结合的角度看，贵州普惠金融的发展需要更加注重以下四个方面。

第一，拓展金融机构普惠服务功能，完善基础网点结构。发挥政策性银行对农村基础设施、精准扶贫等项目的支持作用。鼓励探索政策性银行以批发资金转贷形式与其他银行业金融机构多种合作方式，为扶贫产业中的小微企业、专业合作社、农户提供低成本贷

---

① 贵州省金融研究院：《贵州省金融发展报告（2015）》，中国金融出版社 2015 年版，第 261 页。

款。鼓励各类银行设立专门的"三农"金融事业部、小微企业金融事业部，促进金融机构基础网点向农村、小微企业聚集的产业园区延伸。充分发挥农村信用社网点多、覆盖广、贴近农村的优势，稳定对县域"三农"的金融服务，继续将金融服务触角向村一级有效延伸，推动金融服务进村入户。引导保险机构持续加大对农村保险服务网点的资金、人力和技术投入。探索民营资本发起设立民营银行，培育支持小微企业新生力量。支持民间资本投资入股或发起设立地方中小法人金融机构，进一步优化股权结构，增强内生发展动力。鼓励和支持符合条件的银行机构在贫困地区发起设立村镇银行，支持符合条件的民间资本参与村镇银行组建，进一步扩充金融服务主体。鼓励审计、技术咨询服务、评级等服务机构服务普惠金融发展，以优质服务提升普惠金融便利性，完善普惠金融产业链，为普惠金融体系提供技术服务支持。

第二，积极推进普惠金融改革。以精准扶贫金融服务体系建设为核心，争取在贵州建立设立国家普惠金融综合改革试验区。推进贵州专业性普惠金融机构的设立，探索政府与社会资本合作设立贵州开发银行、扶贫产业投资基金和融资担保机构等，进一步完善普惠金融体系。推进普惠金融与财政扶贫的联动发展。一方面，发挥财政资金支持普惠金融发展的作用。设立普惠金融发展专项资金，重点针对普惠金融服务市场失灵的领域，遵循"保基本、有重点、可持续"的原则，对普惠金融相关业务或机构给予适度支持，更好地保障困难人群的基础金融服务可得性和适用性。另一方面，利用普惠金融更好地发挥财政扶贫资金杠杆作用，综合运用风险补偿、贷款贴息、保费补贴、奖励补助、税收减免、费用补贴等方式，引导金融机构加大对"三农"、小微企业的信贷支持，以财政资金撬动金融资金投入扶贫开发。进一步完善差别化激励机制。以正向激励为导向，从业务和机构两方面采取差异化监管政策，引导银行业金融机构将信贷资源更多投向小微企业、"三农"、特殊群体等普惠金融薄弱群体和领域。支持符合条件的地方法人金融机构发行小微企业金融债券、"三农"金融债券。鼓励金融机构发挥互补优势，支持现代农业发展，推行和落实信贷尽职免责制度，对不良贷款比率实行差异化考核，适当提高贫困地区不良贷款容忍度。

第三，创新普惠金融产品和服务手段。进一步完善涉农金融产品和服务。加强对规模农业、农产品加工、休闲观光农业和农村电子商务等领域的金融支持。在涉农金融机构中，全面开展农村土地承包经营权抵押、农民住房财产权抵押和农村土地流转收益保证贷款，激活农村金融市场。探索开展涉农资产证券化试点。大力发展农业保险，鼓励市县因地制宜，开展特色农险，积极开发推广目标价格保险、天气指数保险、收入保险试点等，精准对接农业保险服务需求。支持金融机构根据农业生产经营流程，发展订单、仓单质押等产业链、供应链金融服务新模式，引导金融机构创新对"公司＋基地＋农户""合作社＋农户"等经营组织方式服务，提高农业金融服务集约化水平。建立多元化的农业农村贷款担保机制，创新联保、互保等多种形式组合担保贷款模式，推进农户信用评级，实行免评估、可循环小额信用贷款等便利化金融服务。完善小微企业金融产品和服务，对扶贫产业中的小微企业给予更多支持。围绕小微企业融资特点，引导银行机构积极开展融资租赁、企业主个人财产担保、联保贷款等新型信贷业务。推动金融机构开展担保方式创新，大力推广应收账款、知识产权、股权、动产、订单、仓单抵质押贷款。鼓励银行与保险公司合作，引入贷款保证保险机制。支持金融机构优化对贫困地区、扶贫产业中的小微企业信贷管理，通过提前进行续贷审批、设立循环贷款、实行年审制等措施，降低企业融资成本，帮助扶贫产业突破融资"瓶颈"。

第四，实现普惠金融与精准扶贫全面融合。引导金融资源更多地流向贫困地区，以产业发展为支撑，提升贫困地区的自我"造血"功能，为贫困地区升级农业基础设施、发展特色农业和特色精品旅游提供金融支持。推进涵盖贫困地区各类农村经济主体、涉农金融机构、涉农部门和县、乡两级政府的农村信用信息共享平台建设。建立金融精准扶贫信息对接共享机制，深入推进扶贫小额信贷分片包干责任制，大幅提升扶贫小额信贷贫困户覆盖面，提高建档立卡贫困户的获贷率。加大对扶贫产业的资金帮扶力度，支持扶贫产业的集约化、标准化、规模化发展，对符合条件的龙头企业、专业合作社、种养大户、种植农户、规模产业基地、经纪人队伍等给予相应扶持。拓展扶贫信贷新模式，开展龙头企业在合作社、种养大户、农民等紧密合作体系成员中融资、放贷试点，鼓励推广由龙头企业、专业合作社以资产作为抵押贷款，发放给农民用于农业生产的新型借贷模式。将农村产权改革、金融服务创新与贫困农民增收有机结合，通过农村承包土地的经营权抵押贷款和对贫困农户的贴息贷款等方式，帮助贫困农户获得生产发展资金，对于无劳动能力、无业可就的贫困户，可探索县级扶贫开发平台公司投资社会公共基础设施建设或较为成熟的扶贫产业等低风险领域，由政府提供风险担保，免除贫困户贷款顾虑，帮助无劳动能力、无业可就的贫困户获得投资收益。

普惠金融以服务小微企业、低收入人群和贫困地区客户为主，也面临一定的金融风险，因此，普惠金融服务创新需要与风险防控密切结合。建立推进普惠金融发展监测评估体系，设立专门的风险防控综合管理机构，实施动态监测与跟踪分析，加强风险监管，做好风险识别、监测、评估、预警和控制工作，优化金融环境，及时发现问题，并提出改进措施。坚决打击金融违法犯罪，在积极发展普惠金融的同时，维护金融稳定。

（二）绿色金融

绿色金融是指为支持环境改善、应对气候变化和资源节约高效利用的经济活动，即对环保、节能、清洁能源、绿色交通、绿色建筑等领域的项目投融资、项目运营、风险管理等所提供的金融服务。从贵州生态环境良好但又十分脆弱的实际出发，产业发展的绿色化转型是贵州经济可持续发展的必然选择，这就为贵州绿色金融发展提出了更迫切的需求，也为其提供了更广阔的用武之地。

第一，完善绿色金融服务体系和市场平台建设。发挥政策性金融、商业性金融和专业中介机构的优势互补作用，建立完善的绿色金融服务体系。加强政策性金融机构对绿色产业发展和生态环境建设提供中长期资金的力度。鼓励商业性金融机构在市场机制下提供个性化的金融产品和服务，为绿色经济提供多样化、可持续的资金支持。鼓励村镇银行、小贷公司和融资性担保公司等参与绿色产业，拓宽融资渠道。充分发挥互联网金融在支付结算、融资、投资、保险等领域的创新能力，促进审计、信用评级、资产管理、经纪咨询等与绿色金融相关的专业中介机构加快发展，为绿色金融发展提供全方位的专业服务。鼓励各级政府发起成立绿色引导基金、专业投资基金等，重点支持绿色产业发展。为绿色产业发行公司债、短期融资券和中期票据等创造条件，引导资金更多地投向环境保护和资源节约型产业。积极争取在贵州设立国家级绿色金融综合改革试验区，引领贵州绿色金融全面创新。

第二，推进绿色信贷。大力发展绿色信贷，鼓励银行设立绿色信贷专项额度，支持有条件的银行探索绿色金融专业化经营。以贵州大数据、山地旅游、生态农业、健康养生、战略性新兴产业等产业的绿色发展为依托，扩大绿色信贷规模。发挥贵州森林覆盖率高的优势，对全省林权进行排查摸底，推进林权抵押贷款。优化绿色信贷授信管理流程。在授信准入环节，将清洁能源、节能减排、环境综合治理、生态修复工程等作为重点支持的领域。加大准入环节的客户筛选，在从环境评价、清洁生产、节能减排等方面，明确绿色信贷标准，对于国家相关部门通报的环境、安全违法违规及落后产能企业、重特大生产安全事故责任企业不提供任何授信。在审批环节，将信贷项目的环评批复、水土保持批复、用地批复等项目手续作为重要审核要件，对项目是否已经取得环境批复，实行一票否决制。在贷后管理环节，将贷款资金绿色使用情况作为重要监测内容，了解贷款企业安全生产、污染排放、节能环保等方面的信息，对突出问题及时纠正，加强与当地政府、监管部门沟通协作，及时处理问题。鼓励银行业金融机构将碳排放权、排污权、合同能源管理未来收益、特许经营收费权等纳入贷款质押担保物范围，推广融资租赁等新型融资方式。鼓励信用担保机构、绿色发展基金对资质好、管理规范的中小型节能环保企业融资提供担保服务。

第三，促进绿色产业直接融资，支持绿色债券规范有序发展，鼓励符合条件的企业发行绿色债券，通过债券市场筹措节能环保项目建设资金。鼓励高新技术、节能环保、新材料企业国内主板、中小板、创业板和境外上市融资，支持绿色环保企业借助资本市场做大做强。鼓励各类股权投资机构加大对生态建设、环境保护、节能减排产业及项目的投入，扩大绿色投资规模。引导和支持社会资本建立绿色发展基金，投资节能环保产业。支持社会资本以 PPP 和第三方服务等模式投入资源循环利用产业。进一步加强贵州绿色金融交易中心建设，不断完善碳交易、排污权交易、节能量交易与合同能源管理服务、环保设备和技术交易、绿色产业资源类股权资产交易、绿色产业资源产权交易、绿色私募债、绿色产业收益权产品设计及转让、环保型企业改制、并购重组、融资渠道拓展等领域的服务。

第四，发展绿色保险，研究开发针对合同能源管理、环境污染第三方治理等的保险产品，在环境高风险领域，建立环境污染强制责任保险制度。鼓励保险机构推出与气候变化相关的巨灾保险制度。鼓励保险机构研发环保技术装备保险、针对低碳环保类消费品的产品质量安全责任保险、污染损害责任保险、森林保险和农牧业灾害保险等产品。

第五，注重防控绿色金融发展过程中产生的金融风险。加强对绿色金融业务和产品的监管协调，综合运用宏观审慎与微观审慎监管工具，统一和完善有关监管规则和标准。强化对信息披露的要求，推动信息和统计数据共享，建立健全相关分析预警机制，强化对绿色金融资金运用的监督和评估。防范绿色信贷和绿色债券的违约风险，充分发挥股权融资作用，防止出现绿色项目杠杆率过高、资本空转等问题。

第三节 贵州生活性服务业重点发展领域

从贵州的资源优势、市场前景和扶贫带动作用等方面来看，在生活性服务业方面，可以将生态旅游、健康与养老、商贸与会展、民族文化产业等领域作为发展重点。

一 生态旅游

贵州自然和人文旅游资源十分丰富，在旅游业发展上具有突出优势。近年来，随着贵州交通条件、配套设施和旅游品牌建设的不断完善，贵州旅游市场迅速扩大，未来贵州旅游业发展仍具有巨大的潜力。同时，旅游业的可持续发展有赖于人与自然的和谐相处，在控制旅游对生态环境负面影响的基础上，旅游业发展可以与生态环境改善有机统一，使旅游业具有典型的绿色产业特征。而且，旅游业的就业带动力较强，与贵州农村的生态资源和民族文化资源充分结合，对农村经济发展和脱贫增收具有重要意义。因此，生态旅游业的充分发展应成为贵州产业转型升级的重要内容。在前文讨论农村产业转型与发展中已经涉及不少旅游业与现代农业和农村经济融合发展的内容，下面仅从贵州生态旅游产业发展角度提出以下建议：

（一）着眼于全域旅游发展需求，进一步完善旅游公共服务体系

全域旅游是指在一定区域内，以旅游业为优势产业，通过对区域内经济社会资源尤其是旅游资源、相关产业、生态环境、公共服务、体制机制、政策法规、文明素质等进行全方位、系统化的优化提升，实现区域资源有机整合、产业融合发展、社会共建共享，以旅游业带动和促进经济社会协调发展的一种新的区域协调发展理念

和模式。① 为了满足全域旅游发展的要求，首先要建立更加完善的旅游公共服务体系。进一步完善旅游交通网络，推动打通旅游交通"最后一公里"和"毛细血管"，加快中心城市、干线公路、航空机场到重点山地旅游景区的旅游公路建设，加快改造提升以步道、行车道、索道、轻轨、小火车、观光电梯等为主的景区内部交通体系，使公共交通布局与旅游发展格局相匹配，提升山地旅游的通达性、便捷性和舒适性。

加快推进"快旅慢游"体系建设。加快旅游集散中心、停车场、自驾车营地建设；扶持跨区域连锁经营的汽车租赁公司和乡村旅游巴士发展，推进城市公交服务网络与城郊主要旅游景区和乡村旅游点的有效连接；在全省布局建设足量的旅游客运服务网、交通节点服务区、主题度假村、精品客栈群、汽车及自驾车露营地、旅游电子商务、游客购物中心，不断提升旅游接待服务层次和水平。

构建旅游专业化与社会化相结合、政府救助与商业救援相结合的旅游紧急救援体系。推动中心城市、旅游城镇加快建设和完善综合性游客中心、中央游憩区、旅游标志等游客服务设施。积极建设以旅游公共信息服务、行业管理和电子商务为核心的贵州智慧旅游云，涵盖旅游产品推广、个性化服务预订、产品预售和结算、实时旅游信息查询、旅游车辆调度、讲解导览、容量监控等线上和线下相结合的"一站式"旅行服务平台，实现游客走到哪里旅游服务和管理就覆盖到哪里。

（二）通过产业融合，充分发挥旅游的产业带动效应

从全域旅游的理念出发，推动山旅、水旅、乡村旅、体育健身旅、革命历史旅、民族文化旅等融合发展，构建休闲、度假、康养专项产品体系，促进城乡企齐动、工农旅结合、产城景一体、山水田融合、村社园统筹、文体康配套、革命历史与民族文化交相辉映，提升旅游发展的综合效益。充分整合贵州各种优势特色资源，

---

① 李金早：《全域旅游的价值和途径》，《人民日报》2016年3月4日第7版。

拓展旅游业融合发展领域。促进旅游与生态农业相结合，例如，推进生态茶园休闲度假旅游景区、田园生态农业旅游综合体等农业旅游景区发展。促进旅游与特色小城镇建设相结合，完善小城镇在特色风貌建筑建设、民族文化表演、民族文化产品制作和销售、餐饮、住宿、休闲及其他旅游配套服务方面的功能。促进旅游与革命历史文化相结合，以遵义会议遗址为核心，打造长征革命历史文化旅游线路。促进旅游与民族历史文化相结合，积极打造民族文化旅游目的地，推动以具有地域性和民族代表性的历史文化名城、名镇传统村落为代表的民族历史文化体验旅游。促进旅游与交通景观相结合。积极推进以晴隆"二十四道拐"为代表的抗战交通线路游，打造千里乌江内河航道观光带、最美高速旅游风景道，开发乌江特大桥、坝陵河大桥、北盘江特大桥等景观桥梁旅游。

（三）提升旅游服务和监管质量

充分发挥贵州旅游资源种类多、分布广、潜质强的优势，加快打造产品链，延伸拓展产业链，丰富提升供应链。进一步提升旅游产品的国际化、现代化品质和水准，推动科学资源、现代工业资源等向旅游资源的转化，将平塘大射电等具有唯一性、独特性和国际性的一流科学资源建设成一流的旅游产品，培育新的龙头产品，激发新产品卖点，引导新的消费热点，形成高中端旅游产品供给。

积极构建多元化的旅游产品体系，全面开发生态旅游、文化旅游、休闲农业、特色城镇、户外运动、健康养生等旅游产品。加快发展避暑休闲、温泉度假、健康养生、山地户外、商务会展、汽车露营、科普教育等旅游新业态。

推进乡村旅游提质增效。依托"四在农家·美丽乡村"建设，进一步提升乡村旅游组织化程度和产业化水平。以规划为引领，开发建设、升级改造一批以民族风情、田园风光和休闲农业为重点，以文化体验和休闲避暑养生为特色，环境优美、功能齐全、服务规范、品质优良的乡村旅游点。

完善智慧旅游服务体系，推动以旅游目的地信息系统、数字化旅游城市、智能化景区和旅游饭店为重点的智慧旅游城市、智慧景区、智慧饭店、智慧旅游乡村建设，建立健全覆盖全省的旅游信息服务体系，全面提升旅游信息化和智能化水平。

加强旅游市场监管，营造良好旅游市场环境。推进旅游标准化建设，建立涵盖旅游要素各领域的旅游标准体系。健全旅游行政执法监督管理制度，完善游客投诉高效处理机制和旅游商品信誉担保理赔等机制，不断完善游客满意度调查机制。推行旅游企业及从业人员计分管理办法，完善旅游市场准入退出机制。建立旅游经营者和从业人员的信用评价制度，推行大众评价和社会监督，形成优胜劣汰的引导机制。

（四）强化旅游精准扶贫功能

将自然风光、现代高效农业、民族文化、传统村落、大数据信息平台与旅游业紧密结合，对贫困村旅游发展业态精准定位，培育一批生态游、乡村游、观光游、休闲游、农业体验游、保健养生游等业态产品。根据发展贫困村乡村旅游不同类型的主体，分类施策，组织旅游结对帮扶，推动山地乡村客栈、特色餐饮、文化展示、旅游商品加工等乡村旅游产业分工到户，构建全民参与的乡村旅游扶贫产业链。支持贫困群众建设具有当地民俗民风的农家客栈、森林小屋。对纳入国家乡村旅游扶贫示范点的村寨，实行建档立卡、跟踪服务，建立旅游扶贫的统计监测制度，对接待人数、带动增收、脱贫人数实行动态定量统计。对开展旅游活动的贫困村，实现旅游宣传和线路组织全覆盖、人员培训全覆盖，建立一批旅游扶贫的乡村旅游培训基地，开展农旅从业人员培训，提高贫困人口从事乡村旅游知识。

二 健康与养老

贵州生态环境质量优、气温舒适、空气负氧离子丰富、生物多样性得天独厚、民族文化绚丽多彩，发展健康产业具有得天独厚的条件。随着经济社会的发展，人们在生存基本需求得到满足、物质条件逐步改善的基础上，对身体健康和心理健康的需求日益提高，加之贵州的交通和配套基础设施条件不断改善，贵州的健康产业发展具有广阔的前景。从服务业的角度来说，贵州的健康产业可以在依托旅游、健康、生态、文化等资源，发展生态文化休闲体验、避暑度假、健康养老等领域；依托绿色有机食品、中药材资源，发展中医民族医保健领域；依托山地、湖泊水体等运动资源，发展山地户外运动和水上运动等领域；依托温泉资源，发展以温泉疗养、温泉度假等领域，逐步形成全方位的休闲健康产业体系。推动贵州健康产业发展，要着力于提高服务质量，积极打造优质品牌。尽快建立贵州健康产业服务质量标准体系，出台健康服务质量评估和等级评定等标准，统筹推进等级评定、合格评定和标准示范建设工作。健全规范健康服务市场秩序，对健康服务市场实行日常化、规范化管理，完善服务质量满意度测评管理，推动服务质量对比提升。着力开发建设一批资源品位高、配套条件好、市场潜力大、组合能力强、带动作用显著的健康养生产业精品项目、示范园区和基地，推动品牌国际化、产品国际化、营销国际化和服务品质国际化，以全球高度和理念塑造贵州健康产业名片，打造一流的健康产业精品。

随着老龄化社会的到来，养老产业不仅市场前景广阔，而且也是重要的民生产业，结合贵州良好的自然环境，积极发展养老产业势在必行。要进一步完善居家、社区、机构相结合的养老服务体系。在现有的居家健康养老服务中心，建立服务网络平台，提供有偿的紧急呼叫、家政预约、健康咨询、物品代购、餐饮递送、服务缴费、康复辅具等适合老年人的服务项目。推进老年人居家健康养老服务的市场化、社会化，引入社会力量和家政、物业等企业，开展老年人助餐、助浴、助行、助洁、助购、助医、助急等形式多样的健康养老服务项目。健全以社区日间照料中心为重点的社区健康养老设施，建设老年宜居社区。支持农村互助型健康养老服务设施建设，发挥村民自治组织作用，积极动员村民和社会力量参与运营服务，为农村老年人就地提供就餐服务、生活照顾、日间休息、休闲娱乐等综合性日间照料服务。提升公办养老机构服务能力，增加集中健康养老床位，强化政府的公共养老服务主体地位。支持社会力量兴办健康养老机构，探索公建民营、民建公助、委托管理以及贷款贴息、运营补贴等方式。利用贵州大数据产业发展的契机，以信息化提升养老服务质量。运用大数据、云计算、互联网等新技术，加快建成省、市、县三级老龄人口健康信息平台，统筹全省老龄人口健康信息基础资源，整合和共享人口信息、电子健康档案和电子病历等数据资源。有序开展网络医疗服务试点，不断完善网络医疗管理体系，建立中西医协同的远程医疗信息系统，开展远程影像诊断、远程会诊、远程监护指导、远程手术指导、医疗资源预约等医疗服务。积极开展老龄人口健康管理、保健康复、健康促进等服务，逐步开展个人健康风险评估、亚健康预警，提供个性化健康管理服务。着力开展老年疾病预防工作，促进从治疗为主转向预防为主，形成以居民健康为中心、医防一体的老龄人口健康管理服务模式。

三　商贸与会展

在商贸服务业方面，进一步完善现代化商贸体系，促进传统商品市场向现代市场体系转变，加快全省商贸流通网络和节点建设步伐。推进实施贵州国际商品交易中心、遵义服装产业生态园、碧江现代商贸物流园、贵州双龙物流商贸城、双水生产资料交易市场、黔西同心商贸城等重大工程和重点项目建设。依托贵州生态旅游和民族文化资源，打造贵州特色商贸服务基地，重点建设以小商品批发、民族手工制品、山地旅游产品、民族特色食品等多形态商贸基地。实施品牌塑造工程，打造形成具有比较优势的文化旅游、民族文化商品、医药食品、新型建材等特色商贸品牌。围绕"黔货出山"，鼓励发展黔货连锁品牌，大力发展特许经营、总代理等现代经营方式。提升居民商贸消费服务，优化城市大型百货商场、综合超市、购物中心、批发市场、城市综合体等商业网点结构和布局，大力发展便利店、中小超市、社区菜店等社区商业，构建社区商业便利消费体系，促进居民服务便利化发展。加快农村商贸发展与城乡商贸对接。支持农社对接、农超对接、农企对接，引导农产品进城直销；推动网上代购、信息收集、各类农产品网上直销等网点进农村，促进农村电商发展，将农村电商与农村邮政、快递、供销、交通运输等既有网络和优势资源对接合作，完善农村商贸网络。

在会展产业发展方面，促进贵州成为国际知名的夏季会展中心，进一步完善生态文明贵阳国际论坛、中国（贵州）国际酒类博览会、贵阳国际大数据产业博览会等高端会展平台，积极搭建中国贵州大健康医药产业博览会等平台；鼓励各市州培育打造一批富有地方特色、在国内国际具有一定影响力的会展服务平台。提升贵州会展产业基础设施条件，加快建设中国贵州大数据峰会永久性会址、东盟教育交流周永久会址、贵阳国际会议展览中心、贵安新区会展中心、遵义国际会议会展中心、中国万峰林国际会议中心、中国贵州苗侗文化会展中心等会展场馆的改造提升和建设。在展会、会议、节庆协调发展的基础上，积极拓展和延伸相关产业链，促进会议、展览、节庆与商贸、物流、旅游、文化、广告、媒体、演艺、体育等相关行业融合发展。完善会展业公共服务体系。建设展会数据库和展会信息发布平台，实现会展信息收集、传递、处理的电子化和自动化。建立场馆管理信息平台，推进数字化展馆建设。发展网络展览、网上交易会等新兴平台，实现实物展览与网上展览、现场交易与网上交易良性互动。建立会展业发展投融资平台，引导境内外资金、风险投资基金及创业基金投资湖南会展业。建立反应灵敏、协调有序、运转高效、保障有力的会展风险预警机制，进一步完善政府、企业和场馆共同参与的安全责任体系。积极开展国际展览联盟（UFI）认证展会项目申请，不断提高贵州展会项目的国际竞争力和影响力。

四　民族文化产业

贵州是多民族聚居的省份，全省有 3 个民族自治州、11 个自治

县和 194 个民族乡。根据 2015 年贵州省 1% 人口抽样调查数据，少
数民族人口占全省总人口的 36.33%。① 贵州有苗族、布依族、侗
族、土家族、彝族等 48 个少数民族，其中世居少数民族 17 个，孕
育了异彩纷呈的民族文化。贵州的民族文化正在吸引着全国和全世
界的目光，目前，贵州应充分利用宝贵的民族文化资源，积极推进
民族文化产业发展，使其成为传承民族文化、带动民族地区经济发
展的重要力量。

首先，要加强民族文化保护与传承，夯实民族文化产业发展根
据。对贵州世居、特有的少数民族传统文化进行普查收集、归类整
理，加快推进民族实物资料数据库、民族文化资源库及少数民族非
物质文化遗产数据库建设。更加重视地区文物保护，加强国家、省
级重点文物保护单位、遗址、历史文化名城名镇名村的保护建设，
支持有条件的地区申报世界文化遗产。加强非物质文化遗产保护，
完善国家、省、市州、县四级保护名录体系建设，建立健全非物质
文化遗产科学保护体系。强化民族传统手工艺的保护与传承，推进
的少数民族手工技艺传承事业专项基金设立。

其次，要充分挖掘民族文化资源，构建全方位的民族文化产业
体系。发挥民族地区特色文化资源优势，积极推进银器、蜡染、刺
绣、民族乐器、漆器、雕刻、编织等传统工艺产业化发展，着力打
造黔酒、黔茶、黔药、黔银、黔绣、黔菜、黔艺、黔织等"黔系
列"产业品牌，构建具有贵州特色的民族文化产品体系。促进贵州
民族文化题材为主要内容的出版、美术、影视、演艺等系列精品工
程建设。推进黔东南、黔南和黔西南民族自治州特色民族文化品牌
建设，重点打造黔东南国家级民族文化生态保护实验区乡村文化品
牌、黔南"好花红"文化品牌、黔西南山地文化品牌、藏羌彝文化
产业走廊毕节品牌的建设。规划建设一批民族文化产业园区和基

① 数据来自贵州省统计局《2015 年贵州省 1% 人口抽样调查主要数据公报》，2016
年 4 月 28 日。

地，推进民族文化产业聚集区建设，重点发展黔东南苗族侗族文化产业集聚区、黔南布依族苗族水族文化与世界自然遗产地生态文化产业集聚区、黔西南布依族苗族文化与喀斯特生态文化产业集聚区等，形成布局合理、特色鲜明、具有较强竞争力的文化产业集群。

再次，要将民族文化产业发展与贵州大数据、大旅游、大生态建设有机融合。将民族文化产业与大数据深度融合，着力打造多彩贵州文化大数据平台，推动发展数字出版、数字印刷、新兴媒体、动漫网游等新业态。将民族文化产业与大旅游深度融合，打造一批精品民族文化旅游线路、特色旅游产品，借助旅游平台发展民族文化产业。将民族文化产业与贵州生态建设深度融合，一方面，对少数民族人与自然和谐相处的文化理念进行深度开发，给现代文明以质朴的启示；另一方面，高度重视民族传统村落的生态环境保护，确保民族文化生存的自然环境不受到破坏，在人与自然的交融中体现贵州民族文化的原生态魅力。

最后，要积极发挥民族文化产业的减贫带动作用。充分挖掘贫困乡镇的民族文化资源，推进传统村落、特色古镇开发保护和民族民俗文化开发，培育少数民族节庆活动，创建特色民族村寨体验旅游品牌，加快重点民族特色示范村寨建设。积极开展非物质文化遗产保护，鼓励民族传统工艺品、民族美食、民族服饰产品生产销售，将旅游住宿与民俗文化体验等充分结合，促进民族地区贫困人口增收脱贫。

第八章　贵州产业发展与脱贫攻坚

当前，贵州经济社会发展中最艰巨的任务是脱贫攻坚。贵州的产业发展，不仅要发挥促进区域经济发展的支撑作用，更需要担负起产业扶贫的历史使命。这就要求贵州的产业转型与发展不仅要有总量的扩大、结构的升级，而且还要具备高度的普惠性和共享性。通过选择合理的产业发展方向，建立扶贫产业发展与精准扶贫有效联动的具体机制，让贫困群众在共建中充分共享产业发展带来的收益。

第一节　贵州扶贫开发现状与产业脱贫攻坚战略

一　贵州的贫困状况与反贫困成就

2015 年，贵州有 493 万贫困人口，占全国贫困人口总数的 8.77%，是全国贫困人口最多的省份。全省贫困发生率为 14.0%；全省共有 66 个贫困县、190 个贫困乡、9000 个贫困村；全省 88 个县（市、区、特区）中，贫困发生率在 10% 以上的有 61 个。①

贵州省 9 个市州均存在不同程度的贫困人口，部分市州贫困人

---

① 本节中贵州贫困状况的统计数据引自贵州省统计局《贵州省贫困现状分析》，贵州省统计局网站，2016 年 10 月 11 日发布。

口总量还很大。2015 年，全省农村贫困人口的市州分布如下：毕节市 115.45 万人，占全省的 23.4%；黔东南州 84.32 万人，占 17.1%；铜仁市 58.32 万人，占 11.8%；黔南州 58.29 万人，占 11.8%；遵义市 55.83 万人，占 11.3%；黔西南州 43.23 万人，占 8.8%；六盘水市 41.65 万人，占 8.5%；安顺市 34.39 万人，占 6.9%；贵阳市 1.52 万人，占 0.3%。具体情况如表 8-1 所示。

表 8-1　　　　　　　2015 年贵州省各市、州农村贫困状况

市（州）	贫困村（个）	农村贫困人口		贫困发生率（%）	贫困发生率比上年下降(个百分点)
		总量（万人）	占全省比例（%）		
毕节市	1981	115.45	23.4	16.5	3.3
黔东南州	1853	84.32	17.1	21.7	4.9
铜仁市	1565	58.32	11.8	15.5	5.1
黔南州	836	58.29	11.8	16.5	4.2
遵义市	871	55.83	11.3	8.4	2.4
黔西南州	629	43.23	8.8	13.8	4.7
六盘水市	615	41.65	8.5	15.7	3.9
安顺市	583	34.39	6.9	13.7	4.0
贵阳市	67	1.52	0.3	0.8	1.0

资料来源：贵州省统计局：《贵州省贫困现状分析》，贵州省统计局网站，2016 年 10 月 11 日发布。

贵州的贫困地区主要集中在武陵山区、乌蒙山区和滇桂黔石漠化区三个连片特困地区。根据 2011 年颁布的《中国农村扶贫开发纲要（2011—2020）》，上述三个连片特困区中涉及贵州的 70 个县级行政区，国土面积 15 万平方千米，占贵州全省国土面积的 85.2%，涉及全省 85.4% 的贫困人口、87.6% 的贫困乡镇、84.3% 的贫困村。[①]

① 贵州财经大学中国减贫与发展研究院：《贵州省农村扶贫开发报告（2013）》，贵州人民出版社 2014 年版，第 43 页。

武陵山区是《中国农村扶贫开发纲要（2011—2020）》确定的我国 14 个集中连片特困地区之一，该片区地处湖南、湖北、重庆和贵州四省交界处，总面积 17.18 万平方千米，共有 71 个县（市、区）。武陵山区的贵州片区共有 16 个县（市、区），位于贵州省东北部，包括铜仁市的全部 10 个县（区）和遵义市的正安县、凤冈县、湄潭县、道真仡佬族苗族自治县、务川仡佬族苗族自治县和余庆县 6 个县，国土面积 31430.61 平方千米，占贵州省国土面积的 16.61%。该片区集贫困地区、民族地区和革命老区于一体，是贫困人口分布广、跨省交界面积大、少数民族聚集多的连片特困地区。

乌蒙山连片特困区位于云贵高原与四川盆地结合部，跨四川、贵州、云南三省，总面积 10.7 万平方千米，共有 38 个县（市、区）。乌蒙山区是典型的高原山区，是国家重要的能源基地，少数民族聚集多、贫困人口分布广泛，人均耕地少、人口与资源环境矛盾突出，石漠化面积占国土面积的 16%。乌蒙山区贵州片区位于贵州省西北部的毕节市和遵义市境内，包括毕节市的七星关区、大方县、黔西县、织金县、纳雍县、赫章县、威宁彝族回族苗族自治县，遵义市的赤水市、习水县、桐梓县和六盘水市钟山区的大湾镇，共 10 个县（市、区）和 1 个镇，片区内有 6 个国家级扶贫开发工作重点县。乌蒙山区贵州片区国土面积 32443.77 平方千米，占整个乌蒙山片区国土面积的 30.3%，占贵州省面积的 18.42%。

滇桂黔石漠化区大部分地处云贵高原东南部及其与广西盆地过渡地带，南与越南接壤，属典型的高原山地构造地形，石漠化面积大，是世界上喀斯特地貌发育最典型的地区之一，地跨云南、广西、贵州三省区，共 91 个县（市、区），国土总面积 22.8 万平方千米，其中石漠化面积为 4.9 万平方千米。滇桂黔石漠化区集贫困地区、民族地区、革命老区、边境地区和生态脆弱地区于一体，是我国连片特困地区中少数民族人口最多的片区。滇桂黔石漠化区中在贵州省境内涉及 44 个县（市、区），分布于贵州省西南部、南部和东南部的六盘水市、黔西南自治州、安顺市、黔南自治州和黔东南自治州。

从县级行政区来看，贫困的集中程度较高，扶贫难度仍然较大。2015 年，贵州全省 88 个县（市、区、特区）中，贫困发生率在 22% 以上的有 13 个，贫困发生率在 20%—22% 的有 10 个，贫困发生率在 15%—20% 的有 16 个，贫困发生率在 10%—15% 的有 22 个，贫困发生率在 5%—10% 的有 15 个，贫困发生率在 5% 以下的 12 个。具体情况如表 8-2 所示。

表 8-2 　　　　2015 年贵州各县级行政区贫困发生率分布状况

序号	贫困发生率	县（市、区、特区）	个数
1	22% 以上	榕江县、晴隆县、三都县、罗甸县、台江县、从江县、三穗县、丹寨县、锦屏县、剑河县、黄平县、天柱县、织金县	13
2	20%—22%	施秉县、望谟县、荔波县、水城县、册亨县、雷山县、麻江县、镇远县、长顺县、德江县	10
3	15%—20%	岑巩县、黎平县、平塘县、紫云县、大方县、镇宁县、纳雍县、关岭县、赫章县、独山县、沿河县、石阡县、思南县、贞丰县、普定县、正安县	16
4	10%—15%	威宁县、盘县、黔西县、印江县、松桃县、福泉市、六枝特区、江口县、贵定县、务川县、万山区、七星关区、习水县、惠水县、玉屏县、龙里县、凯里市、道真县、金沙县、都匀市、兴仁县、普安县	22
5	5%—10%	安龙县、瓮安县、平坝区、碧江区、赤水市、兴义市、凤冈县、仁怀市、播州区、湄潭县、西秀区、汇川区、桐梓县、绥阳县、余庆县	15
6	5% 以下	钟山区、红花岗区、南明区、云岩区、白云区、息烽县、乌当区、修文县、清镇市、观山湖区、花溪区、开阳县	12

资料来源：贵州省统计局：《贵州省贫困现状分析》，贵州省统计局网站，2016 年 10 月 11 日发布。

贵州把脱贫攻坚作为头等大事和第一民生工程来抓，扎实推进扶贫开发各项工作，取得了显著成效。"十二五"期间，全省共减少贫困人口 656 万，贫困人口从 1149 万减少到 493 万，占全国比重下降到 8.8%，35 个贫困县、744 个贫困乡镇实现省定标准"摘帽"。50 个重点县农民人均可支配收入达到 6964 元，年均增长15.3%，比全省平均水平高 0.9 个百分点，与全省农民人均可支配收入差距缩小到 5.7%。① 积极推进精准扶贫，聚焦"两有户、两因户、两无户、两缺户"，坚持"六个精准""六个到村到户""四到县"，制订实施"33668"脱贫攻坚行动计划，出台落实大扶贫战略行动意见和"1+10"等政策文件，实施"两线合一、减量提标"和精准扶贫"特惠贷"。取消重点生态功能区 10 个贫困县 GDP 考核。投入财政扶贫资金 305 亿元。易地扶贫搬迁 66 万人。②

近年来，贵州减贫速度在全国处于领先位置。2015 年，贵州全省共减少贫困人口 130 万，占全国减贫人口的 9.3%，减少量排全国第 2 位，次于河南（河南减少 135 万人）；贫困发生率比上年降低 4.0 个百分点，降幅排全国第 2 位，次于甘肃（甘肃降幅 5.3 个百分点）。③ 2016 年，贵州减少贫困人口 120.8 万，6 个贫困县、60 个贫困乡镇"摘帽"，1500 个贫困村退出。压缩党政机关 6% 行政经费用于教育精准扶贫，对 31.7 万建档立卡贫困家庭学生上高中、大学免除学杂费，16.89 万贫困家庭学龄前儿童吃上营养午餐。④

在脱贫攻坚的实践中，贵州形成了"一揽子"扶贫开发举措和很多好经验、好做法，如"三变"改革、精准识别"四看法""十

---

① 数据来自刘远坤 2016 年 7 月 26 日在贵州省第十二届人大常委会第二十三次会议上作的《贵州省扶贫开发工作情况报告》。

② 数据来自孙志刚在贵州省第十二届人民代表大会第四次会议上作的《政府工作报告》。

③ 数据来自贵州省统计局《贵州省贫困现状分析》，贵州省统计局网站，2016 年 10 月 11 日发布。

④ 数据来自贵州省统计局、国家统计局贵州调查总队《2016 年贵州省国民经济和社会发展统计公报》。

子工作法""六个到村到户""低保标准和贫困标准两线合一"农村义务教育学生营养改善计划、易地扶贫搬迁、整合财政涉农资金、医疗兜底、民生监督、农村信用工程精准扶贫等实践经验，多项实践得到了中央领导同志的充分肯定，引起了全国的广泛关注，被誉为脱贫攻坚"贵州样板"，其中，贫困县"摘帽不摘政策"退出机制、考核机制、脱贫攻坚问责机制、"六个到村到户"等，还被中央有关部门借鉴转化为全国政策加以推广。①

二　贵州的产业脱贫攻坚战略

产业发展是促进贫困地区经济社会发展和贫困人口可持续增加收入的根本措施和基本载体。贵州在扶贫开发过程中始终坚持高度重视将培育特色优势扶贫产业作为重要战略，结合贵州贫困地区山区特点和各地自身实际条件，以市场为导向、资源为依托、科技为支撑，着力调整结构、突出重点、扩大规模、推进产业化和产业链延伸，着力打造集"产、加、销"为一体的特色产业扶贫体系，帮助贫困地区和贫困群众筑牢脱贫致富的产业基础。

"十二五"计划以来，贵州充分发挥贫困山区生物资源丰富、立体农业优势明显的良好条件，以"东油西薯、南药北茶、中部蔬菜、面上干果牛羊"的产业化扶贫布局为基础，围绕建设中国绿茶主产区、中国南方重要核桃产业大省、中国南方马铃薯基地、中国南方油茶基地、中国西部特色苗药基地等目标，确立了核桃、草地生态畜牧业、精品水果、蔬菜、油茶、中药材、茶叶、特殊养殖、脱毒马铃薯和乡村旅游业十大扶贫产业。同时，结合贵州境内武陵山区、乌蒙山区和滇桂黔石漠化区三个连片特困地区的扶贫开发，确定了特色农业、加工制造业、旅游业、现代服务业、民族文化产业等多领域的产业扶贫发展思路。

---

① 参见刘远坤2016年7月26日在贵州省第十二届人大常委会第二十三次会议上作的《贵州省扶贫开发工作情况报告》。

在特色农业方面，积极调整农业产业结构，着力发展适应地方生态的特色产业，按照规模化、标准化、品牌化的要求加快建设一批特色农业生产基地。以县、区特色农业、畜牧业基地为支撑，加快完善山区立体现代农业技术支撑体系和市场体系建设。充分利用片区生物物种丰富的优势，促进农业生物育种创新和推广应用。建立山区现代农业示范区技术支撑体系、农产品质量安全标准示范县建设技术支撑体系。完善农产品市场、生产资料市场和农村消费品批发市场。积极开展多种形式的"农超对接"，深入推进"万村千乡市场工程"建设，提高农村商品流通连锁率、配送率。扶持和建设若干个有能力的农业科研机构、农技推广中心和动植物疫病防控中心，为片区农业发展提供农业机械推广及安全监理、农产品质量安全和检验、农产品检测认证、农业环境监测、信息技术、农业执法等服务。加强农民组织化建设，培育扶持各类农民专业合作社发展，逐步形成"企业＋农民专业合作组织＋农户""农民专业合作组织＋农户"等模式，提高农民生产组织能力、管理能力和抗风险能力。

在加工制造业方面，立足资源优势和特色产业优势，在产业园区和农业发展格局的框架内，以利于资源开发和促进产业发展为原则，逐步提高产业技术水平，壮大产业规模，延伸产业链，推动特色优势产业高端化快速发展，加快构建现代产业体系，提升区域产业综合竞争力。依托农产品基地和农产品加工骨干企业，加快特色农林产品加工业。依托贵州丰富的中草药资源，挖掘地方特色生物资源、民族医药资源，加强中药材基地建设，引进高新技术和现代制药企业，大力发展中药材的初加工和精深加工，培育发展贵州优势中药材加工产业，壮大现代生物制药产业，发展形成生物制药骨干龙头企业；整合现有医药产业资源，加快新产品研发，提高产品精深加工能力，形成以天然药物为主体、生物制药和生物化学合成药协同发展的产业格局。依托能源工业，充分发挥资源组合优势，按照"基地化、规模化、多联产、一体化"的要求，在充分考虑资源承载能力和环境容量、市场的基础上，提高资源综合加工能力，严格保护生态环境，发展循环经济，淘汰落后产能，合理开发利用矿产资源，大力发展优势原材料精深加工，延长产业链条。

在旅游业方面，围绕重点旅游景区，加快建设符合资源禀赋和市场需求的国内一流旅游目的地，努力把旅游业做特、做优、做强。突出红色文化、自然生态、民族风情、乡村旅游和休闲度假旅游特色，立足于文化与旅游深度融合，着眼于创新旅游业态和转变发展方式，加强旅游景区品质品牌建设，深入挖掘文化内涵，打造著名旅游目的地，提高旅游产业竞争力和带动力。加强旅游景区基础设施建设，提高旅游景区综合管理和功能配套，提高旅游景区的服务质量和管理水平。加强旅游景区整体包装、对外宣传和市场营销，提高旅游景区知名度和影响力。

在现代服务业方面，依托重要交通枢纽和交通网络节点，以中心城市和工业聚集区为重点，整合资源，优化要素配置，着力构建与工业化相适应的现代物流体系，加快把现代物流业发展成为服务业的新兴支柱产业。完善城乡金融服务体系，扩大农村金融服务覆盖范围。加快发展科技服务业，重点推进科技孵化业、科技风险投资业、科技咨询业、科技中介服务业发展，加快科技服务平台建设，推进科技成果应用和转化。积极推进电子商务、远程教育和医疗等信息综合应用和资源共享。加强城乡商业网点的农产品批发市场建设，支持流通企业延伸连锁经营网点到农村，满足农村居民消费需求。

在民族文化产业方面，依托贵州少数民族文化特色明显，民俗风情浓郁，民间工艺和非物质文化遗产十分丰富的优势。加强特色民族文化品牌传承与保护，加强民族文化的对外宣传和推介，支持民族文化特色演出事业和民族工艺品生产。推进民族文化产业发展平台和基础设施建设，建立民族民间文化创意产业园、国家非物质文化（滚山珠）产业园区等，支持民族文化博物馆、艺术中心等传播体系建设；加强度民族文化历史古迹保护性建设；推进各具民族特色的民族风情园、民族文化村、民族文化一条街、民族文化乡镇建设。

此外，贵州在扶贫产业发展中还高度重视配套基础支撑能力建设。推动公路建设向农业特色优势产业区和旅游扶贫产业区延伸，加强农田水利设施建设，提高产业发展的基础设施配套能力，改善优势特色农业和乡村旅游发展条件，解决农产品运输难、销售难、成本高、价格低以及乡村旅游基础支撑能力不足等问题。加强基层农技推广服务体系建设，大力推广种养结合、良种良法、林下经济等成熟的农业适用技术，提高技术成果运用率、良种良法覆盖率、先进技术普及率、实用技术掌握率。积极开展农村劳动力就业技能培训、岗位技能提升培训和创业培训，围绕"培训一人、转移一人、就业一人、脱贫一户"的目标，建立覆盖对象广泛、培训形式多样、管理运作规范、保障措施健全的职业培训体系。

经过长期的努力，贵州产业扶贫不断取得新成绩。2016 年，贵州已投入 33 亿元，实施产业扶贫项目约 2 万个，打造乡村旅游景点 231 个，在 1300 个贫困村设立电商网点，为 5 万就地脱贫人口每人整治 1 亩优质农田，对 7.5 万贫困地区农村青壮年劳动力进行了规范化技能培训。①

第二节　贵州贫困地区产业发展方向选择

一　贵州贫困地区产业发展的条件

贵州贫困地区产业发展的制约因素，一方面，是目前贵州产业发展水平仍相对滞后。从三次产业结构来看，第二、第三产业比重

----

① 数据来自刘远坤 2016 年 7 月 26 日在贵州省第十二届人大常委会第二十三次会议上作的《贵州省扶贫开发工作情况报告》。

相对较低。2015 年，第二、第三产业占 GDP 比重的全国平均水平为 91.0%，贵州的平均水平为 84.4%；同期全部或绝大部分处于连片特困区内的安顺市第二、第三产业占 GDP 比重为 81.9%，铜仁市为 74.2%，毕节市为 77.8%，黔东南州为 79.9%，黔南州为 82.5%，黔西南州为 79%，可见，贵州连片特困地区的第二、第三产业比重不仅较大幅度低于全国平均水平，而且也低于贵州平均水平。工业中能源、冶金、电力产业比重偏高，装备制造及新兴产业比重较低。2016 年，贵州煤炭开采和洗选业，非金属矿采选业，化学原料和化学制品制造业，非金属矿物制品业，黑色金属冶炼和压延加工业，有色金属冶炼和压延加工业，电力、热力生产和供应业合计占规模以上工业增加值的 48.7%；而装备制造业占规模以上工业增加值的 9.7%，医药制造业占 3.1%，计算机、通信和其他电子设备制造业仅占 2.3%。第三产业中，生产性服务业相对不足。2015 年，从生产性服务业中交通运输、仓储及邮政业，信息传输、计算机服务和软件业，金融业，租赁和商业服务业，科学研究、技术服务和地质勘查业五个主要行业中就业人数占第三产业总就业人数的比重来看，贵州为 18.5%，而全国平均比重为 30.0%。在农业中，仍然存在基础设施配套不足、温室大棚面积较少、储藏保鲜设施较少、灌溉排水设施缺乏、道路不能完全满足需求等问题；技术支撑力量薄弱，生产管理粗放，难以满足现代农业发展要求；农业产业化经营水平不高，产业链建设不足，竞争优势尚不明显。

　　另一方面，是贵州贫困地区生态环境脆弱、生态环境保护的意义十分重大。贵州连片特困地区中很多地区属于典型的喀斯特地区、石漠化地区。在喀斯特地貌环境下，生态十分脆弱，土壤一旦流失，恢复十分困难；喀斯特地区地貌土层薄，使水及所含污染物的过滤时间较短，从而又使该地区的环境自净能力较差。而且，贵州也是全国石漠化问题突出的地区，轻度石漠化面积有 300 多万公顷，占贵州国土面积的 20%。① 贵州的喀斯特地区、石漠化地区在地理分布上主要集中在连片特困地区。此外，贵州连片特困地区生态环境保护的地位和意义又十分重大。贵州武陵山片区、乌蒙山片区是长江流域上游的重要组成部分，这些地区的生态环境保护，对保障珠江、长江流域的生态安全具有重要意义。

　　同时，贵州贫困地区的产业发展也具备一系列潜力。一是城镇建设、产业园区建设、现代农业示范基地建设等为产业发展提供了更好的空间载体和要素集聚条件。二是重大基础设施条件明显改善。目前已经实现省内县县通高速，贵广、沪昆高铁通车运行，通航机场实现 9 个市州全覆盖，大数据战略带动信息基础设施加快完善。三是新兴产业发展势头良好。2016 年，以大数据为引领的计算机、通信和其他电子设备制造业增加值 93.38 亿元，比上年增长 66.6%；以大健康为目标的医药制造业增加值 126.57 亿元，增长 12.3%；汽车制造业增加值 68.28 亿元，增长 38.4%，这些产业尽管规模还不大，但已显现出强劲的发展势头。四是农业特色逐渐形成。油茶、蔬菜、茶叶、水果、中药材、马铃薯、核桃、生态畜牧等为特色的产业发展较快。2016 年，主要特色农产品产量较快增长，全省油菜籽产量 90.25 万吨，比上年增长 1.4%；蔬菜产量 1896.6 万吨，增长 9.5%；茶叶产量 17.4 万吨，增长 47.5%；水果产量 257.4 万吨，增长 14.5%。五是生态环境和民族文化优势突出。贵州连片特困区的生态环境尽管较为脆弱，但也是自然生态环境资源的富集区，森林覆盖率高、气候温和宜人、空气质量良好、山川秀美、景色别致，地貌景观特色明显、植被类型多样，生态旅游资源十分丰富。同时，贵州连片特困地区也是一个民族文化丰富的地区，分布着苗族、布依族、侗族、土家族、彝族、仡佬族、水族、瑶族、毛南族等众多少数民族，多彩的民族建筑、民风民俗、

---

① 陈政、陈思华：《山地特色新型城镇化研究》，西南财经大学出版社 2006 年版，第 28 页。

原生态文化遗产等异彩纷呈，为旅游、健康、文化等业发展提供了难能可贵的资源基础。

二　绿色产业是贵州贫困地区摆脱贫困的可持续支撑

从贵州贫困地区产业发展的条件和生态文明建设的目标要求来看，绿色产业是贵州贫困地区扶贫产业发展方向的合理选择。

绿色产业是指按照绿色发展理念和生态系统运行规律组织起来的，基于生态系统承载能力，采用清洁生产技术、低能耗、低污染、高循环利用、人与自然协调发展的产业类型。绿色产业是一种新的产业发展模式，它通过对工业文明时代传统生产方式的改造和提升，最大限度地减少生产和消费过程中对自然资源的消耗和对生态环境的破坏，形成生态环境保护与经济效益提升的长期可持续互动，是平衡经济发展与生态环境保护的重要支撑点。

发展绿色产业的选择是贵州"牢牢守住发展和生态两条底线"基本战略的具体体现。贵州三个连片特困区的区域发展和扶贫攻坚实施规划明确提出了"以资源环境承载力为前提，以产业园区为重要载体，优化产业结构和空间布局"；"集约节约利用资源，严格保护耕地，改善生态环境"；"切实转变经济发展方式，促进经济发展和生态建设形成良性互动格局"的区域发展原则。

从实际条件来看，贵州能源、化工、冶金等产业在去产能政策和资源环境约束下发展压力日益显现，急需转变产业发展方式，拓展新的领域，新兴产业目前良好的发展势头为产业绿色转型提供了机遇。同时，面对相对良好但又较为脆弱的生态环境条件，良好的生态环境为绿色产业发展提供了基础，但其脆弱性要求贵州的产业发展必须以充分保护生态环境为前提，因此，贵州连片特困区在扶贫开发过程中需要更加注重产业发展的绿色化和生态化要求。发展绿色产业的是贵州连片特困区发挥生态环境比较优势、避免陷入生态环境恶化陷阱的理性选择。只有以绿色产业为动力，才能跳出贫困与生态恶化的恶性循环，在"绿水青山"中集聚"金山银山"，实现可持续的脱贫和发展。

贵州贫困地区的产业发展应坚持"绿色生态、统筹发展，结构优化、一业为主、多品共生，以短养长、滚动前进"的基本思路，把生态建设、石漠化综合治理与调整产业结构、增加贫困居民收入结合起来，采取政府主导、村委会或合作经济组织运作、示范户牵头联户经营等形式，建立多方受益的利益导向机制，推动优势传统产业和战略性新兴产业的发展，促进扶贫开发与生态建设、石漠化综合治理的有机结合，实现产业发展、生态改善、群众脱贫的良性循环。

第三节　贵州扶贫产业发展与精准扶贫联动机制

一　构建城乡联动的绿色扶贫产业体系

贵州贫困地区的绿色产业发展要有效发挥带动区域扶贫开发的作用，关键需要建立起城乡联动的产业链条。一方面，绿色产业发展要与城镇化过程充分融合、相互支撑，不仅为城镇化提供可持续的产业基础，而且也要借助城镇化的机遇提高产业层次、拓展市场空间。另一方面，绿色产业发展也要连接广大农村，通过构建三次产业融合联动的产业链条，激活农村经济潜力，把城乡产业、就业和发展机会充分整合起来，通过绿色产业链，实现精准扶贫带动作用。

根据贵州贫困地区的实际情况和扶贫攻坚实施规划，城乡联动的绿色产业链建设主要围绕山地生态农牧业、绿色工业、生态旅游业、民族文化产业、生产性服务业、生态环保产业和健康养生产业等展开，以这些产业为核心骨干进行连接、拓展和延伸。

以生态特色农牧业为基础，构建农业、农牧产品加工、商贸及电子商务为一体的产业链。重点发展茶叶、蔬菜、核桃、水果、脱毒马铃薯、油茶、草地生态畜牧等品种。根据本地优势，选择合适的主导产业，形成规模，通过"企业+农民专业合作组织+农户"等模式，建成特色农牧业生产基地或示范园区。在此基础上，从上下游两个方向与城镇产业对接。上游与农业技术和质量保障服务业对接。下游与农牧产品加工、销售、物流、电子商务等企业合作。加大无公害农产品、绿色食品、有机食品认证。通过构建农牧产品绿色种养、加工、销售一体化链条，打造贵州绿色农牧产品自主品牌，提高农牧产品附加值，扩大市场销量。同时，在生产基地或示范园区内集聚整合一系列加工、物流和电商企业，就地吸收农村贫困户就业。

以工业清洁生产、新兴产业发展、绿色工业园区建设为基础，与农村劳务输出服务对接。在传统产业清洁生产改造、绿色工业园建设过程中会产生大量基础设施建设、环境治理和维护等领域的劳动力需求，医药、大数据、新型建材等新兴产业的发展也会产生劳动力需求，这些就业机会要与贫困地区农村剩余劳动力转移有效衔接。在农村建立劳务输出服务企业，提供必要的培训、劳动者权益保障服务，把农村分散的劳动力组织起来与工业发展的新增劳动力需求对接。

以生态旅游为基础，建立城乡旅游产品和服务功能互补体系。旅游扶贫的核心是开发特色旅游资源，形成特色旅游产品，构建旅游产业链，吸引外部旅游消费市场，带动当地贫困人口就地参与旅游经营服务实现脱贫的开发式、产业化扶贫方式，因而具有明显的培育优势产业、增强发展能力的"造血"功能。相对于传统种养殖业来说，旅游是一个附加值较高的服务业，旅游扶贫在很多地方实际上就是一种产业结构调整，从较低附加值的农业转变为中高附加值的服务业，从第一产业调整到第三产业，能使贫困人口脱贫甚至致富。贵州贫困地区的乡村具有丰富的自然生态和民族文化旅游资源，是主要的旅游目的地，这就需要加强乡村旅游基础设施和服务设施的建设；但乡村的开发程度受到自然条件和生态保护的限制，乡村还不能完全代替城镇在旅游服务功能，尤其是一些旅游车辆服务和一些相对高端或规模较大的住宿、餐饮、购物、娱乐等设施仍要以城镇提供为主。如果没有城镇对旅游服务的支持，旅游接待能力、游客对便捷性、丰富性旅游体验的满意度都会受到影响。因此，要建立城乡一体的全域旅游产业链，将城镇在旅游接待、住宿、餐饮、购物、娱乐等方面的优势与乡村的自然生态景观、民族文化风貌有机结合，发挥丰富旅游活动内容、延长游客停留时间、提升旅游体验质量、增加旅游收入的作用。

在实践中，旅游产业扶贫可以与产业融合、制度创新紧密结合。贫困地区的农村生态旅游产业开发，可以探索高效生态农业与生态旅游深度融合的模式，采取"公司 + 合作社 + 农户"的组织形式，通过土地流转，建设适合当地发展、市场前景良好的高效生态农业园区，同时对农业园区进行景观设计、配套服务建设和旅游项目开发，重点打造农家原生态特色旅游线路，形成休闲观光旅游带，通过农、旅结合，拓展农村增收渠道。随着农村改革的不断推进，农业产业化将让农户手中的土地变成股权，资源变成资本，农民变成股东。在这种模式下，村民将既能拿着土地分红，又能在发展生态农业和乡村旅游业中获得劳动收入，彻底拔掉穷根。

以民族文化产业为基础，建设融民族工艺品发展和旅游商品开发、文化设施建设、民族文化艺术表演为一体的产业链。发展民族刺绣、银饰加工、民族服饰、传统印染等具有浓郁民族风情和地方民族特色的手工艺品、特色旅游纪念品挖掘开发，重点支持具有非物质文化遗产认证的手工艺发展，推进民族手工艺传承和创新，对非物质文化遗产传承人发展手工艺品产业给予优惠政策和优先支持，推动少数民族能工巧匠培训。积极扶持若干家民族特色商品定点生产企业，大力支持贫困对象参与民族传统手工艺品生产。推进各具民族特色的民族文化产业园、民族风情园、民族文化一条街、民族文化乡镇、村寨建设。在民族地区，培育和建设苗文化、侗文化、布依文化等少数民族文化创意产业基地、民族民间文艺演出基地、民族歌舞艺术培训基地、民族节庆与会展基地、民族民间工艺品产业基地。整理和提升民族音乐、舞蹈、地戏、傩文化、民间绝技等演出项目。

生产性服务业，以金融、物流、科技、信息服务业为重点，与城乡各类产业相结合，为产业城乡联动发展提供服务。完善城乡金融服务体系，加快推进城乡金融产品和服务方式创新，扩大农村金融服务覆盖面。建设联通城乡的物流体系，完善与物流相配套的运输场站、仓储、商品配送、信息网络服务等综合服务平台。重点发展涉及农业、环保产业、清洁生产、智能旅游等领域的科技服务业。积极推进电子政务、电子商务、远程教育和医疗等信息综合应用和资源共享。

以生态环保产业为基础，建立服务于工业绿色化改造、城乡节能减排和生态环境治理等领域的产业链。将环保产业与传统工业升级改造和产业园区建设结合起来，实现工业绿色化改造与环保产业发展共赢。在城乡建设中，积极引进生态环保技术和管理模式，完善污水、垃圾治理基础设施建设，加快防护林建设、天然林资源保护、退耕还林、石漠化治理、矿区生态环境保护和恢复治理等工程建设，并将生态工程建设、生态环境管护等与吸收贫困人口就业联系起来。

以健康养生产业为主线，构建城乡联动的药材种植和药品生产、保健养生、运动康体、健康管理服务等产业链条。贵州是森林之省、千瀑之省、百草之乡，发展健康养生产业具有得天独厚的优势和良好的基础条件。健康养生产业资源消耗低、环境污染小、科技含量高、发展潜力大，市场需求强、消费空间大。健康养生产业涉及第一、第二和第三产业，产业链条长，产业面宽，对于贵州产业转型升级和带动农村减贫都具有重要意义。依托旅游、健康、生态、文化等资源，围绕维护身心健康，发展以回归自然、感受传统、放松身心等为调养手段的健康养生业态；依托绿色有机食品、中药材，围绕维护身体健康，发展以调饮食、补偏救弊和保健等为调养手段的健康养生业态；依托山地、湖泊水体等运动资源，围绕促进身体健康，发展以动静有常、和谐适度的运动为调养手段的健康养生业态；依托温泉资源，发展以温泉疗养、温泉保健等为调养手段的健康养生业态。建设一批融合生态农产品种养、旅游观光、食疗、中医民族医疗保健等滋补养生基地，特别是要在贫困地区，因地制宜地加快发展集生态农业、优质药材种植、休闲娱乐、旅游观光、农业观光于一体的农、旅结合的健康休闲养生业态。紧紧围绕农民尤其是建档立卡贫困农户增收这个核心，积极引导贫困农民积极参与其中，并健全完善农户与产业发展的利益联结机制，让贫困农户在产业发展中实现增收。

二 完善产业发展与精准扶贫联动机制

城乡联动的绿色扶贫产业发展是推动贵州贫困地区扶贫开发的重要动力，为了充分发挥好减贫作用，使产业发展真正能够"真扶贫""扶真贫"，还需要从政策引导、信息共享、就业促进、教育培训、社会保障等方面，全面系统地建立起扶贫产业发展与精准扶贫的联动机制。

（一）政策引导机制

政府相关部门从统筹规划、奖励激励、政策优惠、明确责任、考核监督等方面，建立绿色产业发展与精准扶贫联动的引导机制。贵州贫困地区的产业发展规划，要着力选择和支持扶贫带动性强的绿色产业发展。同时，将产业发展规划与扶贫攻坚规划统筹对接。按照精准扶贫的方式，精准测算贫困人口需要就业转移的数量、可能的去向，精准预估农牧业扶贫项目、乡村旅游项目等产业对上下游产业的配套需求。将扶贫就业需求、产业配套需求等与区域绿色产业发展统筹规划考虑。要主动发挥牵头部门的职能作用，带头加强组织协调，抓紧建立协同推进机制，尽快成立由发展改革部门牵头、相关部门参加的领导小组或联席会议，统筹推进产业扶贫试点示范工作。

建立奖励激励机制，充分调动产业扶贫积极性，政府可以探索建立专项基金奖励带动扶贫开发贡献突出的龙头企业、专业合作社和农村示范户；对于绿色产业带动减贫成效突出的地区和部门，并对这些地区和部门在产业发展布局、配套设施建设、专项资金投入等方面给予优先支持。对于主动吸纳贫困户就业、帮扶贫困户创业的企业在一定标准和规范下给予适当的补贴，专门用于贫困户就业、创业培训、生活设施建设等。通过整合中央和省级预算内投资，安排专项建设基金，设立产业投资基金，进行贷款贴息，建立信贷担保体系，健全银行、政府、担保机构合作机制等多种方式，支持试点示范地区产业联动发展园区和项目建设。

各级政府要进一步明确地方产业发展带动减贫的目标责任，明确主要负责部门、主要负责人，明确任务要求和验收标准，建立考核和监督机制，形成适当的约束要求，确保相关政策落到实处。组织试点示范地区开展经验总结工作，采用督导调研、部门评审会商、第三方评估等多种方式，对照试点示范实施方案，认真总结试点示范工作措施、目标任务完成情况、取得的成效和经验、存在的问题等，提出下一步工作打算。重视总结提炼经验做法，并采取召开现场观摩会、组织新闻媒体宣传、编印信息简报等方式，及时进行经验推广。

（二）信息共享机制

绿色产业发展要有效地带动精准扶贫，需要充分信息共享作保障。一是建设产业发展信息平台。建立企业和社会公益项目用工需求信息库，共享产业发展带来的就业需求信息，提供专门岗位，吸收贫困户就业；建立政策支持创业项目库，为贫困户创业项目的选择提供信息服务；建立金融扶贫信息与居民信用状况信息系统，共享金融扶贫项目信息和居民信用记录，为贫困户发展生产提供信贷资金信息服务；同时也需要将本地产业信息平台与国内外产业信息平台有效对接，在获取更多市场信息的同时，推介本地产业。二是进一步完善精准扶贫信息平台。通过对贫困村、贫困户的准确识别并建档立卡，全面掌握贫困人口的数量、分布、贫困程度、致贫原因、脱贫门路、帮扶措施和帮扶责任等，使产业扶贫措施与贫困识别结果相衔接。三是利用大数据技术和云平台做好信息对接、共享、分析和应用。整合产业发展和精准扶贫两类信息使用者的要求，完善两类信息的采集、更新、发布规范和流程，满足双方的信息需求；政府部门运用这些信息更准确地制定引导支持政策，企业运用这些信息更好地把握市场动向和劳动力供给信息；各级扶贫部门、村镇基层组织、专业合作社和贫困农户能够更准确地掌握产业发展信息和用工信息。实现省、市、县、乡、村上下之间，扶贫系统内部、扶贫系统与行业部门、金融机构、帮扶单位之间的互联互通、信息共享，为各级、各部门、各单位及时提供准确数据资料，使其明确扶持对象，掌握着力重点。

在产业发展信息与精准扶贫信息共享机制的建设中，政府要制订专门的行动方案，充分借助贵州大数据发展的机遇，切实推进落实。在资金投入和平台建设方面，可以积极探索政府与社会资本合作、政府购买第三方服务等模式。在信息共享平台运营管理上，由相关部门建立信息协调委员会，负责信息工作的部门协调；日常工作由省扶贫办牵头负责平台运行和维护。

（三）就业促进机制

根据贫困户的个体情况，在尊重贫困户自身愿望的基础上，帮助贫困户弥补就业短板，积极开拓多种渠道、通过多种方式促进有劳动能力的贫困人口就业。

扶持贫困户在当地就业、创业。对于具有一定就业或创业能力但不愿或不宜到外地就业的贫困户，扶持其在本村或本地寻找就业或创业门路。鼓励农民专业合作社、种养大户、家庭农场、农村电商等各类生产经营主体，吸纳贫困家庭劳动力就业，对稳定就业半年以上的，政府给予生产经营主体一次性奖补。鼓励村镇内农业示范基地内的龙头企业吸纳贫困家庭劳动力就业，对签订一年以上劳动合同并参加社会保险的，政府给予奖补，按规定落实社保补贴、岗位补贴；对当年新增岗位吸纳贫困劳动力就业占用工总数达到一定比例的，作为就业扶贫基地，政府给予奖励。对有能力创业的贫困户，政府帮扶其弥补"短板"，促进其在当地创业。建设农民创业园辐射带动扶贫，对园内吸纳周边贫困劳动力就业的创业实体，比照创业孵化基地政策，给予一定的租金、水电费补贴，降低其经营成本。对有创业意愿并具备一定创业条件的贫困劳动力，给予免费创业培训和创业指导等政策扶持，符合规定条件的给予小额担保贷款贴息扶持，并予贴息。对在电商网络平台开办"网店"的贫困劳动力，可认定为灵活就业人员，享受灵活就业人员扶持政策，并按规定享受上述小额担保贷款贴息政策。

鼓励外出转移就业。做好就业信息的宣传对接，对本县、市州及外地企业缺工岗位进行统计分类，筛选出适合贫困劳动力就业的工作岗位，由基层政府组织相关人员进村入户，将岗位信息送至贫困户家中，帮助符合岗位条件并有意愿到就近企业就业的贫困劳动力与企业取得联系，促其上岗就业。引导企业创建就业扶贫车间或加工点，组织当地贫困劳动力进车间务工，为贫困劳动力就近就业创造条件。创建就业扶贫车间所涉及的场地租金、水电费，由县级财政给予适当补助。探索公益性岗位就业扶贫方式。对于无法输送到企业就业的贫困劳动力，重点开发一批公路养护、保洁、治安巡逻、水库安全管理、山林防护、学校安全管理等公益性扶贫岗位，以及开发城镇城管、环卫、园林等政府公益性岗位安置就业。公益性岗位按照自愿申请、公开报名的原则招收贫困劳动力就业，可实行全日制工作、半工半农或劳务承包等工作方式。公益性扶贫岗位由各县（市、区）进行统筹规划，涉及资金由交通、农办、公安、水利、林业、教育、城管等岗位开发部门原有渠道解决。对原无资金来源渠道的政府公益性岗位，根据"谁用人、谁出钱"的原则，由用人单位发放岗位工资，政府从就业专项资金中按一定数额给予补贴。

在就业扶贫中，根据市场需求，政府要充分发挥促进作用。积极开发就业岗位，拓宽贫困劳动力就业渠道。依托与发达地区对口扶贫帮扶机制，结合产业梯度转移，着力帮扶贫困县发展产业，引导劳动密集型绿色产业企业到贫困县投资办厂或实施生产加工项目分包。积极引进龙头企业到各贫困县举办扶贫专场招聘会；积极开展就业结对帮扶，动员企业和社会力量专门开发一批岗位。各地扶贫部门建立就业扶贫劳务输出工作组，主动到用工需求旺盛地区和企业进行对接，重点对劳动关系较为规范、尽可能包含食宿的企业进行推介和争取就业岗位，根据岗位需求计划，结合本地劳动力资源状况，制作招聘简章，深入乡镇、村进行宣传发动，积极引导广大农村劳动力尤其是建档立卡贫困户和易地扶贫搬迁户外出转移就业。支持经营性人力资源服务机构、劳务经纪人，组织贫困家庭劳动力外出就业，对于协助签订一年以上劳动合同、参加社会保险的劳务服务企业，政府对企业适当给予补贴。

（四）教育培训机制

实现贫困劳动力在绿色产业发展中顺利就业、创业，就必须着力解决他们的知识、技能相对不足的问题。根据产业发展方向和就业岗位的需要，加强技能培训。以就业为导向，统筹培训资源，积极组织贫困劳动力参加劳动预备培训、岗前培训、订单培训和岗位技能提升培训，提高培训的针对性和有效性，并按规定，落实职业培训补贴。

根据贫困劳动力意愿和当地企业用工需求，有针对性地开展培训，提升贫困户就业、创业能力。针对生态农牧业发展需要，开展农牧业产业化技能培训，重点面向选择在本村或就近就业农村贫困劳动力和返乡农民工，主要包括种养实用生产技术、农牧产品加工、农村电商等销售技能，以及乡村旅馆、农家乐等旅游经营技能培训。这类培训主要根据不同地区的重点项目，采用送培训上门、跟踪指导的方式。针对向第二、第三产业转移就业的需求，开展"企业招工＋培训＋就业"三位一体的方式，将培训与就业之间衔接，由扶贫部门与企业和产业园区合作，由企业先招工、企业组织培训、企业安排就业，扶贫部门再出资补贴，实行"谁用工、谁培训、谁享受补贴"。对有创业意愿和创业基础的贫困户，特别是初中、高中毕业后未能升学的"两后生"、复员军人、返乡农民工，开展创业知识、政策法规、电子商务、金融知识、专业技术和经营管理等方面的培训。

整合多种资源，支持扶贫教育培训。扶贫部门对参加转移就业技能培训的扶贫对象，按规定给予培训补助；对贫困户家庭未能升学的初高中毕业生参加职业教育，实行免费学习，通过2—3年职业教育，使他们掌握职业技能，实现就业。农粮部门为扶贫对象免费开展种植、养殖等农村实用技术培训，助其发展生产。人社部门开展定向、订单式免费技能培训，对拟转移到非农产业务工经商的贫困劳动力开展专项技能或初级技能培训，并对贫困家庭未继续升学并准备进入非农产业就业或进城务工的应届初高中毕业生开展为期3个月以上的劳动预备培训，促其掌握上岗就业技能。职业院校、职业技能培训机构探索以项目运作的方式对贫困劳动力开展职业技能培训，政府给予资金补助。

（五）社会保障机制

在产业扶贫过程中，贫困户的就业转换会带来生产、生活方式和环境的转换，由此也产生了一定的转换风险，因此，在绿色产业发展与精准扶贫联动中，也需要建立起更完善的社会保障机制，既能防范转换风险，同时也能为贫困户减少顾虑，提高主动参与的积极性。

一是进一步完善城乡社会保障体系。健全城镇职工、新型农村和城镇居民养老保险制度。继续完善救助、失业、工伤、养老和生育等社会保险制度，提高城乡最低生活保障水平。扩大新农合参保人数，逐步提高新农合报销比例、新农保保险金额。

二是切实维护已就业贫困劳动力劳动权益，指导督促企业与其依法签订并履行劳动合同、参加社会保险、按时足额发放劳动报酬，积极改善劳动条件，加强职业健康保护。鼓励企业稳定聘用贫困劳动力，对吸纳符合就业困难人员条件的贫困劳动力就业并缴纳社会保险的企业，政府适当给予社会保险补贴。

三是衔接好贫困家庭城乡间生产、社会转换产生的社会保障问题。逐步消除进城农民在户籍、住房、就医、子女就学等方面的制度性障碍。合理制定进城农民社会保障标准，将进程农民的养老、教育、医疗等社会保障与城镇居民社会保障对接。加大对贫困家庭转移就业后的保障性住房建设，在转移就业集中区建设宿舍型或单元型小户型廉租房。

四是对于外出就业和在外长期生活的贫困户暂时采取分类处理户籍身份的办法。对于自愿而且迁入地实际条件具备的进城务工贫困户，可以按照相关政策转变为城镇居民户籍。对于自身不愿意或迁入地目前条件不允许的进城务工贫困户，可以暂时保留农民身份及农村产权（包括山林田土等）不变，同时，在就业地配套各项基本社会保障，逐步实现进城务工贫困人口的市民化。

参考文献

［1］柏振忠、李亮：《连片特困山区可持续生计问题与协同发展机制研究》，科学出版社 2015 年版。

［2］蔡绍洪、王作功、李守伟、沈田华等：《贵州加快培育和发展战略性新兴产业的对策研究》，科学出版社 2016 年版。

［3］产业转型升级课题组：《结构转型与产能过剩：理论、经验与政策》，人民出版社 2017 年版。

［4］常修泽：《人本型结构论——中国经济结构转型新思维》，安徽人民出版社 2015 年版。

［5］陈厚义等：《生态经济视野下的产业发展与生态补偿研究——以贵州省为例》，科学出版社 2013 年版。

［6］陈佳贵、黄慧群：《中国工业化与工业现代化问题研究》，经济管理出版社 2009 年版。

［7］陈琦、宋雯：《连片特困地区贫困人群自我发展能力研究》，华中科技大学出版社 2015 年版。

［8］陈石：《产业园区企业化运营模式：基于贵州省的研究》，中国经济出版社 2012 年版。

［9］陈政、陈思华：《山地特色新型城镇化研究》，西南财经大学出版社 2006 年版。

［10］单晓娅：《西部工业化与生态文明协调发展模式研究》，中国社会科学出版社 2016 年版。

［11］段文斌等：《全球金融危机与新常态下的中国产业发展》，经济科学出版社 2016 年版。

［12］贵州财经大学中国减贫与发展研究院：《贵州省农村扶贫开发报告（2013）》，贵州人民出版社 2014 年版。

［13］［美］哈罗德·德姆塞茨：《竞争的经济、法律和政治维度》，陈郁译，生活·读书·新知三联书店 1992 年版。

［14］胡永佳：《产业融合的经济学分析》，中国经济出版社 2008 年版。

［15］黄承伟、叶韬：《脱贫攻坚省级样板：贵州精准扶贫精准脱贫模式研究》，社会科学文献出版社 2016 年版。

［16］金建方：《生态社会》，南开大学出版社 2016 年版。

［17］靖学青主编：《长江经济带产业发展与结构转型》，上海社会科学出版社 2015 年版。

［18］廖洪泉：《生态生产力视角下西部民族地区产业选择与结构优化研究：来自贵州的启示》，民族出版社 2016 年版。

［19］林毅夫、蔡昉、李周：《中国的奇迹：发展战略与经济改革》（增订版），上海三联书店、上海人民出版社 1999 年版。

［20］林毅夫：《新结构经济学——反思经济发展与政策的理论框架》，北京大学出版社 2012 年版。

［21］刘璐琳：《集中连片特困地区产业扶贫问题研究》，人民出版社 2016 年版。

［22］刘伟、张辉、黄昊：《改革开放以来中国产业结构转型与经济增长》，中国计划出版社 2017 年版。

［23］王喜文：《中国制造 2025 思维：从两化融合到互联网 + 工业》，机械工业出版社 2016 年版。

［24］吴敬琏：《中国增长模式抉择》，上海远东出版社 2009 年版。

［25］杨道田：《新时期我国精准扶贫机制创新路径》，经济管理出版社 2017 年版。

［26］姚旻：《生态文明理念下的产业结构优化：以贵州为例》，经济科学出版社 2010 年版。

［27］于刃刚、李玉红、麻卫华、于大海：《产业融合论》，人民出

版社 2006 年版。

［28］赵普、金小波：《经济增长与结构变动同主导产业选择的相关性研究——基于贵州省的实证考察》，科学出版社 2014 年版。

［29］白丽、赵邦宏：《产业化扶贫模式选择与利益联结机制研究——以河北省易县食用菌产业发展为例》，《河北学刊》2015 年第 4 期。

［30］陈德敏：《循环经济的核心内涵是资源循环利用——兼论循环经济概念的科学运用》，《中国人口·资源与环境》2004 年第 2 期。

［31］陈飞翔、石兴梅：《绿色产业的发展和对世界经济的影响》，《上海经济研究》2000 年第 6 期。

［32］陈淮：《新兴工业化国家政府在经济起飞阶段的作用》，《中国工业经济》1999 年第 8 期。

［33］陈建军、陈国亮、黄洁：《新经济地理学视角下的生产性服务业集聚及其影响因素研究》，《管理世界》2009 年第 4 期。

［34］陈庆修：《"十三五"时期重视加快现代服务业行动》，《经济研究参考》2016 年第 6 期。

［35］陈效兰：《生态产业发展探析》，《宏观经济管理》2008 年第 6 期。

［36］陈英葵、丁伟：《西部欠发达地区技术创新能力评价研究——基于贵州制造业的实证分析》，《区域经济评论》2016 年第 2 期。

［37］程翠凤、陈海军：《现代服务业运营效率区域差异及成因研究》，《改革与开发》2017 年第 1 期。

［38］董岚、梁铁中：《生态产业系统的支撑体系研究》，《东南学术》2008 年第 1 期。

［39］董万好、刘兰娟：《财政科教支出对就业及产业结构调整的影响——基于 CGE 模拟分析》，《上海经济研究》2012 年第 2 期。

［40］ 杜传忠、杜新建：《我国服务业结构升级的就业效应及其影响
因素分析》，《东岳论丛》2016 年第 7 期。

［41］ 樊海林、程远：《产业生态：一个企业竞争的视角》，《中国
工业经济》2004 年第 3 期。

［42］ 樊园芳：《贵州农业书写绿色传奇》，《贵州日报》2017 年 1
月 16 日第 16 版。

［43］ 费继东：《大生态理念下的产业升级之路——对贵州生态产业
发展及制度供给的思考》，《当代贵州》2016 年第 32 期。

［44］ 冯小：《农民专业合作社制度异化的乡土逻辑——以"合作社
包装下乡资本"为例》，《中国农村观察》2014 年第 2 期。

［45］ 傅沂：《产业生态学：过去、现在与未来》，《生态经济》
2004 年第 11 期。

［46］ 高吉喜、范小杉、李慧敏、田美荣：《生态资产资本化：要素
构成·运营模式·政策需求》，《环境科学研究》2016 年第
3 期。

［47］ 高觉民、李晓慧：《生产性服务业与制造业的互动机理：理论
与实证》，《中国工业经济》2011 年第 1 期。

［48］ 顾乃华、毕斗斗、任旺兵：《中国转型期生产性服务业发展与
制造业竞争力关系研究》，《中国工业经济》2006 年第 9 期。

［49］ 贵申改：《创新农村产权制度激发"三农"发展活力》，《贵
州日报》2017 年 3 月 25 日第 3 版。

［50］ 郭怀英：《"十二五"服务业回顾与"十三五"展望预测——
服务业能否支撑"十三五"经济中高速增长?》，《经济研究
参考》2016 年第 27 期。

［51］ 郭守前：《产业生态化创新的理论与实践》，《生态经济》
2002 年第 4 期。

［52］ 韩德超、张建华：《中国生产性服务业发展的影响因素研究》，
《管理世界》2008 年第 6 期。

［53］ 洪联英、彭媛、张丽娟：《FDI、外包与中国制造业升级陷

阱——一个微观生产组织控制视角的分析》,《产业经济研究》 2013 年第 5 期。

[54] 洪名勇:《开发扶贫瞄准机制的调整与完善》,《农业经济问题》2009 年第 5 期。

[55] 胡滨:《生态资本化:消解现代性生态危机何以可能》,《社会科学》2011 年第 8 期。

[56] 胡迟:《制造业转型升级的"十二五"成效与"十三五"发展对策》,《经济纵横》2016 年第 10 期。

[57] 胡晓登:《贵州经济发展方式转变的重点领域、重点产业及对策体系构建》,《贵州社会科学》2014 年第 11 期。

[58] 胡振光、向德平:《参与式治理视角下产业扶贫的发展瓶颈及完善路径》,《学习与实践》2014 年第 4 期。

[59] 黄承伟、覃志敏:《贫困地区统筹城乡发展与产业化扶贫机制创新——基于重庆市农民创业园产业化扶贫案例的分析》,《农业经济问题》2013 年第 5 期。

[60] 黄群慧、李晓华:《中国工业发展"十二五"评估与"十三五"战略》,《中国工业经济》2015 年第 9 期。

[61] 黄志斌、王晓华:《产业生态化的经济学分析与对策探讨》,《华东经济管理》2000 年第 3 期。

[62] 江静、刘志彪、于明超:《生产者服务业发展与制造业效率提升:基于地区和行业面板数据的经验分析》,《世界经济》2007 年第 8 期。

[63] 江小涓、李辉:《服务业与中国经济:相关性和加快增长的潜力》,《经济研究》2004 年第 1 期。

[64] 姜明生、姜艳生:《实施绿色发展战略若干问题研究》,《理论与改革》2008 年第 3 期。

[65] 姜长云:《推进农村一二三产业融合发展的路径和着力点》,《中州学刊》2016 年第 5 期。

[66] 姜长云:《中国产业发展:从"十二五"到"十三五"》,经

济研究参考》2016 年第 27 期。

[67] 焦长权、周飞舟：《"资本下乡"与村庄的再造》，《中国社会科学》2016 年第 1 期。

[68] 金碚：《中国工业的转型升级》，《中国工业经济》2011 年第 7 期。

[69] 景维民、张璐：《环境管制、对外开放与中国工业的绿色技术进步》，《经济研究》2014 年第 9 期。

[70] 孔祥智：《农业供给侧结构性改革的基本内涵与政策建议》，《改革》2016 年第 2 期。

[71] 兰竹虹：《中国绿色发展的战略思路》，《生态经济》2008 年第 3 期。

[72] 蓝海涛、王为农、涂圣伟、张义博：《"十三五"时期我国现代农业发展趋势、思路及任务》，《经济研究参考》2016 年第 27 期。

[73] 蓝庆新、韩晶：《中国工业绿色转型战略研究》，《经济体制改革》2012 年第 1 期。

[74] 雷崇民、贺钧：《武陵山片区现代产业发展带动扶贫的几点思考——以洞口县生猪产业的发展为例》，《民族论坛》2012 年第 19 期。

[75] 李宝林：《环保产业生态产业与绿色产业》，《中国环保产业》2005 年第 9 期。

[76] 李博、左婷：《精准扶贫视角下农村产业化扶贫政策执行逻辑的探讨》，《西南大学学报》（社会科学版）2016 年第 4 期。

[77] 李更生：《新常态下贵州工业转型升级的路径思考》，《理论与当代》2014 年第 12 期。

[78] 李广瑜、赵子健、史占中：《基于新结构经济视角的产业转型升级研究》，《现代管理科学》2017 年第 4 期。

[79] 李辉：《供给侧改革背景下中国现代服务业发展对策研究》，《黑龙江社会科学》2017 年第 2 期。

［80］李会萍、申鹏：《新常态下贵州产业结构优化：现状、路径与对策》，《贵州社会科学》2015 年第 11 期。

［81］李米龙：《长江经济带农村经济发展的特征及范式转型》，《改革与战略》2016 年第 9 期。

［82］李树：《我国产业的生态化发展及其策略选择》，《商业研究》2000 年第 3 期。

［83］李文军：《经济新常态下加快产业转型升级的路径》，《经济纵横》2015 年第 8 期。

［84］李玉辉：《喀斯特的内涵的发展及喀斯特生态环境保护》，《中国岩溶》2000 年第 3 期。

［85］厉无畏、王慧敏：《产业发展的趋势研判与理性思考》，《中国工业经济》2002 年第 4 期。

［86］厉无畏：《产业融合与产业创新》，《上海管理科学》2002 年第 4 期。

［87］刘秉镰、刘勇：《我国区域产业结构升级能力研究》，《开放导报》2006 年第 6 期。

［88］刘超、朱满德：《贵州特色农业发展现状、存在问题与对策》，《贵州农业科学》2013 年第 3 期。

［89］刘纯彬、杨仁发：《基于产业融合的我国生产性服务业发展研究》，《经济问题探索》2011 年第 9 期。

［90］刘志彪：《经济发展新常态下产业政策功能的转型》，《南京社会科学》2015 年第 3 期。

［91］刘志彪：《现代服务业发展与供给侧结构改革》，《南京社会科学》2016 年第 5 期。

［92］卢云卿、孔群喜、李晓伟：《需求、供给和创新，谁是推动服务业发展核心动力？——基于长三角地区面板数据》，《南京财经大学学报》2015 年第 3 期。

［93］鲁伟：《生态产业：理论、实践及展望》，《经济问题》2014 年第 11 期。

［94］陆汉文：《东部地区特色农业发展路径及其对精准扶贫的启示——产业链与利益相关者的交叉视角》，《当代农村财经》2016 年第 7 期。

［95］罗莉、谢丽霜：《精准扶贫背景下藏区特色优势产业发展研究》，《青海社会科学》2016 年第 5 期。

［96］吕铁、贺俊：《"十三五"中国工业发展的新形势与政策调整》，《学习与探索》2015 年第 6 期。

［97］吕政、刘勇、王钦：《中国生产性服务业发展的战略选择——基于产业互动的研究视角》，《中国工业经济》2006 年第 8 期。

［98］马良灿：《农村产业化项目扶贫运作逻辑与机制的完善》，《湖南农业大学学报》（社会科学版）2014 年第 3 期。

［99］马世俊、王如松：《社会—经济—自然复合生态系统》，《生态学报》1984 年第 1 期。

［100］马晓河：《推进农村一二三产业深度融合发展》，《农民日报》2015 年 2 月 10 日第 1 版。

［101］孟潇、聂晓潞、纪若雷：《关于现代服务业内涵辨析与发展经验的评析》，《经济研究参考》2014 年第 26 期。

［102］莫光辉：《精准扶贫视域下的产业扶贫实践与路径优化——精准扶贫绩效提升机制系列研究之三》，《云南大学学报》（社会科学版）2017 年第 1 期。

［103］潘哲琪：《生态资源资本化是转型的重要选择》，《浙江经济》2014 年第 10 期。

［104］彭亚黎：《贵州创新型工业内生动力及路径选择》《理论与当代》2017 年第 2 期。

［105］綦良群、李庆雪：《装备制造业与生产性服务业互动发展机理研究》，《科技与管理》2013 年第 2 期。

［106］全承相、贺丽君、全永海：《产业扶贫精准化政策论析》，《湖南财政经济学院学报》2015 年第 1 期。

［107］邵安菊：《互联网与制造业融合发展的几个关键问题》，《经济纵横》2017 年第 1 期。

［108］沈贵银、张雯丽：《新常态、新趋势与我国现代农业发展》，《现代经济探讨》2016 年第 2 期。

［109］沈坤荣、李震：《"十三五"期间我国制造业转型升级的基本思路与对策建议》，《经济纵横》2015 年第 10 期。

［110］沈振宇、王秀芹：《自然资源资本化研究》，《生态经济》2001 年第 3 期。

［111］宋洪远：《关于农业供给侧结构性改革若干问题的思考和建议》，《中国农村经济》2016 年第 10 期。

［112］苏毅清、游玉婷、王志刚：《农村一二三产业融合发展：理论探讨、现状分析与对策建议》，《中国软科学》2016 年第 8 期。

［113］孙百红：《中国农村经济转型现状与未来方向》，《人民论坛》2013 年第 33 期。

［114］孙中华：《我国现代农业发展面临的形势和任务》，《东岳论丛》2016 年第 2 期。

［115］滕明雨、张磊、李敏：《贵州农业发展方向——原生态农业》，《农业现代化研究》2013 年第 6 期。

［116］汪霞、汪磊：《喀斯特山地省区生态产业链形成机理分析：以贵州为例》，《科技进步与对策》2013 年第 9 期。

［117］王德显：《德国"工业 4.0"——战略对中国工业发展的启示》，《税务与经济》2016 年第 1 期。

［118］王国印：《论循环经济的本质与政策启示》，《中国软科学》2012 年第 1 期。

［119］王红梅：《供给侧改革与我国农业绿色转型》，《宏观经济管理》2016 年第 9 期。

［120］王慧、魏圣香：《生态金融机制的类型及其法律问题》，《证券市场导报》2010 年第 3 期。

[121] 王利华、许树辉：《欠发达地区产业升级态势及其影响因素分析——以广东韶关为例》，《西北大学学报》（自然科学版）2014 年第 3 期。

[122] 王茂强、殷红梅、王英：《乡村旅游业与农村部分产业协调互动的特征分析：以贵州为例》，《贵州农业科学》2012 年第 7 期。

[123] 王如松、杨建新：《产业生态学和生态产业转型》，《世界科技研究与发展》2000 年第 5 期。

[124] 王晓红、王传荣、彭玉麒：《发展生产性服务业推动二业融合的国际经验及启示》，《国际贸易》2013 年第 8 期。

[125] 王兴国：《推进农村一二三产业融合发展的思路与政策研究》，《东岳论丛》2016 年第 2 期。

[126] 王玉燕、汪玲、詹翩翩：《中国工业转型升级效果评价研究》，《工业技术经济》2016 年第 7 期。

[127] 王岳平：《我国产业结构存在的主要问题及"十三五"调整思路》，《经济研究参考》2014 年第 50 期。

[128] 王子超、王子岚、贾勤：《"边界"效应下的乡村旅游产业发展模式研究——以贵州岜沙苗寨为例》，《中南财经政法大学学报》2017 年第 2 期。

[129] 文宗瑜、谭静、宋韶君：《"十三五"时期产业结构调整的方向和政策》，《经济研究参考》2015 年第 62 期。

[130] 吴航：《论生态文明观下我国产业的生态化转型》，《生态经济》（学术版）2009 年第 2 期。

[131] 吴兰书、萧远庆：《贵州工业发展面临的挑战及产业发展对策》，《贵州社会科学》2011 年第 12 期。

[132] 夏杰长：《面向"十三五"的中国服务业：总结与展望》，《北京工商大学学报》（社会科学版）2015 年第 6 期。

[133] 肖远平、龚翔：《"互联网＋"视域下贵州旅游产业智慧化发展研究》，《贵州社会科学》2016 年第 5 期。

［134］徐海锋、郑军威：《基于流域经济视角的贵州省少数民族地区产业结构升级研究》，《贵州民族研究》2017 年第 1 期。

［135］徐建伟、付保宗：《我国工业"十二五"发展回顾与"十三五"展望》，《经济研究参考》2016 年第 27 期。

［136］徐志明：《我国贫困农户产生的原因与产业化扶贫机制的建立》，《农业现代化研究》2008 年第 6 期。

［137］许汉泽、李小云：《精准扶贫背景下农村产业扶贫的实践困境——对华北李村产业扶贫项目的考察》，《西北农林科技大学学报》（社会科学版）2017 年第 1 期。

［138］宣烨：《生产性服务业空间集聚与制造业效率提升——基于空间外溢效应的实证研究》，《财贸经济》2012 年第 4 期。

［139］薛艳：《资产证券化与林业融资》，《农场经济管理》2006 年第 3 期。

［140］严立冬、屈志光、方时姣：《水资源生态资本化运营探讨》，《中国人口·资源与环境》2011 年第 12 期。

［141］严立冬、谭波、刘加林：《生态资本化：生态资源的价值实现》，《中南财经政法大学学报》2009 年第 2 期。

［142］杨成：《贵州少数民族地区山地高效农业发展研究》，《贵州民族研究》2015 年第 5 期。

［143］杨殿闯、严苏桐：《当前现代农业发展实践与对策——基于苏北地区的调查》，《人民论坛》2016 年第 2 期。

［144］姚旻、胡波：《基于生态文明理念的贵州服务业优化研究》，《贵州社会科学》2012 年第 1 期。

［145］易文昱：《推动油茶产业发展，打造精准扶贫产业》，《现代园艺》2017 年第 3 期。

［146］余欣荣：《特色产业扶贫重在"精准"》，《行政管理改革》2016 年第 4 期。

［147］袁仕海：《加快发展贵州民族地区生产性服务业研究——基于三次产业构成的分析》，《贵州民族研究》2014 年第 7 期。

[148] 张洁梅：《现代制造业与生产性服务业互动融合发展研究》，《中州学刊》2013 年第 6 期。

[149] 张立承、申学锋、张绘：《"十三五"时期农业和农村发展的重大任务和主要措施》，《经济研究参考》2015 年第 62 期。

[150] 张攀春：《资源禀赋的空间分布差异与贵州大数据农业发展模式选择》，《江苏农业科学》2016 年第 6 期。

[151] 张文龙、邓伟根：《产业生态化：经济发展模式转型的必然选择》，《社会科学家》2010 年第 7 期。

[152] 张跃平、徐传武、黄喆：《大推进与产业提升：武陵山区扶贫的必由之路——以湖北省恩施州望城坡等地的扶贫实践为例》，《中南民族大学学报》（人文社会科学版）2013 年第 5 期。

[153] 赵昌文：《"十三五"时期中国产业发展新动向》，《财经问题研究》2016 年第 3 期。

[154] 赵克志：《打造生态文明先行区走向生态文明新时代》，《当代贵州》2013 年第 23 期。

[155] 赵丽芬：《美国和日本产业转型升级的经验与启示》，《产业经济评论》2015 年第 1 期。

[156] 中国社会科学院工业经济研究所课题组：《中国工业绿色转型研究》，《中国工业经济》2011 年第 4 期。

[157] 钟真、孔祥智：《"十三五"中国农业改革发展的起点与展望》，《教学与研究》2006 年第 2 期。

[158] 周振华：《产业融合：产业发展及经济增长的新动力》，《中国工业经济》2003 年第 4 期。

[159] Fredrik Hacklin, Vicente Raurich and Christian Marxt, "Implications of Technological Convergence on Innovation Trajectories: The Case of ICT Industry", *International Journal of Innovation and Technology Management*, Vol. 2, No. 3, 2005, pp. 313 -

330.

[160] Martin Ravallion and Quentin Wodon, "Poor Areas, or only Poor People", *Journal of Regional Science*, Vol. 39, No. 4, 1999, pp. 689 – 711.

[161] Martin Ravallion, "On the Coverage of Public Employment Schemes for Poverty Alleviation", *Journal of Development Economics*, Vol. 34, No. 1 – 2, 1990, pp. 57 – 79.

[162] Sakiko Fukuda – Parr, *Readings in Human Development: Concepts, Measures, and Policies for a Development Paradigm*, Oxford University Press, 2004.

[163] Alf Hornborg, "Ecological Economics, Marxism, and Technological Progress: Some Explorations of the Conceptual Foundations of Theories of Ecologically Unequal Exchange", *Ecological Economics*, Vol. 105, 2014, pp. 11 – 18.

[164] David J. Bryce and Sidney G. Winter, "A General Inter – industry Relatedness Index", *Management Science*, Vol. 55, No. 9, 2009, pp. 1570 – 1585.

[165] Fredrik Hacklin, Christian Marxt and F. Fahrni, "An Evolutionary Perspective on Convergence: Inducing a Stage Model of Inter – industry Innovation", *International Journal of Technology Management*, Vol. 49, No. 1/2/3, 2010, pp. 220 – 249.

[166] Greenstein, S. and T. Khanna, "What Does Industry Convergence Mean?", In D. Yoffie eds., *Competing in the Age of Digital Convergence*, Boston: Harvard Business School Press, 1997, pp. 201 – 226.

[167] Jacobs, M., *The Green Economy: Environment Sustainable Development and the Politics of the Future*, London: Pluto, 1991.

[168] James E. Foster, "Absolute versus Relative Poverty", *American Economic Review*, Vol. 88, No. 2, 1998, pp. 335 – 341.

[169] John Ehrenfeld and Nicholas Gertter, "Industrial Ecology in Practice: The Evolution of In Interdependence at Kalundborg", *Journal of industrial ecology*, Vol. 1, No. 1, 1997, pp. 67 – 79.

[170] Marian R. Chertow and Ashton, W. S., "Industrial Symbiosis in Puerto Rico: Environmentally Related Agglomeration Economies", *Rgional Studies*, Vol. 42, No. 10, 2008, pp. 1299 – 1312.

[171] Mark A. Vonderembse, Mohit Uppal, Samuel H. Huang and John P. Dismukes, "Designing Supply Chains: Towards Theory Development", *International Journal of Production Economics*, Vol. 100, No. 2, 2006, pp. 223 – 238.

[172] Nathan Rosenberg, "Technological Change in the Machine Tool Industry: 1840 – 1910", *Journal of Economic History*, Vol. 23, No. 4, 1963, pp. 414 – 443.

[173] Sandra Vandermerwe and Juan Rada, "Servitization of Business: Adding Value by Adding Services", *European Management Journal*, Vol. 6, No. 4, 1963, pp. 314 – 324.

后　记

　　本书是对我近几年主持或参与贵州产业发展和扶贫开发相关课题研究中形成的一些观点及想法的总结。在梳理以往研究的过程中，我发现，或多或少都贯穿着绿色、融合、共享这几个关键词，之所以会这样，我想可能是因为这三个词能在一定程度上体现贵州发展的时代要求和历史使命。绿色是贵州产业转型的总体方向，是产业可持续发展的基本前提；融合是贵州产业升级的有效动力，是产业高质量发展的重要途径；共享是贵州产业发展的民生担当，是产业转型与发展的根本要求。因此，本书选择绿色、融合、共享三个关键词作为基本线索，在三者的有机统一和互动共进中探讨贵州产业转型与发展的路径。

　　贵州产业转型与发展应该是对创新、协调、绿色、开放、共享的新发展理念的实际践行过程。本书尽管没有将创新、协调、开放作为关键词突出出来，但在阐述贵州产业转型与发展的思路和对策时也渗透了上述发展理念。贵州产业绿色转型与融合发展都离不开创新的引领和开放的支撑；只有在城乡协调、三次产业协调、产业发展与劳动者获得收益相协调的基础上才能实现共享发展。因此，绿色、融合、共享的贵州产业转型与发展路径与落实五大发展理念的实践要求是高度一致的。

　　贵州近年来的发展速度十分迅速，尤其是新产业、新业态、新的组织模式不断涌现，其中有不少值得提炼总结的典型经验。在写作和整理本书时，我深切地感到实践常常会跑到研究的前面，自己作为一个青年教师在实践方面还知之甚少、欠缺颇多。产业转型与发展涉及的内容十分丰富，每一个产业都有许多具体和重要的问题需要深入探讨，但说老实话，本书主要是展现了一些总体上的思路和设想，不少具体问题还没能深入研究，不足之处甚多。本书中浅尝辄止的许多问题将作为未来专门研究的方向。

在本书观点形成过程中，很大程度上得益于贵州产业发展的鲜活实践的启发。同时，本书也参考了其他地区一些值得借鉴的发展思路和发展模式。在此向为本书提供养分的所有实践者、研究者表达诚挚的谢意！

在完成相关课题和写作本书的过程中，也得到了众多师长、同事和学生的支持。感谢曾参与了相关课题研究工作的贵州财经大学经济学院汪延明、金正昊、贺红兵、李明桥等老师所付出的辛勤劳动。感谢贵州财经大学区域经济学专业研究生高雨晨、马竞天、安新春、王岭会、陈卓、于海奇同学在本书文献资料整理中的许多努力。感谢贵州财经大学科研处领导和所有老师在课题申报和日常研究中提供的周到服务和各种便利。

2012年，我到贵州财经大学工作，几年来使我在教学、科研等方面得到了许多锻炼，经历了一段难能可贵的时光。可以说，本书的研究和写作伴随着贵州日新月异的发展，是贵州的发展为我提供了机遇，是贵州财经大学给我提供了平台。更为幸运的是，此次能够得到贵州财经大学学科建设经费的资助，使本书得以出版。同时，感谢贵州财经大学经济学院院长常明明教授将本书列入出版计划以及对我一直以来的关心和帮助。

此外，更要感谢我的家人。高校教师工作看似时间相对自由，但不上课的时间大部分都要投入到科研工作中，其实能为家人付出的很少，是他们的理解和支持才能使我的工作和生活充满幸福。

最后，诚挚希望关心贵州发展的各界同人对书中的不足之处给予指正。

李顺毅

2017 年 4 月